湖北省教育厅"荆楚卓越教师协同育人计划"（汉语言文学）项目成果
湖北高校省级教学研究课题"地方院校'优师计划'创新培养模式的探索与实践"阶段成果
黄冈市教育科学规划重大课题"鄂东乡村名师成长路径研究"阶段成果
湖北省教育厅哲学社会科学研究项目"乡土文化引领地方师范院校'优师计划'师范生专业成长的路径研究"阶段成果
湖北省人文社科研究基地重点项目"乡村振兴视域下乡村教师专业成长路径研究"阶段成果

语文教育研究

2023

主编　汤天勇　陈志平

WUHAN UNIVERSITY PRESS
武汉大学出版社

图书在版编目(CIP)数据

语文教育研究.2023/汤天勇,陈志平主编.—武汉:武汉大学出版社,2023.12
ISBN 978-7-307-23849-7

Ⅰ.语… Ⅱ.①汤… ②陈… Ⅲ.语文课—教学改革—研究—中小学 Ⅳ.G633.302

中国国家版本馆 CIP 数据核字(2023)第 118944 号

责任编辑:胡 荣 责任校对:李孟潇 版式设计:马 佳

出版发行:武汉大学出版社 (430072 武昌 珞珈山)
(电子邮箱:cbs22@whu.edu.cn 网址:www.wdp.com.cn)
印刷:武汉邮科印务有限公司
开本:720×1000 1/16 印张:14.5 字数:235 千字 插页:1
版次:2023 年 12 月第 1 版 2023 年 12 月第 1 次印刷
ISBN 978-7-307-23849-7 定价:68.00 元

前　言

2023 年的《语文教育研究》书稿已经编订完成，当事者责成我写一篇其言。我欣然接受了这个任务，于公于私，都应该谈谈我对这本书的看法。但结果一拖再拖，严重影响了这本书的出版进度。之所以拖延，倒不是因为无话可说，而是面对"语文"，要说的话太多了，不知从何开头。那我就从编撰《语文教育研究》的初心开始谈起吧！

2018 年 9 月，我主政黄冈师范学院文学院（苏东坡书院），当时即提出要编撰关于基础教育研究的文集。作为办在基础教育强市——黄冈市——的最高学府，却一直没能执基础教育研究之牛耳，我们深以为憾。这倒并不是说我们的基础教育研究不行，而是还缺乏相应的平台来展示我们的研究成果。2019 年，汉语言文学专业获批荆楚卓越协同育人计划，我们获得了一笔经费的支持。于是，在各方同仁的支持下，我们开始编撰《语文教育研究》，汇聚有关语文教育的研究成果，包括汉语言文学专业的改革和中学语文课程的改革成果。

时下，大中小学的教学改革日新月异，新名词、新概念、模式层出不穷，大有"乱花渐欲迷人眼"之势，语文学科似乎尤为积极活跃。然讨论如何教即教法的多，而于应该教什么的少？语文的性质如何，其到底应该教些什么，似乎仍值得讨论。而作为教学活动主导者的语文教师，到底应该具备何种能力和素养，也鲜有讨论者。语文的含义，据说有语言、语言文字、语言文章、语言文学、语言文化等数种解说，而关于语文课程的含义自然因对语文含义的理解不同而不同，即使是当下中学课标将其界定为"是一门学习祖国语言文字应用的综合性、实践性课程"，关于语文课程的教学目标设置和教学内容设计的疑惑和争议也并未停止，因为一门纯粹的语言文字课程的教学活动似乎和审美鉴赏、文化传承之关系不大，而后二者又恰是语文学科的核心素养，是当下语文孜孜不倦的教改重要方向之一。与之可以比照的是外语的学习，义务教育阶段的英语课标将课程性质表述为："义务教育英语课程体现工具性和人文性的统一，具有基础性、实践性和综合性特征。"而普通高中英语课程性质则表述为："普通高中英语课程作为一门学习及运用英语语言的课程……具有工具性和人文性融合统一的特点。"结合义务教育和普通高中课标对于英语课程性质的表述，英语应该也可以理解为是"一门学习语言应用的综合性、实践性课程"，相较语文课程性质，缺少的仅仅是"文字"二字，但其核心素养，包括语言能力、文化意识、思维品质、学习能力，没有关于审美创造的表述，文化自信也被换成了文化意识。正因为如此，从社会反应看，英语的教学责任似乎从来没有像语文这般重大，教学改革也从来没有像语文这般风生水起，难道仅仅是因为语文课标在性质上多了"文字"二字？据笔者孤陋寡闻，"文字"虽然与文化自信、审美创造有关，但关系似乎远不如"文学""文化"密切，抑或有的专家和教师眼神不好，将"文字"看作了"文学""文化"，所以在课改的文化自信、审美创造下了苦功夫，忙得不亦乐乎。

　　对语文性质的表述在理解存在误差，似乎本身也证明了我们的语文学得都不太好。解读上存在不确定性，导致教师在语文到底应该教什么上表现得无所适从，进而也导致了教师到底应该具备什么知识和能力的争议，甚至出现了严重的偏差。作为培养教师的摇篮，师范学校的师范生的除了应该具备教师教育知识和能力外，应该具备哪些专业知识呢，这是我们一直苦苦思索的问题。对基础教育的关注与研究，更能加深对我们师范生人才培养质量规格的理解，促进我们的教改，进一步提升师范生的培养质量。

　　在同样四年学制下，同专业的师范生相较于非师范生，由于教师教育课程与"三习"（见习、实习、研习）等实践活动公然挤占了约四分之一的时间，加之教学技能如"三字一话"的训练又堂而皇之地霸占了平时时间，因此专业课程的学习时间是非常少的。如果考虑到"优秀的人不当中学教师"这个事实，很难想象一个普通师范生只花约非师范生的二分之一的时间在专业课程上，专业知识还能够比肩非师范生。而《普通高等学校本科专业类教学质量国家标准》并没有师范生、非师范生区别的，可以理解为国家对于二者要求在专业基础（必修）课程开设上一致，课程质量的要求也是一致的。即使是师范专业，专业性也是排在首位的，是师范性隶属于某个专业，而非相反。脱离了专业来谈师范性将是无源之水无本之木。那么，如何在有限的时间内开设好专业课，使师范生的专业知识和能力不低于"国标"专业要求，是每一个师范专业需要面对和亟待解决的问题。而解决问题的根本，就在于对基础教育学科性质的理解。所以对基础教育的关注与研究，更能加深对我们师范生人才培养质量规格的理解，促进我们的教改，这也是我们关注基础教育的根本原因之一。

最近几年，我们在反复思考与师范性和综合性的拉扯中，逐渐明晰了我们汉语言文学专业的培养目标，即"语文良师"，一个扎根乡村，既能教好语文，又能传承乡村文化的骨干语文老师。从职业发展来说，能够成长为优秀语文教师，从社会影响来说，具备成为"新乡贤"的潜质。"语文良师"既要有教育情怀、教学技能，又要有文化素养，但更要有专业知识。"语文良师"的功能增加了，汉语言文学专业师范生的整体培养时间没变，而专业知识的学习时间反而可能更少，如何在有限的时间内完成这些要求，是摆在我们专业发展面前的大问题。这就需要我们梳理"语文良师"的知识与能力结构，绘制出知识与能力图谱，重新设计人才培养方案，构建新的课程体系，重组课程的知识内容，以课程内容支撑课程目标，以课程支撑毕业要求，方有可能达成目标。而汉语言文学专业师范生专业发展之路的这些改革探索，我们在路上。

《语文教育研究》正是我们探索成果的结晶，期望对有志于汉语言文学专业建设改革和中学语文课程改革的同仁共襄盛举，才能使它越来越好。

目　　录

中语视点

名师课堂

沐浴先哲思想智慧，训练学生论辩思维

——选择性必修中册第一单元教学设计与说明

何　郁①

统编本高中语文教材中选择性必修中册第一单元，是一块难啃的硬骨头。一是因为思想艰深，七篇文章都是具有思想理论高度和深度的文章，所讨论的问题或是哲学问题，涉及上层建筑和经济基础的关系，涉及理论与实践的哲学思考；或是人性问题，涉及真诚、怜悯和正义，都是人生重大课题，七篇文章都可谓是认识深刻，思想宏富，思辨性强，这对老师和学生来说自然是挑战。二是因为七篇文章中有三篇文章是外国翻译过来的议论性著述，这又是一个挑战，在老师和学生普遍缺乏外国文化和理论背景的前提下，要读懂实在是费工夫；尽管三篇文章的翻译可圈可点，语言已经十分平易，《怜悯是人的天性》和《人应当坚持正义》两篇甚至还可以说已经做到了清新流畅，但要真的读懂，还是巨有难度。据笔者了解，有些老师面对这块"硬骨头"，基本上是能绕的则绕过去，绕不过去的就蜻蜓点水，湿一下翅膀，阅读和学习是走马观花式的，这就留下了巨大的遗憾。

本来我们的学生的理性思维和思辨能力就很弱，真正碰到有思想认识和论辩思维高度的文章，又选择逃避，这无疑是明珠暗投的做法。笔者认为这个单元，明知难也要硬着头皮上，且要认真教好，学好，以帮助学生训练理性思维，提升理论学习和人生重大问题的认识，这样才是负责任的态度。笔者不揣冒昧，尝试做一下这个单元的整体教学设计，以求教于各位同仁。

---

① 作者简介：何郁，男，北京市朝阳区教育科学研究院研究员，中学语文正高级教师，黄冈师范学院文学院特聘教授。

一、单元核心教学任务

根据教学内容，本单元宜确定为"科学和文化论著研习任务群"，因为这个单元确实可算是科学和文化论著研读，但建议加一个任务群，这就是"思辨性阅读与表达任务群"，前者指向思想认识，后者指向论辩工具。这种双重任务群的做法，可能是一种尝试，合不合适，也请大家批评。本单元拟设四个核心任务。

(一) 认识思想魅力，感受哲人情怀

阅读《社会历史的决定性基础》，思考经济基础与上层建筑的关系，理解恩格斯的社会分析；阅读毛泽东的《改造我们的学习》《人的正确思想是从哪里来的?》，探讨共产党人的学风改造问题，思考正确思想的产生来源；阅读《实践是检验真理的唯一标准》，认识中国社会变革的伟大意义，思考中国革命理论与中国社会实践的关系，感受伟大人物的思想光辉；阅读《修辞立其诚》《怜悯是人的天性》《人应当坚持正义》，思考真诚、怜悯、正义之于人立身处世的重要作用。

(二) 训练思辨能力，提升思维品质

本单元共五课书，七篇文章，全都属于议论性文章，每一篇文章的思想精深，内容丰富，逻辑性强，虽然有两篇比较短小，但见微知著，内涵深刻。七篇文章或论述或论证或交心谈心，思路各异，语体色彩鲜明，有的娓娓道来，有的语重心长，有的条分缕析，有的层层辨析，有的激情澎湃，有的慷慨悲深，思维路径各有理趣。因此这对于训练学生思辨能力，是极好的材料。

(三) 学习论证技巧，习得论证方法

学习议论性文章，必须对文章中的观点、概念、论证理路、论证方法，甚至是论证顺序作精细的辨析，这是学习议论性文章必做的功课。本单元七篇文章，观点鲜明，见识深刻，概念丰富，论证方法多样，非常值得研讨和学习。

（四）辨析论证语言，学习理性表达

本单元七篇文章在语言上各呈异彩，各有千秋，都需要深入涵泳和品读。恩格斯对概念和重要关系的陈述，一丝一毫也不放松；毛泽东是写议论文章的大家，语言简明活泼，议论分析深入浅出，通俗易懂，生活中各种语料都信手拈来，自然天成；张岱年的文章言简意赅，以少胜多；卢梭的文章深挚优美，情意切切；读柏拉图的文章简直像走进了语言的迷宫，入彀不觉，解套悠然。这些都需要深入体会和反复阅读。

二、单元整体设计思路

（一）总体安排

本单元在教学上必须突出深刻的思想魅力和多样化的论证方法两个学习重点。也就是要在人文素养和语文核心素养两个方面下功夫，人文素养方面要着重学习革命领袖的理论思想和哲人学者的思想见识；语文核心素养方面要突出必备知识的学习，如概念、判断、推理、逻辑性、论证思路、论证方法、论证语言等，要突出思辨能力这个关键能力的训练，要牢牢抓住课文这个最重要的教学"媒介"。

基于此，本单元教学拟分单篇阅读、小专题阅读和整合阅读三种形式。单篇阅读又包含教读和自读两种形式，如恩格斯的《社会历史的决定性基础》宜教读，《实践是检验真理的唯一标准》、柏拉图的《人应当坚持正义》宜自读。小专题阅读是指有些课文宜放在一起学习，如毛泽东的两篇论说文，研讨毛泽东论说文的思想魅力，张岱年、卢梭和柏拉图的三篇课文——思考真诚、怜悯、正义之于人立身处世的重要性。从编者为课文拟题这个角度考虑，还可以将恩格斯、卢梭、柏拉图的三篇课文放在一起学习，教会学生如何为议论性文章拟标题，并借助读懂标题这个抓手，快速读懂全篇，这个可以看作整合阅读。最后一个课时也可作整合阅读——从学习论证语言这个角度考虑，还可以将整个单元整合在一起学习，既讨论论说文的语言共性，又讨论每个作品独特的语言魅力。本单元整体设计如下：

两个中心任务：学习思想，学习论证。共 12 课时。

1. 恩格斯《社会历史的决定性基础》教读课文，2 课时。

2. 毛泽东《改造我们的学习》《人的正确思想是从哪里来的?》教读课文，小专题教学，3 课时。

3.《实践是检验真理的唯一标准》自读课文，1 课时。

4.《社会历史的决定性基础》《改造我们的学习》《人的正确思想是从哪里来的?》《实践是检验真理的唯一标准》教读课文，1 课时。

5. 张岱年《修辞立其诚》、卢梭《怜悯是人的天性》、柏拉图《人应当坚持正义》教读课文，小专题教学，3 课时。

6. 恩格斯《社会历史的决定性基础》、卢梭《怜悯世人的天性》、柏拉图《人应当坚持正义》，整合探究，学习为议论性文章拟标题，1 课时。

7. 本单元七篇文章，整合探究，学习论证语言，1 课时。

（二）任务构架

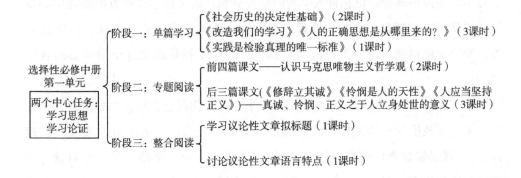

三、单元教学过程设计与解读

1. 环节一　学习《社会历史的决定性基础》（教读，2 课时）

任务 1：通读课文，结合课后学习提示，明确瓦尔特·博尔吉乌斯提出了什么问题，恩格斯又是如何回答的? 梳理阅读过程中的主要问题，一边阅读一边圈划，组织师生讨论。

任务2：梳理文章主要观点，划分文章层次，填写表格，为文章做内容和结构示意图。

说明：

这篇文章在阅读上有一定的难度。一是文章所讨论的问题比较抽象，比较枯燥，学生不太会感兴趣，这会给阅读增加障碍。二是文章的内容也不易读懂，概念多，论述思维深邃，文化背景不一样，这些都会增加阅读难度。语句不符合中文的表达习惯，可能也是一个方面。所以老师教读这篇课文时，要适当作铺垫，搭台阶，给方法，否则学习会很费劲。

第一课时重点是解决读懂的问题。首先要强调通读，要拿笔读书，一边读一边作批注，把自己不懂的问题做标记，然后师生一起整理，一起解答。其次，要借助课后学习提示，弄清楚瓦尔特·博尔吉乌斯到底提出了什么问题，导致恩格斯要专门写一封信回答他。建议借助课文开篇一句话，"对您的问题回答如下"，和文章后半段一句话，"能对您的问题给予颇为圆满的回答"，那么瓦尔特·博尔吉乌斯到底提出了什么问题呢？对这个问题，学生一定会感兴趣的。而弄清楚这个问题，就等于弄清楚了恩格斯写此文的意图，也就能帮助学生读懂文章内容。

需要辨析的核心问题是：瓦尔特·博尔吉乌斯等德国青年，认为经济基础是决定上层建筑的唯一因素，这一观点在当时德国青年中有一定市场，对这个问题恩格斯必须做出回答。恩格斯认为，社会历史的决定性因素是经济基础，但经济基础不是唯一因素，比如还有技术、地理基础、外部环境等，经济基础决定上层建筑是必然的，但上层建筑也会出现偶然性，如历史上出现拿破仑就是偶然的，但一定会出现拿破仑那样的人物，又是必然的，这些论断比较客观、科学。文章正是基于此回复瓦尔特·博尔吉乌斯的，这也是读懂这篇文章的关键。

第二课时解决这篇文章的主要内容，理清作者的主要观点，分清逻辑层次，理解重要概念，这也是学习本文的重点。可借助的手段有两个，一个是划分文章层次，做到大致弄清文章脉络，第二个是整合结构示意图，弄清楚文章论述思路。这两点都颇有难度，建议学生分组学习，降低难度，然后老师再给予指导和点拨。

表1　　　　　　　　　　　**本文内容和结构示意表**

社会历史的决定性基础		
段落层次	主 要 内 容	作 者 观 点
1.（1~2段）	1. 决定社会历史的除了经济关系以外，还有全部技术、地理基础、外部环境等 2. 科学依赖于技术产生，技术推进科学进步（有相互作用）	否定"唯一说"
2.（3~6段）	1. 政治、法、哲学、宗教、文学、艺术等均以经济关系为基础 2. 经济关系决定社会历史是必然因素，但历史有偶然性，如出现拿破仑	论述必然性与偶然性的关系
3.（7~10段）	联系现实，推荐书目	指出解决问题的方向

说明：

段落层次里的1.2.3.，前两个为作者自己标注，后一个为教学设计标注，教师正好利用标注这个序号，提醒学生试图加上，便可以清楚梳理文章的结构和层次。

2. 环节二　小专题阅读《改造我们的学习》《人的正确思想是从哪里来的?》（教读，3课时）

任务1. 快速阅读《改造我们的学习》，圈划出作者的观点，梳理文章的论述层次，做结构示意图。

任务2. 继续学习《改造我们的学习》，标注作者的论述方法，尝试给本文的论述语言进行分类，并作分析。

任务3. 快速阅读《人的正确思想是从哪里来的?》，整合两篇课文，尝试对毛泽东的论证艺术做出梳理和归纳。

说明：

《改造我们的学习》分两课时进行，第一课时解决文章内容和结构问题，认识改造学风的意义；第二课时解决论证方法和论述语言问题，学习毛泽东的论述语言，两节课各有侧重，又彼此照应。

表2　　　　　　　　《改造我们的学习》内容和结构示意表

段落层次	主 要 内 容	论 述 思 路
开篇	我主张将我们全党的学习方法和学习制度改造一下	直呈观点，开门见山（提出问题）
第一部分	肯定学风进步	总分论述（分析问题）
第二部分	梳理学风问题，谈及危害	总分+递进（分析问题）
第三部分	进一步谈学风问题与危害	推进论述，正反对比（分析问题）
第四部分	陈列建议：如何改造学风	总结论述，分条陈述（解决问题）

深刻认识——马克思列宁主义学风：理论联系实际/主观主义学风：理论脱离实际

需要说明的是，认识毛泽东谈学风改造的意义，很容易理解为一般意义上的学风，也就是教育或学习上的学风。其实不是。本文所探讨的是马克思主义的学风，也就是理论联系实际的唯物主义学风，所以文章在第二部分里仔细梳理了非马克思主义学风的三种表现：不注重研究现状，不注重研究历史，不注重马克思列宁主义的应用，这三点都是理论脱离实际的做法，危害很大；在文章第三部分里，毛泽东又将主观主义的态度与马克思列宁主义的态度进行对比，分析了理论脱离实际的危害和理论联系实际的作用，使论述更加深入，观点更加鲜明。

整理《改造我们的学习》的论证方法和论述语言时，建议用做知识卡片的方式进行，可以事半功倍，一目了然。如表3所示。

表3

论证方法	例句：经济学教授不能解释边币和法币。
	分析：此句为举例论证。边币和法币均为当时使用的货币。作者选取生活中的典型现象，论述理论脱离实际是多么有害，如此教学怎么能有效果呢，又怎么能解决生活中的实际问题呢?
论述语言	例句：这种作风，拿了律己，则害了自己；拿了教人，则害了别人；拿了指导革命，则害了革命。
	分析：毛泽东的论述语言生动活泼，富有力量。作者用一组排比句，生动而又深刻地论述了主观主义态度的危害，小到个人大到工作，都深受其害。

　　学习《人的正确思想是从哪里来的?》有两种路径，一种是把这篇文章处理成教读课，另一种是把这篇课文处理成自读课，都可以。但无论是教读课，还是自读课，都应该与学习《改造我们的学习》整合起来，在"类型上"做一点梳理和探究，也就是要探究毛泽东论说文的艺术特点。建议学生做知识卡片完成此任务。

3. 环节三　学习《实践是检验真理的唯一标准》（自读，1 课时）
　　任务 1. 自读课文，快速圈划文章的主要内容，认识社会实践的重大意义，理解中国社会变革的步伐，梳理主要观点，学习论证方法。

　　说明：
　　这一篇课文教材中设定为教读课文，鉴于文章结构层次清楚，语句理解难度不大，作自读课文也很好，因此建议自读（设定为教读也可以，读深入一些，甚至可以安排 2 课时）。如果安排一课时，正好可以探索一下长文短教的方法，特别是议论性文章。
　　如何自读呢？1. 在规定时间里（预计 10~15 分钟），拿笔读书，快速阅读，训练阅读速度，快速把握一篇长文的主要内容和基本结构。2. 分组学习，每一个小组做出一张思维导图或结构示意图，不求完全一致，但要大致上反映出本文的主要内容和基本框架。3. 选取文中的论证方法 1~2 种，练一练分析能力；老师可以出示思考题。4. 课外查找"两个凡是"资料，想一想为什么"解放思想"会成为时代变革的号角和呼声，将所思所想制作成一张知识卡片。

表4　　　　　　　　　　　**本文内容结构示意表**

实践是检验真理的唯一标准		
段落层次	主　要　内　容	论述方式或论证方法
引子	拨乱反正，十分必要	引出问题，开门见山
第一部分	检验真理的标准只能是社会实践	引用论证，举例分析，类比论证
第二部分	理论与实践的统一，是马克思主义的一个最基本的原则	立论驳论相结合，加强论述的针对性，举例分析
第三部分	革命导师是坚持实践检验真理的榜样	举例分析，总分论述
第四部分	任何理论都要不断接受实践的检验	举例分析，正反对比论证
最后一段	阐述由必然王国走向自由王国	联系现实，发出号召，指引方向

说明：

第一部分和第二部分是理论研讨，谈如何看待实践是检验真理的唯一标准这个问题，第三部分和第四部分是分析如何做，重点都是谈革命导师如何做，先是勇于坚持社会实践检验，做出榜样，后谈革命导师在社会实践的基础上，如何不断修改自己的理论思考，继续做出榜样，可谓层层深入，不断推进论述。

思考题：

1. 一篇议论性文章的思辨性，有时候是通过立论和驳论相结合而体现出来的，本文在这方面做出了有效的尝试，请从文中选取一两例，简要分析这样写的好处。(此题是学习论述方式)

2. 本文通篇都在讨论实践是检验真理的唯一标准，请问：一二两部分和三四两部分是怎样的关系？试作分析。(此题是掌握论证结构，理清结构上的逻辑关系)

4. 环节四　小专题阅读《社会历史的决定性基础》《改造我们的学习》《人

的正确思想是从哪里来的?》《实践是检验真理的唯一标准》（教读，1 课时）

任务 1. 快速阅读四篇课文，学习马克思主义唯物史观，认识经济基础和上层建筑、理论与实践之间的关系。注意，不要干巴巴地学习理论文字，应结合具体实例进行分析和讨论。

说明：

此学习任务意在将前四篇课文整合在一起作一个专题阅读，加深对马克思主义的认识，加深对中国改革开放的认识，提高学生的认识水平和政治觉悟，也算是一次哲学学习。可结合改革开放四十年中任何一个实例进行研讨，如家庭联产承包责任制、深圳珠海厦门和汕头特区建设、上海浦东对外开放等。学生应该先充分搜集材料，整理材料，理出头绪，再结合四篇课文的理论思想，进行学习。可写出学习报告或评价报告。

5. 环节五　小专题阅读《修辞立其诚》《怜悯是人的天性》《人应当坚持正义》（教读，3 课时）

任务 1. 通读《修辞立其诚》《怜悯是人的天性》《人应当坚持正义》三篇课文，思考真诚、怜悯、正义之于人立身处世的重大意义。（1 课时）

任务 2. 快速阅读三篇课文，在三个学习任务中选取一个来做：①为什么"真诚"会成为一个人写文章的重要因素，请联系张岱年先生的论述，试着回答。要求写成一篇小作文，200 字左右。②论辩：卢梭说，怜悯是人的天性，孟子也说人性本善；霍布斯认为人天生就是恶人，荀子也说人性本恶；以上两种观点针锋相对，你更赞同哪一种？试着组织一场简易的辩论会（40 分钟左右，注意参看单元研习任务第二大题第 1 小题），要求：无论持哪一派观点，均请用到卢梭这个例子。③请对苏格拉底的从容赴死，写一段抒情文字或一首小诗，以表达你的敬意。（2 课时）

说明：

任务 1 用 1 课时读书，通读课文，充分熟悉三篇课文的内容和观点。这一课时也是试图将三篇课文整合在一起，引导学生集中围绕一个大主题来思考。每一个人立身处世，都会碰到这三个问题——真诚、怜悯、正义，这三个问题密切关乎人生的宏大主题，关系到做人做事，关系到普世价值，关系到社会主义核心价值观，意义重大。

任务2用两课时整合学习，统一设定主任务，让任务驱动学生主动学习，积极探究。学生或分组学习，或独立学习，但在一个班级里三个任务务必都有人选做，这样才好达到整合和碰撞。建议①③两个任务一课时，第②个任务一课时。其中第三个小任务，也有另一种设计途径：联系单元研习任务第二大题第2小题，讨论苏格拉底的从容赴死到底是"智"还是"不智"，也可以写成一篇小作文。这也很有意思。

6. 环节六　整合阅读《社会历史的决定性基础》《怜悯是人的天性》《人应当坚持正义》（教读，1课时）

任务1. 这三篇课文标题均为编者所加，你认为加得合适吗？请组织小组讨论。

任务2. 联系《改造我们的学习》《实践是检验真理的唯一标准》《修辞立其诚》三篇课文，进一步讨论议论性文章拟标题的原则。请将总结出来的标准原则制作成一张卡片，以后可以用于评判标题。

任务3. 请试着用总结出来的标准原则给下列标题打分，并说说理由。

说明：

这是一节整合课，围绕议论性文章拟标题而展开。基本环节是由读到思考再到应用，是一个非常完整的读写训练过程。为议论性文章拟标题是高中作文教学的一个重要内容，一直以来，做得不够好，主要原因是，好坏没有标准，好像拟成什么样都行，但事实上又并非如此，本节课想在这个方面作出一点尝试。

附相关标题：

阅读材料：

某大学教授，用手机只接打电话、发短信，没有QQ，不发微博，不用微信。有的人很欣赏他，也有的人很看不起他……对此你怎么看？请自拟题目，写一篇短文。

　　所拟标题：

　　不做网络时代的隐士

　　简单点

　　切莫走下时代的列车

　　梨花落地不开门

　　不向手机"低头"

　　善假于物

　　追求心灵的"绿色"

　　个体与群体

7. 环节七　单元整合阅读，七篇课文（自读，1 课时）

任务 1. 快速阅读七篇课文，梳理七篇文章的语言特色，学习论述语言，学习有理性有分寸、客观科学、富有个性地表达观点。

说明：

　　这一个任务可紧可松，安排 1 课时可，安排 2 课时亦可，就看老师和学生的取舍。本次教学设计安排 1 课时进行。

　　具体步骤为：1. 每位学生从七篇文章中选定一篇，谈作者的论述语言特点。要求至少从文章选取三个例句，且三个例句要呈现出不同的词句特点，比如引用他人语言、多用成语俗语、比喻论证等。说明喜欢该篇论述语言的理由。2. 在小组里与同学一起分享，取长补短，集思广益。3. 每个小组推荐一位同学到班级发言，要求写成小卡片。老师注意组成评价小组，尝试给发言同学打分。非评价小组同学每人有一票选择权，为发言同学投票。最后依据两方面投票结果，评选出发言优秀者。

出新意于法度之中，寄哲思于论辩之上

——评何郁高中统编教材选择性必修中册第一单元教学设计*

曹　蕊　方　正**

教育改革的关键是课程改革，课程改革的关键是课堂教学，课堂教学的关键是教学设计和教学实施。2017 年《普通高中语文课程标准》和 2022 年《义务教育语文课程标准》先后出台，大单元教学设计风头正劲。如何开展大单元教学设计，实现学生核心素养发展是当前高中语文课堂教学改革的热点问题，也是难点问题。以统编教材为对象，目前共有 15 篇关于大单元教学设计的研究文章，通过整理发现，目前的大单元教学设计主要存在三个方面的问题。一是单元主题的确定并不是从语文学科大概念出发，而是简单地以人文主题作为整个单元教学的主题，无法整合单元学习内容，实现课程内容结构化；二是虽有单元教学的意识，但在设计、实施过程中仍以单篇教学为主，只是最后通过单元复习课的形式完成所谓的单元教学，这是伪单元教学；三是在单元教学设计过程中不能通过主题来引领学习任务群，落实语文要素，发展学生的语文核心素养。

统编本高中语文教材选择性必修中册第一单元，是一块难啃的硬骨头。一是因为思想艰深，七篇文章都是具有思想理论高度和深度的文章，所讨论的问题或是哲学问题，涉及上层建筑和经济基础的关系，涉及理论与实践的哲学思考，或是人性问题，涉及真诚、怜悯和正义，都是人生重大课题，七篇文章可谓思想深刻，思辨性强，这对老师和学生来说，读懂、读通、读透挑战很大。二是中国人

---

　　* 基金项目：2022 年度黄冈市教育规划课题"学科大概念下的语文大单元教学设计研究"（项目编号：2022GA18）；2022 年度黄冈师范学院研究生工作站课题"高中生思辨能力现状的调查研究"（项目编号：5032022010）。

　　** 作者简介：曹蕊，女，黄冈师范学院文学院 2021 级硕士研究生；方正，男，黄冈师范学院文学院教授，研究方向为语文课程与教学论。

长于直觉式类比式思维，而对于概念、判断、推理等逻辑思维能力不够强，特别是高中生，其理性思维和思辨能力就更弱。据了解，有些老师面对这块"硬骨头"，不能硬碰硬，要么是蜻蜓点水，象征性地选择一两篇自己熟悉的且容易讲的文章作教读文章来处理，其余的让学生自学，阅读和学习是走马观花；要么是卖弄花拳绣腿，简单地以论证方法统整学习内容，过滤掉先哲思想智慧，忽视对学生论辩思维能力的训练，无法凸显深刻的思想魅力和多样化的论证方法两个单元学习重点，简直是买椟还珠。

作为高中语文教研员的何郁，"事不避难，义不逃责"，其《沐浴先哲思想智慧，训练学生论辩思维——选择性必修中册第一单元教学设计与说明》既有引领性的理论意义，又有示范性的实践价值，也有进一步研讨的教学价值。

一、出新意于法度之中：双任务群与三种阅读课型

（一）双任务群与四个核心任务

通过任务群完成单元教学目标，这是当前高中语文大单元教学设计的基本遵循，但是，何郁老师的教学设计大胆尝试双任务群。根据教学内容，何郁老师认为本单元宜确定为"科学和文化论著研习任务群""思辨性阅读与表达任务群"两个任务群，前者指向思想认识，后者指向论辩工具。并且依照这两个任务群，拟设本单元四个核心任务：认识思想魅力，感受哲人情怀；训练思辨能力，提升思维品质；学习论证技巧，习得论证方法；辨析论证语言，学习理性表达。如何科学合理分解任务群，明确单元学习核心任务，是大单元教学设计的关键环节。这样设置不仅能兼顾两个学习任务群的教学重点，而且能实现语文课程人文素养与语文学科核心素养的相统一。"科学和文化论著研习任务群"主要是"研习自然科学和社会科学论文，旨在引导学生体会和把握科学与文化论著表达的特点，提高阅读、理解科学与文化论著的能力，开阔视野，培养求真求实的科学态度和勇于探索创新的精神"①。何郁老师在教学设计中既强调了对先哲思想智慧的理

---

① 中华人民共和国教育部：《普通高中语文课程标准（2017 年版，2020 年修订）》，人民教育出版社 2020 年版，第 25~26 页。

解与内化，体会深刻的思想魅力，树立历史唯物主义和辩证唯物主义的世界观和方法论；同时，通过"思辨性阅读与表达任务群"主要"引导学生学习思辨性阅读和表达，发展实证、推理、批判与发现的能力，增强思维的逻辑性和深刻性，认清事物的本质，辨别是非、善恶、美丑，提高理性思维水平"[①]。尤其注重培养学生的思辨能力，比如概念、判断、推理、逻辑性、论证思路、论证方法、论证语言等，强调了必备知识的学习和思辨能力的养成。

（二）创新阅读形式，实现单元教学设计系列化

如何牢牢抓住课文这个最重要的教学"媒介"，创新阅读形式，是任务落地的关键所在。基于此，何郁老师创造性地把本单元课文设计为单篇阅读、小专题阅读和整合阅读三种课型。单篇阅读又包含教读和自读两种形式，如恩格斯的《社会历史的决定性基础》宜教读，《实践是检验真理的唯一标准》及柏拉图的《人应当坚持正义》宜自读。小专题阅读是指有些课文宜放在一起学习，如毛泽东的两篇论说文，研讨毛泽东论说文的思想魅力，张岱年、卢梭和柏拉图三篇课文——思考真诚、怜悯、正义之于人立身处世的重要性。从编者为课文拟题这个角度考虑，还可以将恩格斯、卢梭、柏拉图三篇课文放在一起学习，教会学生如何为议论性文章拟标题，并借助读懂标题这个抓手，快速读懂全篇，这个可以看作是整合阅读。最后一个课时也可作整合阅读——从学习论证语言这个角度考虑，还可以将整个单元整合在一起学习，既讨论论说文的语言共性，又讨论每个作品独特的语言魅力。

大单元教学设计分阶段进行，且阶段目标明确、有层次，有针对性地对学生进行思辨性能力培养，是逐步、逐层进行的，并且利用了不同的阅读方式，从单篇、专题到整合阅读，不仅是程度在加深，而且是对学生概括能力的逐步提升，通过三种阅读形式的创新设计，实现了单元整体设计的序列化，具体如图1所示。笔者对统编教材的分析研究，发现必修上、下册与选择性必修上、中、下册等五册教材中共有四个思辨性阅读主题单元，具体如表1所示。其中选择性必修中册第一单元是最后一个具有思辨性阅读的单元。教材的编写体现了序列化的原

---

① 中华人民共和国教育部：《普通高中语文课程标准（2017年版，2020年修订）》，人民教育出版社2020年版，第18~19页。

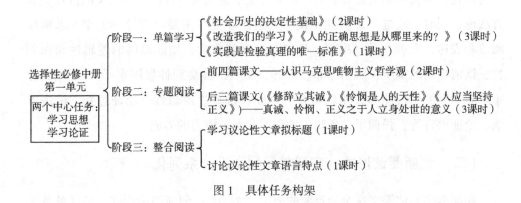

图1　具体任务构架

则，由必修到选择性必修，呈现一个逻辑上逐渐进阶的过程。而选择性必修第一单元的人文主题是沐浴先哲思想智慧，语文要素是借助课文这个"媒介"进行论辩思维的训练。作为最后一个带有思辨性训练性质的单元，对于高中生理性思维和思辨能力的培养起到了收束的作用，同时也体现了语文学习中思辨能力培养螺旋上升的过程。

表1　　　　统编高中语文教科书"思辨性阅读与表达"主题单元一览表

教材	单元	人文主题	语文要素	学习任务群
必修上册	第六单元	学习之道	有针对性地表达观点	思辨性阅读与表达
必修下册	第八单元	倾听理性的声音	培养批判性思维	思辨性阅读与表达
选择性必修上册	第四单元	理性精神	掌握逻辑方法	思辨性阅读与表达
选择性必修中册	第一单元	沐浴先哲思想智慧	培养思辨能力	科学和文化论著研习 思辨性阅读与表达

二、寄哲思于论辩之上：大概念引领，
在任务群中落实人文主题

大单元教学设计的难点在于"大单元""大概念"等的提出并确定。"大概

念"来源于新课标中关于学科课程标准，具体描述为："进一步精选了学科内容，重视以学科大概念为核心，使课程内容结构化，以主题为引领，使课程内容情境化，促进学科核心素养的落实。"① 王荣生教授认为"大概念分两类：一类是跨学科或超越单元主题的，因而需要综合性理解；另一类是关涉学科及单元主题的，是主题性理解。"② 统编教材采用了人文主题与任务群的双线组元结构，很明显大概念指的是我们的大单元教学。大概念确定了，也即大单元教学设计主题的确定了，那么整个单元教学设计就有了所谓的"领导人"，单元学习重点也就就明确了。

大单元教学主题的确定与单元提示、单元研习任务密切相关。其中单元提示中对学生学习本单元的要求如下："学习本单元，要通过研读经典理论文章，获得思想启迪，提升思维品质。有些文章的历史背景比较复杂，要参考相关资料增进了解；阅读时要抓住主要概念，把握核心观点，理清论述思路，感受文章强大的思想力量；同时注意欣赏文章的论证艺术，体会语言表达的准确定性和严密性。"③ 从单元提示出发，依据教学内容，何郁老师拟定了两个学习重点，也即学习思想、学习论证。明确了学习重点，通过情景创设，将学生的学习置身于真实的活动情境中，正如崔允漷教授所提倡的："指向素养的学习必须是真实学习，真实学习必须要有真实情境与任务的介入。"④ 何郁老师的设计实施过程中围绕学生的真实生活情境展开，比如在学习了张岱年的《修辞立其诚》之后布置了一个作业"为什么'真诚'会成为一个人写文章的重要因素，请联系张岱年先生的论述，试着回答。要求写成一篇小作文，200 字左右。"这个作业的设置很明显是要将学生带入一个真实的活动情境中，把"真诚"与"写文章"联系起来，通过提高学生思辨能力，实现核心素养目标的达成。

大单元教学首先要明确单元目标，正如崔允漷所说，"单元目标，即此单元

① 中华人民共和国教育部：《普通高中语文课程标准·前言（2017 年版，2020 年修订）》，人民教育出版社 2020 年版，第 4~5 页。
② 王荣生：《事实性知识、概括性知识与"大概念"》，载《课程·教材·教法》2020年第 4 期。
③ 中华人民共和国教育部：《高中语文教材选择性必修中册》，人民教育出版社 2020 年版，第 1~2 页。
④ 崔允漷：《如何开展指向学科核心素养的大单元设计》，载《北京教育（普教版）》2019 年第 2 期。

要解决什么问题，期望学生学会什么"①。何郁老师对于每一个阶段的教学目标都有清晰的认识，比如在专题阅读中前四篇文章要求学生学会认识马克思唯物主义哲学观。何郁老师在设计这个目标时设计了一个专门的任务："快速阅读四篇课文，学习马克思主义唯物史观，认识经济基础和上层建筑、理论与实践之间的关系。注意，不要干巴巴地学习理论文字，应结合具体实例进行分析和讨论。"大单元教学设计不仅要提出问题，而且要设计解决问题的支架，何郁老师设计了一个解决问题的支架："可结合改革开放四十年中任何一个实例进行研讨，如家庭联产承包责任制、深圳珠海厦门和汕头特区建设、上海浦东对外开放"等。处于这个任务情境下的学生，必然要充分地搜集材料，整理材料，理出头绪，再结合四篇课文的理论思想，进行讨论分析。最后还可以学习报告或评价报告的形式展现学习成果，同时为老师进行教学评价提供参考。

三、教学是遗憾的艺术：基于有效教学的视角

课程改革的关键是课堂教学，课堂教学的关键是教学设计和教学实施，教学设计是为课堂实施服务的。教学设计的底线是有效，目标是让学生成功完成学业，然而，任何教学设计都不可能为每位学生量身定制，那么，"为了帮助全体学生获得成功，教师能够做什么呢？答案是：他们可以在设计教什么（教学内容）、如何教（教学方法）以及教学环境（课堂管理）时，设计出能够应对多样性的教学与活动"。② 可见，教学设计的多样性是实现有效教学的必要条件。选择性必修中册第一单元是一块"硬骨头"，何郁老师的教学设计为我们啃下这块"硬骨头"提供了很好的样板，但若从教学设计多样性的视角审视的话，在教学内容设计和教学环境设计上还有商榷之处。

（一）教学内容设计与学生的关联性不够

第一，与学生经历联系不够。没有将本单元的学习活动与学生之前的知识和

---

① 崔允漷：《学科核心素养呼唤大单元教学设计》，载《上海教育科研》2019 年第 4 期。

② ［美］凯·M. 普赖斯、安娜·L. 纳尔逊：《有效教学设计：帮助每个学生都获得成功》（第四版），李文岩等译，中国人民大学出版社 2016 年版，第 4 页。

经历很好地联系起来。教学时首先得唤醒学生已有的知识，如议论文的类型、议论文的主要特点、议论文主要论证方法等，由此建构新旧知识的联系，实现知识的迁移，从常规的议论文迁移到今天所要学习的科学论著，以此逐步深入。第二，对学生生活的重要性突出不够。对于学生生活而言，最重要的当然是高考，虽然何郁老师注意到了高考议论文的拟题问题，但这还不够，何老师还可以从高考议论文的审题、立意、论证、结构等用力。第三，教学设计没有完全建构于学生的想法之上。何郁老师在进行单元教材和学情分析时，仅仅是提到了本单元学习的难度与学生在理性思维和思辨能力较弱，但没有充分考虑到学生学习本单元到底需要什么，他们学习的最大障碍是什么，何郁老师没有做调查，也没有进行学前测试的设计，只是凭借个人臆断。

（二）教学环境设计选择性不足，没有考虑到不同每个地区的实际学习条件

首先是课时安排理想化。语文课在每一个学期的总课时及每一任务群的课时安排，在新课标中有明确要求，但何郁老师在本单元中设置了 12 课时，这未免有些不切实际了。课标中设置"科学和文化论著研习任务群"为 18 课时，"思辨性阅读与表达学习任务群"为 27 课时，但在统编版高中语文教材中有 4 个单元为"思辨性阅读与表达学习任务群"，平均分配的话，每个单元也只有 6~7 个课时，若考虑到现在高中的教学实际，拿出 12 个课时来完成本单元的学习任务是不现实的。其次是没有充分考虑到不同地区、不同学校的教师实际的教学能力。何郁老师曾经是一线语文名师，拥有丰富的课堂教学经验，而且是语文研究员，其理论修养以及对教材、文本的解读与对课堂的掌控能力是一般语文教师难以企及的。因此，何郁老师的本单元的教学设计可能是一个标杆，但其他老师们学起来吃力，用起来不易，有点曲高和寡。

教学探索

新课标视域下初中古诗文教学例谈[*]

童丽慧[**]

2022 年 4 月 21 日，教育部颁布的《义务教育语文课程标准（2022 年版）》（以下简称新课标）在"课程性质"中明确指出"语文课程是一门学习国家通用语言文字运用的综合性、实践性课程。工具性和人文性的统一，是语文课程的基本特点""语文课程致力于全体学生核心素养的形成与发展"。[①] 古诗文培育学生核心素养的重要载体，其教学要求和达标要求在新课标中已有明确规定。在"学段要求"中对于第四学段（7~9 年级）要求，"诵读古代诗词，阅读浅易文言文，能借助注释和工具书理解基本内容，注重积累感悟和运用，提高自己的欣赏品位，背诵优秀诗文 80 篇（段）"[②]；隶属于"发展型学习任务群"的"文学阅读与创意表达"任务群的第四学段也要求，"阅读表现人与自然的优秀文学作品，包括古诗文名篇，体会作者通过语言和形象构建的艺术世界"[③]；"学业质量描述"对于第四学段也有要求，广泛阅读古诗文，能从多角度揣摩品味经典作品中的重要词句和富有表现力的语言，通过圈点、批注等方式呈现对作品中语言形象，情感主题的理解。[④] 古诗文在初中语文课程目标的设定，课程内容的甄选，

———————

　* 基金项目：黄冈市教育科学规划 2021 年度一般课题"初中语文古诗文课堂教学的深度研究"（项目编号：2021GHB15）阶段性成果。

　** 作者简介：童丽慧，女，团风实验中学语文高级教师，硕士生导师。

　① 中华人民共和国教育部：《义务教育语文课程标准（2022 年版）·前言》，北京师范大学出版社 2022 年版，第 1 页。

　② 中华人民共和国教育部：《义务教育语文课程标准（2022 年版）·前言》，北京师范大学出版社 2022 年版，第 14 页。

　③ 中华人民共和国教育部：《义务教育语文课程标准（2022 年版）·前言》，北京师范大学出版社 2022 年版，第 27 页。

　④ 中华人民共和国教育部：《义务教育语文课程标准（2022 年版）·前言》，北京师范大学出版社 2022 年版，第 42~43 页。

学业质量的测验方面皆有确定性要求，对课程实施也有明确的"教学建议"，即为"立足核心素养，彰显教学目标以文化人的育人导向""体现语文学习任务群特点，整体规划学习内容""创设真实而富有意义的学习情境，凸显语文学习的实践性"。① 为贯彻落实新课标要求，切实发挥古诗文应有的教学作用与育人功能，笔者以为可以采用以下教学策略。

一、学材建构实施群文阅读教学

现行统编初中语文教材中共有古诗词84篇、文言文47篇，分布在6册书12个单元中，数量多，内容杂，散点多。传统的单篇教学耗时长，效果不佳。依据新课标理念，我们可以对古诗文学习内容进行重新建构，实现"用教材教"，实施群文阅读教学。

所谓群文阅读教学，就是围绕一个或多个议题，选择一组文章，教师和学生围绕着一个或多个议题就选文内容展开集体建构，最终对选文理解达成共识。② "群文"和"议题"是群文阅读教学的核心概念，是展开群文阅读教学的前提与基础。在教学实践中，我们可以先有群文再提炼议题，也可以先有议题再选择群文。立足统编语文教材选编的古诗文，我们可以从以下几个角度来重构学材。

（一）从单元教学的角度进行统整，实施群文教学

为了树立单元整体观照的视觉，提高古诗文教学效率，可以对整个单元的古诗文进行整合，通过统整联系的方式来展开古诗文群文阅读教学。

比如，八年级上册第三单元所选的古诗文，都是我国古代诗歌咏自然山水的优秀篇章，我们可以从单元教学的角度，用不同的议题对单元诗文进行组合，从不同角度设计群文阅读活动，逐个完成单元教学目标。可以用议题"古诗文中的山水之美"，整合古诗文中写景句段，通过吟咏品悟获得美的享受，净化心灵，陶冶情操，激发对祖国山川的热爱，培养高尚的审美情趣，通过比较赏析，学习

---

① 中华人民共和国教育部：《义务教育语文课程标准（2022年版）·前言》，北京师范大学出版社2022年版，第44~45页。
② 于泽元、王亚玲、黄利梅：《群文阅读：从形式变化到理念变革》，载《中国教育学刊》2013年第6期。

不同的写景方法，并学以致用。可以用议题"写景诗文中的作者情志"整合古诗文中的抒怀句段，链读助学资料，细读文本，体味作者的情怀。

通过这样的多角度统整，反复地利用了教材，选点突破，教学难点得到了攻克，教学目标的达成有了抓手。

（二）从主题教学的角度进行选文，实施群文教学

为了让古诗文教学更丰厚，实现古诗文的深度学习，可以将相同主题的古诗文组合在一起形成群文，通过比较阅读的方式来开展古诗文群文阅读教学。

比如，可以将同一册书中的"乡愁"主题或几册书中的"乡愁"主题的古诗文组合在一起，形成群文。如，七年级上册的《次北固山下》《天净沙·秋思》及八年级上册的《黄鹤楼》《渡荆门送别》等，依据学情和教材编写意图确定不同的议题，从不同角度设计群文阅读活动，可以从议题"乡愁诗文中的意象特征"聚焦"意象"，细腻品读，以象寻意，以象悟志，培养学生的想象力，发展学生的思维力；也可以从议题"乡愁诗文的一般艺术特色"探讨不同诗人的诗风特质和情感态度，让学生获得不一样的审美体验。

（三）从专题教学的角度进行组合，实施群文教学

为了充分发挥学生学习古诗文的主动性，发展学生学习古诗文的能力，让古诗文教学更高效，可以按照不同的专题对古诗文进行组合，形成群文，通过探究学习的方式来开展古诗文群文阅读教学。

比如，可以按照"借景抒情"专题、"托物言志"专题、"李清照"专题、"杜甫"专题、"李白"专题等组成不同的群文，再依据课程标准，教材编写意图和学情确定议题。可以议题"李清照笔下的秋天"聚焦李清照的秋词，品悟一代才女的相思凄苦，憔悴深情；可以议题"李白诗中的奇伟意象"来品悟李白诗歌中吞吐山河，包孕日月的壮美气象，让学生感受李白诗歌的浪漫主义特色。专题群文阅读教学，可依据不同的议题，为学生搭建学习支架，提供助学资源，让学生在自主学习、合作学习、探究学习中，涵养心灵，发展能力，提升核心素养。

针对学材建构，可以变"教教材"为"用教材教"，解决"教什么"的问

题。实施古诗文群文阅读教学，在有效的课时内扩充了教学容量，扩展了学生古诗文学习的领域，聚焦了教学目标，搭建了学习支架，提供了学习抓手，实现了课内向课外的拓展，发展了学生的核心素养。

二、任务驱动突出古诗文特点

所谓任务驱动，是指在古诗文群文阅读教学中，教师围绕议题设计学生感兴趣的学习任务，用任务驱动学生开展群文阅读活动，激发他们阅读的主动性，促进他们阅读、思考、想方设法完成学习任务，在完成任务的过程中达成教学目标，提高古诗文的学习效率。

依据新课标要求，立足古诗文特点，我们可以从以下几个角度来设计活动任务。

(一) 设计诵读活动任务，突出古诗文的特点

我国古代诗文都比较重视节奏和音韵美，富有感情的诵读是感受诗文之美的有效路径，通过诵读，学生能够更好地把握诗歌的节奏美和韵律美。在古诗文活动任务的设计中，应充分体现古诗文诵读的要求，让学生读准字音，读准节奏，读出音韵之美，读出层次之美，读出情感之美，以读贯穿，获得古诗文的审美体验。

比如，八年级下册第三单元古诗文群文阅读学习活动任务可以进行如下设计(活动任务)：

1. 朗读，体会诗文的音韵之美；
2. 品读，想象诗文的画面之美；
3. 吟读，领悟诗文的情感之美。

(二) 设计主题学习活动任务，突出古诗文的特点

我国古诗文都有时代的印记，一个时代有一个时代的气象，一个时代有一个

时代的主旋律。不同时代的诗风不同，不同作者的文风不同，同一作者在不同时期的文风也有差异。在古诗文教学中，要让学生开阔视野，拓展思维，获得对古诗文更充分地理解，我们可以设计主题学习活动任务。

比如，以"乡愁"为主题的群文阅读学习活动任务可以进行如下设计（活动任务）：

1. 知人论事，从诗人的角度触碰乡愁；
2. 寻象观意，从意象的角度品析乡愁；
3. 推敲词句，从炼字的角度探寻乡愁。

（三）设计探究性学习活动任务，突出古诗文的特点

古诗文语言凝练，意蕴丰厚，在古诗文教学中，要打开学生的思路，搭建学生思维的支架，引导学生拾级而上，从低阶思维攀岩到高阶思维，提高学生的思辨能力、理解能力、表达能力，达到深度学习的效果，我们可以设计探究性学习活动任务。

比如，对于杜甫诗群文阅读学习活动任务，可以进行如下设计：

1. 自主品读，体会诗歌情感的变化；
2. 合作探究，分析杜甫诗风的变化；
3. 自主品析，撰写《从杜甫的诗歌看杜甫的诗风变化》小论文。

任务驱动，可以调动学生学习古诗文学习的主动性，革新古诗文的教学方式，变"讲堂"为"学堂"，以学生的学习活动为中心，解决"怎么教"的问题。任务驱动，突出古诗文特点，让学生在学习古诗文的过程中，积累了知识，习得了方法，提升了能力，发展了核心素养。

三、文化渗透汲取精神养料

我国古诗文是中华优秀传统文化的瑰宝，其中蕴含着丰富的传统文化的因子

与思想内核，是学生理解和运用祖国语言、继承和弘扬民族精神、培养和养成健全人格的最优化的教材之一，在部编版初中语文教材中占有举足轻重的地位。依据课程标准的要求，古诗文教学不仅要落实语言层面的任务，还要落实文化层面的任务和审美层面的任务。毛诗序中提出："诗者智之所至也，在心为志，发言为诗。""志"是诗人凝练在诗中的思想感情和人格追求。古诗文教学，要以文化人，开拓学生的精神世界，传承中华优秀传统文化。

（一）渗透"讲仁爱，重民本，崇正义，尚和合，求大同"等核心思想理念

文以载道，经典古诗文中蕴含着先贤们崇德修身的颖悟，饱含着中华传统文化的道德观，为心灵指明了方向。

如孟子的《大道之行也》寄托着"尚和合，求大同"的社会理想，再如《论语》推行的"重义轻利""安贫乐道"的君子理想，《诗经》中的礼乐文化思想等，在古诗文教学中，要着力渗透中华优秀传统文化，让学生理解中华文化精神和传统美德，培养学生的文化自信，增强学生的归属感和自豪感。

（二）渗透"坚贞的民族气节、大义勇为"等高贵的精神品质

叶嘉莹说："古诗词中可以培养我们的活泼的不死的灵魂。"古典诗文中蕴含的诗人高贵的精神品质，可以涵养学生的灵魂。

比如文天祥的"人生自古谁无死，留取丹心照汗青"，龚自珍的"落红不是无情无情物，化作春泥更护花"，王昌龄的"但使龙城飞将在，不教胡马度阴山"等，我们在古诗文教学中要创设教学情境，让学生在吟咏中感受诗人的浩然正气，在探究中领悟诗人坚贞的民族气节和高贵的品质，以触动于心，内化于行，开阔胸襟，端正品行，促进其形成正确的价值观和人生观。

（三）渗透伟大的爱国情感和崇高的家国情怀

诗言志，诗抒情。有很多爱国诗人在诗文里流露出了浓浓的爱国情感，他们忧国忧民，为了民生社稷殚精竭虑，鞠躬尽瘁，如杜甫的"安得广厦千万间，大庇天下寒士俱欢颜"、范仲淹的"居庙堂之高则忧其民；处江湖之远，则忧其

君""先天下之忧而忧，后天下之乐而乐"、陆游的"僵卧孤村不自哀，尚思为国戍轮台"等。我们在古诗文教学中，要联系时代品悟诗文，带领学生一步步走进作者的心灵世界，感受作者伟大的爱国情感和崇高的家国情怀，让这种崇高的民族精神代代传承。

新课标引领新课改。在古诗文教学中，重新建构学习内容，实施群文阅读教学，变"教教材"为"用教材教"，解决的是"教什么"的问题；任务驱动，革新古诗文的教学方式，变"讲堂"为"学堂"，打造的是以学生的学习为中心的课堂，解决的是"怎么教"的问题；以文化人，变"理性注解"为"文化熏陶"，落实的是"立德树人"根本任务。

"文学阅读与写作"任务群教学任务设计研究
——以统编本高中语文教科书必修（上）第七单元为例

魏诗颖 *

文学阅读与写作是语文教学的"两座大山"，其重要性自是不言而喻。散文阅读是文学阅读的重要组成，通过散文阅读教学，能够提高学生阅读理解能力，培养其形成良好的语文素养。而当下的散文教学存在一些问题：首先，形式化教学严重，教师紧紧围绕如何写好的内容讲解，忽视文章的特色，制约了学生思维能力的提高。其次，固守传统教学，不少老师仍以灌输教学为主，将散文的中心思想以及内容拆解给学生，并没有让学生在课堂中探究散文、研究散文。最后，单一性评价教学结果，教师仅仅是布置练习题来检测学生的学习结果，无法保证评价结果的科学性和有效性。① 统编本高中语文教科书将散文纳入"文学阅读与写作"任务群中，目的在于以体系化的项目驱动，多向度地提升学生语文核心素养和语文实践能力。其课堂教学和过去的教学模式有着内在的区别，即不以文本为纲、不求知识的系统与完备、不拿训练当纯技巧进行分解训练，而是以教师为组织者、学生为主体、师生互动的教学模式。② 这就要求教师在备课时首先要明确"单元学习任务"，把"任务"细化形成教学方案，做学生学习的"引领者"而非"主宰者"，引导学生在语文实践活动中学习。统编本高中语文教科书必修上册第七单元5篇课文皆为散文，是促进"文学阅读与写作"任务群教学目标实现的重要抓手。本文以"生本"理念为指导，探究基于"学习任务群"的散文单元教学任务设计。

---

* 作者简介：魏诗颖，女，黄冈师范学院 2020 级硕士研究生。

① 王慧慧：《以〈故都的秋〉为例谈高中散文教学》，载《语文教学与研究》2021 年第 12 期。

② 黄厚江：《让学习任务群走进课堂》，载《语文建设》2020 年第 11 期。

一、感受自然：创设情境，激发兴趣

情境教学主张教师在教学中根据教学内容设计出情境化的教学活动，引导学生在一定的情境下，激发原有的认知，创造出新的认知结构，实现对教学内容的意义建构。① 建构主义认为学生是"带着脑袋"走进教室的，所以教师要根据一定的学情来设置不同的情境，激发学生的"最近发展区"，推动其内驱力来有效学习。

必修上第七单元的教学支点在于理解"人与自然的关系"，五篇选文中只有《登泰山记》是写泰山的自然景观，其余四篇都是描绘广义上的自然，即包含人文景观的"第二自然"②，所以首先应该让学生理解"第二自然"，感受不同文章中作者所描绘的自然之景。新课标中的"文学阅读与写作"任务群要求教师："运用专题阅读、比较阅读，创设阅读情境，激发学生阅读兴趣，引导学生阅读、鉴赏、探究与写作。"为了激发学生的兴趣，教师可以创设不同情境、不同活动来引起学生的共鸣。例如：从单元专题教学角度来说，可以这样设计教学活动：

同学们，平时你是否留意过身边的自然景物？是否将它用笔尖记录下来？世间太喧闹，是否有那一方净土、一片景色让你的内心平静下来？有这样几位文人通过所见之景抒发心中之感，现在我们一起走进他们的"自然之景"，感受他们笔下的"自然之美"。找出文章所描绘的景物，透过景物探析是何种意境，表达的又是哪种自然之美。用你所找到、想到、感受到的词语来完成表1。

表1

课文	景物	意境之感	自然之美
《故都的秋》			
《荷塘月色》			

① 陈珩筠：《建构主义理论下的高中语文情境教学》，载《语文教学与研究》2020年第7期。

② 郑桂华：《"自然"概念、主客关系与人生境界——"自然与情怀"单元教学的支点、路径选择》，载《语文建设》2019年第19期。

课文	景物	意境之感	自然之美
《我与地坛》			
《赤壁赋》			
《登泰山记》			

整个活动教师要起引导作用，"景物"是在文中可以找到的，而"意境之感"和"自然之美"是开放性的问题，只要学生言之有理即可，所以教师应该鼓励学生发散思维。统编本教科书中每单元都安排了"学习提示"这个部分，教师可以充分利用这一部分的信息资源来引导学生体会和感受文中之景，比如：学习提示中提到在阅读《故都的秋》时要抓住"秋味"，调动各个感官来体会故都之秋的"清""静""悲凉"等特点，思考为什么作者着重描写的是牵牛花、槐蕊等一些细小的事物。教师在引导学生完成表格任务的时候就可以设置各种问题情境来启发学生体会"秋味"，领悟郁达夫笔下的物哀之美。再比如：学习提示提到《我与地坛》中除了对生命的思考，还有一条线索是对母亲的怀念。体会其中的母爱，想想为何作者怀有痛彻心扉的悔恨和对母亲深深的歉意。教师可以引导学生进行学习迁移，回顾初中语文教材中所学的《秋天的怀念》，对比两篇中的情感以及两篇散文的不同特点，从而更全面、更深刻地体会本篇文章中作者情感的变化以及写景抒情散文的特点，为之后的学习任务活动打下基础。

这个任务活动有利于提高学生的语言运用能力以及发散性思维，这正契合了新课标中提出的语文核心素养——"语言建构与运用"和"思维发展与提升"。学生通过主动的梳理课文中的相关景物、整合其中的意境和自然之美，从而在真实的语言情境中进一步提升语言运用能力；学生通过教师的问题引导、在对比阅读中打开思路、发散思维，促进思维品质的提升。

从这种任务活动设计来看，散文阅读教学的着力点在于引导学生细读文本所描写的客观生活品悟作者艺术审美特点。教师首先应该带领学生聚焦作者着力描写刻画之处、还原语境读懂作品所写的客观生活。其次教师应该着重帮助学生走进作品的情境和作者的精神世界，感受作品中的形象，把握作品中情感的变化，并引导学生通过文学作品反观自身生活得到反思，从而提升审美情趣和思想境界。

二、品味自然：探究学习，涵泳辞美

必修上第七单元的单元导读中提到本单元要"体会作者观察、欣赏和表现自然景物的角度，分析情景交融、情理结合的手法；反复涵泳咀嚼，感受作品的文辞之美"。那么，在了解清楚作者所写景物、感受自然之美的基础上，教师要组织学生品味自然，可以结合"单元学习任务"布置探究性的任务活动，比如：任务一：《故都的秋》《荷塘月色》《我与地坛》描写的是同一个城市的景物，选取你认为最精彩的段落，反复朗读，细细品味，写一段评点文字。写完之后，以小组为单元分享，选取组内最佳作品在全班展示。教师注意在该任务执行过程中以学生生成的感受为主，多鼓励学生的个性化阅读。新课标中多次提到在阅读教学中要倡导学生个性化阅读，它的预设少、生成多，突出学生的主体性。所以"生本"理念下的"品味自然"这一环节少不了"个性化阅读"。在任务活动中教师要接受学生阅读的差异性和多样性，鼓励学生大胆说出自己的想法。同样，在学生评点过程中教师要提醒学生阅读"学习提示"，比如：《赤壁赋》通过铺陈、排比形成整饬之美，文章采用"主客问答"的说理方式，逐层阐述作者的观点，要抓住文章写景、抒情、说理的完美结合的特点。这些关键的信息资源都可以运用到评点之中。任务二：从各篇中选取一个画面，改写为诗歌形式并举办诗歌朗诵会；或者选取一个片段拟写视频拍摄脚本，挑选合适的音乐和场景，制作一个小视频。这个任务契合新课标中要"鼓励学生自主组织、举办诗歌朗诵会，丰富学生的审美体验"。该任务完成所花费的时间较长，教师可以建议学生每个学期举办一次。任务三：郁达夫笔下故都的秋特别"清""静""悲凉"，带着传统文人的某种审美情趣。通过查找资料，分析其中有哪些地方体现了民族审美心理和审美特点。

在以上任务中，学生在细细品读、反复咀嚼文段后通过小组讨论、点评等形式慢慢提升鉴赏能力；学生在朗诵诗歌和拍摄脚本过程都是一个体验与提升审美的过程；学生在查找资料时进一步了解民族审美心理，从而从微观的文本世界看到民族的审美特点。这些都有利于学生语文核心素养"审美鉴赏与创造"的提升与发展。

　　该单元的"单元学习任务"还提到"阅读《赤壁赋》和《登泰山记》，可以搜集一些写赤壁或者泰山的名篇，分析研究历代文人通过景物传达的情感"。这些历史文化古迹应该被人们记住，教师应该作为文化与学生之间的纽带，带领学生理解与传承各种文化。比如可以设计以下任务：通过查找资料预习了解泰山文化，再对比阅读《滕王阁序》《黄冈竹楼记》《游天台山日记》等类似的游记名篇了解更多的文化。这样由一篇扩展到多篇，形成群文阅读，学生可以了解更多的名胜古迹，也可以从不同文风中了解不同文章的写作特点，比如：《登泰山记》就是将小细节与大印象结合，描写、叙事明快。这个任务虽然看似抽象，但是在实施过程中教师应该做好充分的准备，也要提前查好有关的文化背景，并结合具体文本来引领学生理解泰山的文化。这个任务对师生要求较高，但是教师要有带领学生理解文化的意识，不能取消相关的任务活动。只有通过一次次了解各种文化，学生才有可能潜移默化地传承文化，不然语文核心素养中的"文化传承与理解"只会一直是语文教育界对语文课程给学生产生影响的某种期望。

　　从这种任务活动设计来看，散文阅读教学的切入点是整体把握、抓住气脉。教师可以带领学生细细品读文章的某一句话或者某一段话去再次走进文本，分析其中的情景的结合，感受其中的文辞之美。教师在实际教学中要避免孤立的语句分析、枯燥的语法讲解、单一的鉴赏方法分享。因为文学作品的解读是多元的，所以在课堂上教师应该传授方法、指导过程，把更多的时间留给学生自主探究鉴赏。其次，任务一中的文学评论是"文学阅读与写作"任务群的教学内容之一，新课标中提到学生要养成读书笔记的习惯，在阅读过程中根据需要，可用杂感、随笔、评论、研究论文等方式，写出自己的阅读感受和想法，与他人交流分享，提升文学鉴赏经验。所以在此任务活动中的文学评论是散文阅读与写作的一个桥梁，是深入理解文章情感的途径，在写文学评论的过程中学生一方面更能够深入地走进文本，另一方面锻炼了思维、提升了语言运用与表达的能力，为文学创作打下基础。

三、创造自然：读写结合，树立"自我"价值观

　　必修上册第七单元的课文是不同作者在不同场景拥有不同心境表达的不同感

情，正如王国维先生所说："以我观物，故物皆着我之色彩。"郁达夫从故都的"秋味"中寻找"北京文化"的真味，朱自清从荷塘月色中享受精神的片刻宁静，史铁生从地坛中悟出生命的真谛以及母爱的真切，苏轼从赤壁清风明月中获得一份释怀。在品味探究各篇文章的艺术手法之后，教师要带领学生体会与感受文章背后的情与理。最重要的是学生要从作者的情感态度中树立自己的价值观。屠莉娅曾提到学生不能仅仅按照书本和社会所宣告的方式进行生活，不能进行孤立的价值判断，要在反思中探讨价值存在的力量。① 所以，教师不能把语文课上成是政治说教，不能只有价值观的输出，学生要有自己的心得体会，结合自身形成"自我"价值观。

以单篇《我与地坛》为例，课后的"学习提示"提到史铁生对生与死的思考是独特的，学习时要细细品味、深入思考，感受作者的精神力量和人格魅力。阅读理解时可以把文中富有哲理的话作为突破口。教师根据其学习提示可以设计以下任务活动：一是圈画、梳理文中的景物，归纳作者在不同时期关注的景物特点；二是比较作者在不同时期景物特点的变化，从而梳理出作者情感变化的轨迹，感悟作者在成长过程中地坛对其精神和生命的意义；三是运用"情、景、理"结合的方法，结合自身的经历与感受，创造自己的"自然"，以"我仿佛第一次走过＿＿＿"为题，写一篇散文，完成后在全班进行交流分享。

以单元专题阅读为例，本单元文章都是"以我观物，物皆着情"，所以设计以下任务来对比体会各篇文章中的"自我情思"。任务一：完成表2。

表2

课　　文	文中所表达的"自我"情思
《故都的秋》	
《荷塘月色》	
《我与地坛》	
《赤壁赋》	
《登泰山记》	

---

① 屠莉娅：《从"他者"到"自我"：试谈语文课程的文化转型》，载《全球教育展望》2007 年第 12 期。

任务二：通过对比不同文章的不同情感，结合自身的经历与感受，创造自己的"自然"，以"我仿佛第一次走过____"为题，写一篇散文，完成后在全班进行交流分享。

在上述任务的完成中，不论是单篇教学还是多篇的专题教学，教师都要致力于处理好学生由阅读走向写作的过程中产生的各种问题，真正地实现读写结合。一方面，学生在阅读中体会作者的"自然世界"，再到遇到与自己心境相契合的景观，融情于景，用自我的方式表达出独特的情感。同时，在班级分享中学生打开自己的精神世界，同时走进他人的精神世界，促进双方有效合作。另一方面，学生在写作过程中教师要关注个别学生，有些学生在写作时并不是一气呵成，教师要为其搭建支架和学习支持，以范文的脉络思路和一些文学写作技巧予以引导，促进学生表达。表达时，学生可以反观自我，加深对自然的体会，树立"自我"价值观。

从这种任务活动设计来看，散文写作教学要在散文阅读教学的基础上来完成。那么，散文阅读教学的聚焦点是了解文章背后的"我"。在细读文本后，教师要带领学生体悟作者投入所描写对象的情感、意志、趣味等。在此基础上，教师带领学生由"他物"想到"自物"，完成文学创作。

"文学阅读与写作"任务群有利于丰富学生情感体验、拓展生活阅历，帮助学生逐渐接触与接受各种文学现象，更全面地认识社会、理解感悟人生。教师实施"文学阅读与写作"这个任务群时，要紧扣新课标中对该任务群的要求来安排不同的语文学习活动，提高学生的语文核心素养。"生本"理念下的"文学阅读与写作"任务群，对学生来说是一种由被动转为主动、由教师教变为自主探究、由语文知识的接受向语文素养的提升转变的途径。对教师来说，这些学术活动是一种加快教学方式转变、促进自身教学观念更新、加强自身教学素养提升的动力。在安排学习活动时最重要的是学生学会阅读，再由阅读激发创作灵感，完成写作。① 任务群中不仅包括散文阅读与写作教学，还包括诗歌、小说、剧本等不同题材的文学阅读与写作教学。教师可以由此及彼，由本单元的教学任务设计迁

---

① 郑桂华：《"文学阅读与写作"任务群的理解与实施》，载《语文建设》2019年第1期。

移到另一个单元的任务设计，利用正反迁移、灵活设计。尤其是在任务实施过程中以学生为主，关注学生的动态，将"以生为本"转化为教学实际行动，真正提高学生语文综合能力，实现高中语文教学走向"真语文"。

如何在语文教学中激发学生的想象力和创造力

张　智[*]

爱因斯坦曾经提到，一切创造性的劳动均是从创造性想象开始的。想象可以说是一种立足于现实可是却又跨越时空与现实的思维，其能通过以往的经验和所学促使学生在头脑中形成创造性新形象，将观念的东西变得形象化，而形象的东西则能够因此而变得越发丰富，从而有效开展创造活动，促进创新能力得以发展。小学阶段本就是想象力与创造力高速发展的阶段，教师在语文教学过程中若为激活学生想象力与创造力，不仅是对传统语文教学的优化，同时也是有效发展学生思维的有效手段。

一、搭建心灵桥梁，扩大想象空间

语文教材上的文章都是精挑细选之后留下来的，这些文本作者与学生人生阅历、文化底蕴、语言修养都不在同一层面，这也促使学生语文学习存在着一些问题，无法有效理解作者想表达的深意和思想[①]。为了改进这一问题，语文教师在教学过程中可以借助于现象来构建心灵桥梁，借此来有效拉近学生与文本、作者之间的距离，与文本和作者形成良好的对话，这样才能真正有效实现心灵上的感悟和沟通，从而有效扩大学生想象空间，为学生想象力和创造力发展提供良好保障。例如，教师在对学生进行《曹冲称象》教学的时候，教师可以在教学课堂上先使用第三人称语气来为学生叙述与描绘这一故事，借此来让学生对文本形成初

＊　作者简介：张智，男，黄冈市东坡小学语文教师。
①　熊长益：《浅谈如何在小学语文教学中激发学生的想象力》，载《读写算（教师版）》2017 年第 29 期。

步了解，在学生有所了解之后教师即可启迪学生想象："假设你是曹冲的话你会怎样处理？你能够想出其他办法来称重吗？"通过这一问题来有效启迪学生表达自己的设想，这样就能有效激发学生想象力与创造力，同时拉近学生与文本之间的距离，让其能够更好地感知与了解文本讲解内容，从而有效优化语文教学，为学生全面发展与提升打好基础。

二、激活文本意蕴，续补想象空间

学生想象力得到发展之后才能促进学生创造力得以提升，学生在语文学习过程中，面对的是一行行的文字，这个时候学生若不展开想象，不懂得再创造，那么学生头脑之中形成的也是一些词语替代的抽象概念，无法形成表象构成的生动画面，这不利于学生进入作者表达的意境，不仅无法促进学生对于文本的把握和理解，还会降低学生学习兴趣。爱因斯坦就曾提到，想象远远比知识更加重要，因为知识是有限的，而想象力则是无限的，是知识进化的重要源泉①。为此，在小学语文教学实践期间，教师一定要引导学生驰骋想象，鼓励学生借助于文字来看图画、透过语言来看生活，这样才能将学生带入文本意蕴，从而有效优化语文教学、促进学生在语文课堂上获得人生感悟与美的享受。例如，教师在对学生进行《小蝌蚪找妈妈》教学的时候，文章并没有写小蝌蚪找到妈妈之后的故事，对于这一点教师即可引导学生发挥出自己的想象力和创造力来进行续补，借由这一方式来有效强化学生理解和感知，从而有效深化学生理解，为学生想象力与创造力发展提供良好保障。

三、放飞创造思维，拓展学生想象空间

教育心理学有提到，学生感知越丰富，建立表象也会越发具有概括性，从而就能更好地引导学生发现规律性知识。可是要想真正丰富学生感知，不能只是借助于大量且单一的阅读材料来展开，需要借助于多种形式、多方位以及多种感官

---

① 艾玉俊：《语文教学中如何激发小学生的想象力和创造力》，载《生活教育》2012年第12期。

来有效引导学生在头脑中构建出正确且丰富的表象，这样才能有效激活学生想象力和创造力。为此，教师在语文教学过程中，不仅要局限于教材文本来讲解，还需要在教学过程中尽可能让学生放飞自己的思维，鼓励学生在课堂上各抒己见、发表自己的想法以及创造性解读，这样才能有效优化语文教学，为学生想象力与创造力发展提供良好环境。例如，教师在对学生进行《我的伯父鲁迅先生》教学的时候，文章之中有关于"救助车夫"这一段有这样提道："伯父的回答我现在记不清了，只记得他的话很深奥，不容易懂……"学生只有正确理解这一段话才能更好地领悟鲁迅先生的思想境界，所以教师在教学期间可以适当拓展当时的社会背景，以此来引导学生联系与思考，这样就能有效拓展学生的想象力与创造力。①

综上所述，语文本就是文学创造的天堂，同时也是学生创新思维得以发展的源泉，在语文教学过程中激发学生想象力与创造力，是有效点燃学生文学热情的关键，也是深化学生文章理解与把握的有效手段。为此，身为语文教师在教学实践期间一定要及时革新教学理念，在教学的同时主动为学生构建出积极的思维条件，以此来有效激发学生想象力与创造力，从而最大程度优化语文教学。

---

① 肖文菊：《在语文教学中如何培养学生的创造性思维》，载《语文课内外》2018 年第 4 期。

《哦，香雪》的青春之美及其教学策略

王 晨 潘 峰*

《哦，香雪》（以下简称《香》）是部编本高中语文必修上册第一单元的一篇自读课文，本单元的主题是"青春"，选文涉及不同题材，展现不同时代的花样青春。《香》一文使用清新富有诗意的语言，刻画了一群纯真、质朴、善良的年轻人，展现出浓浓的青春之美。学习体会这些花样青春，能在情感上引起学生的共鸣，在潜移默化中涵养真善美的品质。因此，本文拟从细读文本、精研课标、洞悉学情三个方面出发，解读《香》所蕴含的青春之美，并给出一定的教学策略。

一、细读文本，品味青春之美

《香》没有激烈的情节冲突，小说从开始到结束在娓娓道来中展现淡淡的平和与从容，其中对人物的刻画没有传统小说里那么复杂立体，但都具有某一显著的特征，如同《边城》里的善良纯真的翠翠，《荷花淀》中具有家国情怀的水生嫂。《香》里的香雪、凤娇和其他人同样如此，纯真、善良、向上、大胆泼辣，相比成年人，少了一份复杂，多了一份青春气息。

（一）至纯至善的香雪

《香》文中，作者塑造了一个"至纯、至真、至善而又自尊"[①] 上进的女学

---

* 作者简介：王晨，女，黄冈师范学院文学院 2021 级硕士研究生；潘峰，男，黄冈师范学院文学院教授、硕士生导师，主要从事语言学研究。

① 温儒敏：《普通高中教科书 教师教学用书 语文 必修 上册》，人民教育出版社 2019 年版，第 15 页。

生香雪。

香雪是纯真的。作者描写香雪，突出她皮肤的白。其他姑娘"蒙受了一天的黄土、风尘，露出粗糙、红润的面色"，从其他姑娘的口中得知香雪生得十分白嫩："要论白，叫他们和咱香雪比比。咱们香雪，天生一副好皮子……"中国传统里，人们崇尚白嫩的皮肤，"白"象征着"纯洁，清白，干净，心灵美"①，香雪完全具有这些特征："洁如水晶的眼睛""那洁净得仿佛一分钟前才诞生的面孔"。美丽纯洁的香雪人见人爱，和她做买卖："你不忍心跟这样的小姑娘要滑头，在她面前，再爱计较的人也会变得慷慨大度"。

香雪是善良的。她是台儿沟唯一考上初中的人，也是来自穷地方的人，当同学们故意地一遍又一遍地问她一天吃几顿饭的时候："她不明白她们的用意，每次都认真地回答：'两顿。'然后友好地瞧着她们……""认真""友好"表现出香雪善良的特质。

香雪是向上的。她"是台儿沟唯一考上初中的人"。台儿沟的姑娘群里，香雪对知识的认识和渴求高于她们。在最初相约一起"看火车"时，姑娘们的目光都集中在有多少个"金圈圈"头饰、"比指甲盖还小"手表等装饰品时，香雪的关注点则集中在知识学习方面上：皮书包、自动铅笔盒、配乐诗朗诵。她十分渴望能拥有一个自动铅笔盒。铅笔盒不再是一个单纯的物品，表现出她对知识的渴求，是积极向上的。

香雪是有自尊的。在火车上，她想用鸡蛋换回自己渴望的铅笔盒，而女学生告诉她没法吃时准备送给她时，香雪不相信，"台儿沟再穷，她也没白拿过别人的东西"。这表现出香雪强烈的自尊心。当香雪从西山口下车后，作者描述香雪的心理活动：

（1）台儿沟一定会是"这样的"：那时台儿沟的姑娘不再央求别人，也用不着回答人家的再三盘问。火车上的漂亮小伙子都会求上门来，火车也会停得久一些，也许三分、四分，也许十分、八分。它会向台儿沟打开所有的门窗，要是再碰上今晚这种情况，谁都能从从容容地下车。

---

① 黄芳：《颜色词黑与白的文化涵义》，载《中国科技信息》2005年第23期。

从句（1）可以看出，香雪的自尊不仅体现在个体身上，还想到台儿沟的其他人面对火车也能从容面对。香雪的想法，扩大了自尊的范围，从个体自尊上升到了群体自尊。

（二）大胆泼辣的凤娇

除了香雪以外，作品对其他人物描写着墨较多的，当属大胆泼辣的凤娇了。

凤娇是大胆的。这是她天生的性格，她的勇气正是乡村面对现代化冲击所需要的。在最初一起"看火车"的情节中，面对轰鸣的火车，香雪下意识地躲到后面去了，而凤娇却不怕，她首先叫了香雪来看火车里妇女的头饰，并把香雪拉了过来，还引导香雪去看她的"新发现"。姑娘们对城市里人的提问，是由凤娇发起的。可见，凤娇是一个有勇气的人，面对新鲜事物，不胆怯，不退缩，反而是大方站出来。

凤娇还是泼辣的。文中还写到凤娇和其他姑娘的对话：

（2）"哟，我的妈呀！你踩着我脚啦！"凤娇一声尖叫，埋怨着挤上来的一个姑娘。她老是爱一惊一乍的。

（3）"我撕了你的嘴！"凤娇骂道⋯⋯

（4）"谁哑巴啦！谁像你们，专看人家脸黑脸白。你们喜欢，你们可跟上人家走啊！"凤娇的嘴巴很硬。

这些句中可以看出，凤娇的口语"哟""我的妈呀""撕了你的嘴""谁哑巴啦"表现出她的爽烈，她的"尖叫""一惊一乍""骂""嘴巴很硬"更是从动作和形态上加强了她泼辣的形象。

凤娇也是善良纯真的。她常和"北京话"做买卖，先让他把东西拿走，下次再付钱，如果他带一些城里的东西来，她下次一定会给他一斤挂面。她的心里"只有这样才对得起和他的交往"，两人之间高于单纯的买卖关系，但又不是异性之间的暧昧关系。作者这样刻画凤娇的内心："其实，有没有相好的不关凤娇的事，她又没想过跟他走。可她愿意对他好，难道非得是相好的才能这么做吗？"难道非得是关系亲近的人才可以这样做吗？陌生人之间就不该有如此纯洁的感情吗？这不仅是人物的内心刻画，也是对读者的叩问。

（三）质朴善良的他人

文中的其他人物也展现出质朴善良的青春之美。如香雪的朋友们，年轻的"北京话"，还有"矿冶学院"的女学生。

在开始一起"看火车"的情节中，当香雪有了新发现后，作者这样写她朋友们的表现：

（5）尽管姑娘们对香雪的发现总是不感兴趣，但她们还是围了上来。

从例（5）中可以看出，香雪所关注的东西并不吸引她的朋友，但是朋友们还是出于好意，围上来看一看，给予香雪一些回应。

当这群朋友在路上会因为新事物或者不同的看法你一句我一嘴地争吵起来时，作品这样写道："不管在路上吵得怎样厉害，分手时大家还是十分友好的。"在香雪被火车带走后，这一群姑娘们并没有撒手不管，而是在黑夜里成群结伴地沿着铁轨去找香雪，在找到她后，姑娘们没有责备、没有埋怨，反而是在山间欢笑、呐喊。这就体现出她们之间的友爱、善良、质朴。

火车上的人也同样如此。在作者笔下，他们并没有鄙视乡下人。如"北京话"面对姑娘们的包围会"不知所措"，还会帮凤娇从城里带一些村里没有的东西。在香雪被火车带走后，旅客们好心劝香雪在西山口住一晚，"北京话"还告诉香雪，他爱人的亲戚在站上，希望能帮助这个无助的姑娘。这些人都表现出对陌生人友好、善意的一面。

来自"矿冶学院"的女学生看到挎着篮子的香雪，认为香雪要卖东西给她，女学生"抱歉地冲她摆了摆手"，作者写女学生"抱歉地"摆手，可以看出女学生即使不交易，也对此表示些许歉意。面对香雪提出的交换要求，红了脸，"她一定要把铅笔盒送给香雪"，她怕香雪不相信，还指了指自己胸前的校徽。女学生的神态和动作，无不表现出她也是和香雪差不多的姑娘，面对突然到来的陌生情况会产生应激反应，面对一个陌生姑娘，竟完全相信对方，展现出一个年轻姑娘的友爱和善良。

二、精研课标，把握美之深意

"高中课标"在"课程性质与基本理念"中指出："语文课程是一门学习祖国语言文字运用的综合性、实践性课程。工具性与人文性的统一是语文课程的基本特点。"① 这就要求中学生不仅从课文中学到鉴赏文学作品等实用类知识，还得加强修养和提升品质，承担起一定的社会责任，把"工具性"和"人文性"的课程性质落到实处。

（一）感受艺术形象

"文学阅读与写作"任务群要求："引导学生阅读……优秀文学作品，使学生感受形象、品味语言、体验情感过程中提升文学欣赏能力。"② 阅读文学作品，"感受作品中的艺术形象"，在语文的学习中非常重要。在《香》中，作者塑造纯真质朴的香雪、大胆泼辣的凤娇以及同样拥有善良特质的其他乡村姑娘。下面就从外貌、心理和语言三个方面来进行分析。作者是如何来塑造这些青春靓丽的形象的。

在外貌刻画上，主要体现在对香雪外貌的描写。先突出她皮肤的"白"，又写道"洁如水晶的眼睛""那柔软得宛若红缎子似的嘴唇"，这样美好的外貌描写给人留下非常好的印象。美丽的外表和纯洁的心灵内外照应，展现出一个至善至纯的青春形象。小说发表后，引起了巨大的反响，著名的画家王玉琦、张万里还根据作品中的描绘创作了不少香雪的画作。③

在心理的刻画上，主要是在换回铅笔盒后的情节里。香雪看到的景物在月光的照耀下温柔动人："寂静的山谷""庄严""神圣"，干枯的树叶"像一树树金铃铛"在歌唱。一切景语皆情语，这表现出此时的香雪高兴满足的心理状态。当香雪想到这是拿了40个鸡蛋换回的，想到爹娘日夜不停地劳动，此时香雪眼中

---

① 中华人民共和国教育部：《普通高中语文课程标准（2017 年版，2020 年修订）》，人民教育出版社 2020 年版，第 1 页。
② 中华人民共和国教育部：《普通高中语文课程标准（2017 年版，2020 年修订）》，人民教育出版社 2020 年版，第 17 页。
③ 董兴杰：《铁凝与"香雪"》，载《书屋》2017 年第 5 期。

的景物发生了变化："月光好像也黯淡下来""群山沉默着"。当她想告诉娘，铅笔盒的作用很大，娘也会相信时，"小溪的歌唱高昂起来了，它欢腾着向前奔跑"。此时"山水树木无不赋予灵性"①，心理的变化和景物的变化达到了高度的契合，人物的心理外化成了景物，使得难以捉摸的心理变得生动可感，真实再现了一个年轻姑娘流动着的内心世界，使得香雪的形象变得鲜活起来。

在语言描写上，主要是体现在人物对话上。香雪是一个天生不爱说话的姑娘，在语言上着墨较多的则是在凤娇和其他姑娘身上。从凤娇和其他姑娘的对话中，不仅可以看出凤娇大胆泼辣的性格特点，而且对话之间几乎是话连着话，这也可以看出她们之间争执得非常激烈，你不让我，我不让你，从中可以感受到年轻姑娘们自带的青春气息。

学习刻画人物形象的手法，不仅能帮助学生分析作品中人物，还能锻炼学生的阅读能力，提升思维品质，体会青春美的深意，提高学生的文学形象鉴赏能力。

（二）涵养美善品质

"高中课标"要求"进一步提高语文素养，形成良好的思想道德修养……为培养德智体美劳全面发展的社会主义事业的建设者和接班人"②，这就要求学生在道德品质上过关，这也是语文课程"立德树人"之要求。小说中人物都是善良的、质朴的、纯真的，学习这些人物形象，能够在潜移默化中涵养学生真善美的品质，符合课标对学生在"德"上的要求。

姑娘们虽然对香雪的发现不感兴趣，但是还是会围上来看一看；她们虽然时常因为意见不合你争我吵，但是最终总会友好地分别；当香雪被火车带走，前途未知时，姑娘们会冒着黑暗去寻找。这都展现出友爱的一面。凤娇和"北京话"做买卖可以下次再付钱；"矿冶学院"的女学生不要香雪的鸡蛋，反而是把铅笔盒送给这个突然到来的陌生姑娘。因此，从他们身上可以看到信任。香雪面对同

---

① 江榕清：《论铁凝作品的语言艺术》，福建师范大学 2007 年硕士学位论文，第 17 页。
② 中华人民共和国教育部：《普通高中语文课程标准（2017 年版，2020 年修订）》，人民教育出版社 2020 年版，第 1 页。

学的故意盘问友好认真地回答；想到爹娘辛苦劳作给自己挣学费时，看到朋友们来寻找自己，香雪也模糊过双眼，体现出香雪的善良。

《香》中没有传统小说里的"反面角色"，几乎都是"正面人物"，因此学生可以在纯美感的体验中继续深化这种"美"的欣赏，提炼美的"纯度"。该小说创作于 1982 年，作者正值锦瑟年华，在后来的采访中，作者表示最初创作《香》的底色是"干净、纯净的境界"，"小说的出发点"是"单纯的"①。这种创作心理恰恰契合了此时中学生的特点，他们青春洋溢，善良单纯，容易理解和接受，甚至还可以在文中找到自己的影子。阅读和学习这些作品，真善美的品质会潜移默化地影响到学生，使他们完善人格，加强修养。

（三）承担社会责任

"高中课标"要求学生要"关注、参与当代文化"，"提高社会责任感""增强为中华民族伟大复兴而奋斗的使命感"。②《香》作为当代小说，以初期的改革开放为背景，作者使用象征的手法。火车在作者的笔下是一个极具现代气息的事物，它为山村带来工业产品，冲击着传统的农耕生活，也为乡村走向现代文明提供了一个突破口。而香雪渴望的铅笔盒使她有勇气登上火车，也使她换回铅笔盒后，再回望生养自己的山谷多了一份从容与信心。如果说火车是割裂城乡生活的利刃，那么铅笔盒就是弥合这差距的黏合剂。此外，凤娇最为勇敢，她敢于向火车里的人提问，由此引发姑娘们对城市人的发问。此时的凤娇可以看成是乡村向城市进发的探索者。香雪虽然少了一份勇敢，但是她拥有的高度自尊，能将自己和台儿沟人联系起来，她还拥有知识，可以说，香雪或许是乡村的振兴的担当者。

直到现在，这种城乡巨变还在进行，教师可引导学生关注当下，联系现实进行思考：面对城市化的冲击，乡村面临着一种怎样的境地？现代化塑造了怎样的

---

① 铁凝、王尧：《文学应当有捍卫人类精神健康和内心真正高贵的能力》，载《当代作家评论》2003 年第 6 期。

② 中华人民共和国教育部：《普通高中语文课程标准（2017 年版，2020 年修订）》，人民教育出版社 2020 年版，第 7 页。

城市和乡村生活？城市化带来的结果是怎样的？我们该如何权衡利弊？这有利于中学生"关注、参与当代文化"，提高青少年的"社会责任感"。

三、洞悉学情，掌握美之对策

小说所属的单元主题是"青春"，这恰好符合初入高中生的年龄和心理状态。此时的学生正处于知识的吸收期，思维的活跃期，审美形成的关键期，同时他们还是文化传承的接替者和未来社会的建设者。下面就从四个方面，给出《香》的教学策略，以加深学生对青春之美的把握。

（一）品读语言

学习语文，重要的是去读。《香》的篇幅较长，学习过程中需要学生掌握快速阅读并找出关键信息的能力，还要通过反复阅读，读出人物的美，品出人物形象的深意。

在读到景物描写的时候，要跟着人物感情变化去读。香雪刚下火车时是害怕的，要慢读；当看到大山美丽景色的时候，是高兴的，要快读；当想父亲打木工挣学费的辛苦时，这里描写景色的语句，要慢读；当想到娘会相信自己后，描景的句子要快读。课文中的景色是透过人物的眼睛来描绘的，景色的变化是伴随着心理的变化而变化的，要在人物内心的波动中读出语言的节奏之美。通过人物感情的波动变化，感受人物鲜活的内心。

在读人物语言的时候，要根据不同人物的性格特点来读，如香雪天性是个不爱说话的人，她的语言描写非常少，要放低、放缓声音，读出小姑娘的羞涩和胆怯。凤娇和其他姑娘就比较大胆活泼，在读的时候要高亢一些，泼辣一些。在读到姑娘们的争执时，话语之间间隔的时间要非常短，在你一言我一语中读出人物对话的激烈处。在结尾处出现的"哦，香雪！香雪！"第一个"香雪"要高昂一些，声音要强一些，这是姑娘们对香雪的呼唤，第二个"香雪"可以当作大山的回音，要低一些、长一些。此外，还可以再进行重复，反复咏叹，照应题目，使课文结尾回味悠长，品味姑娘们的青春之气。

（二）关注细节

品味人物形象所展现出来的青春之美，不仅要大体感知人物的特点，还要从小处着手，关注文中细节，以深化对人物的理解。这一点，往往是许多中学生需要加强的。

在对香雪的刻画上，有这样几处细节值得注意。香雪换回铅笔盒后，在月光下看到换来的铅笔盒上印着"两朵洁白的马蹄莲"。马蹄莲的颜色有红有黄，在写铅笔盒上的马蹄莲时，作者为什么选择"白色"。白色代表纯洁，映射出香雪纯真的特质。这就可以对照到上文香雪皮肤的"白"的特点，品读"白"的深意。

作者还写了以前香雪在河边洗衣碰到一个换芝麻糖的老头的故事。当时的香雪，并没有拿汗褂去换芝麻糖，而如今，香雪却勇敢地拿一筐鸡蛋去换小小的铅笔盒。两者一对比，可以发现，换芝麻糖的代价并不高，而且可以轻松地骗娘说汗褂被河水冲走了。而40个鸡蛋就不同了，这是日积月累，辛苦攒下来的，这么多鸡蛋没有了，借口也不好找。可见在香雪眼里，芝麻糖这种满足一时口腹之欲的东西远远比不上能带给她自尊和知识的铅笔盒，在细节中展现出香雪求知上进的品质。

（三）启发提问

在学习中，对香雪形象的认识容易出现对立——自尊或是虚荣。有的同学认为香雪是虚荣的，因为别的同学拥有自动铅笔盒而自己只有父亲做的小木盒，在换回自动铅笔盒后，香雪还非常期待她的同学们能"再三盘问她"，这样就违背了上文分析的香雪的形象特点，也在一定程度上曲解了人物。

教师可以先行引导。举例"功用齐全的书包"和"普通布袋"你喜欢哪一个当作书包，进而引导学生认识到，好的、先进的、高级的东西，我们每个人都有向往的心理，这是人的本质特点。

教师再追问，香雪既然向往自动铅笔盒，那她是如何得到的呢？明确认识到，铅笔盒不是偷的，也不是抢的，是靠自己辛苦劳动得来的鸡蛋换的。既然是自己劳动换来的，这不就是我们周围时刻发生的买卖交换吗？既不违法，也不犯罪，合情合理。

那么，香雪仅仅需要的是铅笔盒吗？铅笔盒也只是一个物品，其他姑娘想要的发卡、纱巾也是物品。物品与物品之间有何区别呢？从这个细节中可以看到姑娘们不同的形象特点，进而引导学生深入思考铅笔盒的深层含义和香雪的自尊上进的品格。获得铅笔盒后，自己就不怕被人嘲笑了，铅笔盒还给了香雪力量，让香雪面对火车能从容，面对新事物不再害怕。香雪还想到了台儿沟的人，扩大了关注的范围，增添了一份责任感。教师也可以引导学生思考自己是否和香雪一样，有这种责任感、使命感。

（四）开放思考

《香》的故事背景发生在改革开放后的大山村里，台儿沟因为位置偏远，几乎和外界隔绝，从北京开来的火车带来了现代工业加工的产品，原始的自然经济受到现代化的冲击，城市给乡村里的人们带来了新鲜事物，使得落后自然而然地趋向发达。

当今我们所处的时期，正是城市化扩张的时期。教师可以结合当下情况，让学生结合生活实际，或向长辈询问，或上网调查，让学生谈谈自己所经历的或调查总结出来的现代化变迁，谈谈身边的"生活方式、风俗习惯、思想观念、生活演变"①，让学生参与到当代文化中，从而在实践中加深学生对当代文化现象的认识，体会中国社会的巨大变迁，感受"中国特色社会主义先进文化"，增强文化自信。

教师还可以补充"台儿沟"的原型——荀各庄，因为火车的到来，贫困的山村慢慢变成旅游地，使得人们的观念发生变化，金钱变得至高无上，这"打碎了香雪们平静、淳朴、明净、内敛的爱心"②，在当今物欲横流的世界，我们有追求美好生活的权力，但是要让学生思考，如何平衡物质和精神的关系。此时的中

---

① 中华人民共和国教育部：《普通高中语文课程标准（2017 年版，2020 年修订）》，人民教育出版社 2020 年版，第 13 页。

② 董兴杰：《铁凝与"香雪"》，载《书屋》2017 年第 5 期。

学生正处于价值观形成的关键时期，引导他们结合实际形成正确的价值观，保持精神上的纯净是教师义不容辞的责任。

本文先从本单元的主题"青春"出发，分析《香》文中各色人物所展现出来的青春之美，再从"新课标"出发从三个方面分析艺术形象的感受、美善品质的涵养以及社会责任的承担体现的美之深意，最后给出品读语言、关注细节、启发提问和开放思考的教学策略，以期望为文本的解读和教学提供一点参考。

鉴赏意象之美　感受革命激情

——《沁园春·长沙》《立在地球边上放号》《红烛》组合阅读教学设计*

王家琪**

　　语文是落实革命文化教育的重要课程，高中语文必修上册中的革命传统诗歌作品以诗歌的形式记录了一段不容遗忘的历史。意象是发掘诗歌情感的突破口，本文从鉴赏诗歌意象出发，实施革命传统诗歌组合阅读教学，让学生充分感受革命激情，进而引导学生增强诗歌鉴赏能力、提升语文核心素养，激励学生坚定传承先辈革命情怀、坚定建设伟大祖国的决心和信心。

一、教学设计说明

　　2021 年教育部印发《革命传统进中小学课程教材指南》，明确要求对中小学生加强革命传统教育，发挥中小学课程教材在革命文化教育中的重要作用。语文学科注重以文化人、立德树人，是落实革命传统教育的重要课程，在传承和弘扬革命文化中发挥着重要作用。

　　统编版高中语文教材中收录的革命传统作品中共有三篇诗词，分别是毛泽东的《沁园春·长沙》、郭沫若的《立在地球边上放号》、闻一多的《红烛》，因此将这三篇课文设为基础阅读篇目。引导学生聆听革命领袖、革命家和文学家为中国的命运所发出的呐喊，感受诗人的革命情怀，从而内化为自己的青春动力。

---

　　*　基金项目：黄冈师范学院研究生处项目"文化自信视域下高中语文革命文学作品教学研究"（项目编号：5032022009）。

　　**　作者简介：王家琪，女，黄冈师范学院文学院 2021 级硕士研究生。

（一）把握课标要求，确立核心任务

《普通高中语文课程标准（2017年版）》在"文化传承与理解"中，对于继承和弘扬革命文化提出了直接要求。十八个学习任务群中有两个任务群涉及中国革命传统作品的学习和研讨，要求学生通过诵读革命先辈的名篇诗作，体会崇高的情怀。[①] 同时，要进一步认识中国革命的历程，加深对中国革命传统的认识和理解，从而激发热爱中国共产党、社会主义祖国的情感。[②] 对于诗歌教学，课标同样提出了要求：学生应了解其基本特征及主要表现手法，从语言、情感等多重角度欣赏作品、获得审美体验，了解诗歌写作的一般规律，提升审美鉴赏和表达交流的能力，陶冶性情，培养高尚的艺术品位。[③]

三篇革命传统诗词所在的单元是统编本高中语文必修上册第一单元，属于"文学阅读与写作"任务群，阅读与写作是学习本任务群的两条路径。由于这三篇革命诗歌性质的特殊性，同时属于"中国革命传统作品研习"任务群，课标要求：从革命先辈的名篇诗作中把握作品内涵，理解作者创作意图，获得审美体验。两个任务群，前者指向学习路径，后者指向价值定位。

结合课标对任务群的要求及教材中单元导读的内容，确立如下学习目标：

（1）诵读诗词，结合写作背景，理解其中运用意象抒发感情的手法，体会诗歌的语言魅力；

（2）赏析意象，感受革命传统诗歌意蕴的丰富性与典型特点，提升审美能力和思维品质；

（3）学写诗歌，发掘革命传统诗歌的当代价值，加深对革命文化的理解，提升学生的写作能力与思想深度。

（二）确立总体设计，构建任务框架

1. 总体设计

---

① 中华人民共和国教育部：《普通高中语文课程标准（2020年修订）》，人民教育出版社2020年版，第22页。

② 中华人民共和国教育部：《普通高中语文课程标准（2020年修订）》，人民教育出版社2020年版，第28页。

③ 中华人民共和国教育部：《普通高中语文课程标准（2020年修订）》，人民教育出版社2020年版，第17页。

本设计以课内的三篇课文《沁园春·长沙》《立在地球边上放号》《红烛》为基础阅读篇目，将三篇革命传统诗歌进行组合阅读教学设计，学习重点在于通过鉴赏诗歌语言、品位意象，引导学生感悟先辈情怀、传承革命精神。本教学设计中的阅读材料分为两类，除三篇课内阅读材料之外，还有课外阅读材料。课外阅读材料主要来自课后的学习提示及单元学习任务，以及与本设计内容相关的经典革命传统作品。

在语文核心素养方面，教师根据革命传统诗歌特殊的文化背景，运用社会文化语境教学法，从革命传统诗歌的时代背景入手，引导学生体验诗歌所描绘的情境，解读诗人情感，掌握"知人论世"的诗歌品读方法。以任务驱动学生整合多篇诗词中的意象，比较异同，体会诗人不同的表达与相同的革命情怀。同时在人文素养方面，通过发掘诗歌情境、领略革命情怀，充分发挥革命传统诗词的育人价值，树立学生文化自信。

2. 任务框架

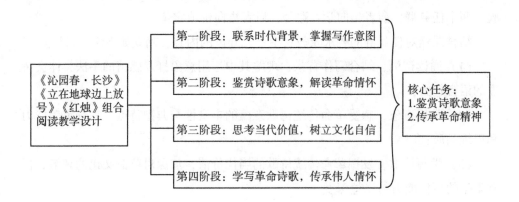

二、教学过程设计

第一阶段：联系时代背景，掌握写作意图。

任务一　自由朗诵《沁园春·长沙》《立在地球边上放号》《红烛》，在诵读中体会诗作意境与诗人情感。

设计说明：

"文学阅读与写作"任务群要求教师应提供阅读策略指导，让学生通过阅读感知诗词语言的妙处。① 语言建构与运用是语文核心素养的基础，阅读积累的丰富语言材料能帮助学生形成良好的语感，继而被学生运用到写作中去。

朗诵诗歌是体会诗人情感的有效途径，学生在朗诵的过程中不仅能主动积累语言文字、掌握诗词释义，还能在处理朗诵语调的过程中把握诗人情感。特别是学习《沁园春·长沙》这一类具有深刻思想内蕴的革命家的诗词，学生需要在学习活动中积累相关背景知识，并结合写作背景品味词中活泼灵动的意象、想象丰盈深邃的意境，领略革命家的爱国热情和改造世界的雄心壮志，即通过对诗歌内容的基本把握奠定理解革命情怀的基础。

任务二　结合课后学习提示，查阅资料，了解诗人的革命经历及诗作的创作情境，制作作品信息表（详见表1）。

设计说明：

革命诗歌呈现的历史画面定格在革命战争年代，无论是英雄人物、革命事件，还是时代环境、革命精神，对当下的学生来说都是陌生的、遥远的。② 《沁园春·长沙》《立在地球边上放号》《红烛》都是诠释革命精神的诗作，虽然学生对其作者并不陌生，但是学习这三首诗歌，还要让学生了解到诗人当下的创作背景，沉入文本产生的社会历史情境，才能理解诗人情感。

表1　　　　　　　　　　　　　作品信息表

作品	《沁园春·长沙》	《立在地球边上放号》	《红烛》
诗人	毛泽东	郭沫若	闻一多

---

①　中华人民共和国教育部：《普通高中语文课程标准（2020年修订）》，人民教育出版社2020年版，第18页。

②　陈建先：《革命诗歌意境教学的三个视角——以〈七律·长征〉教学为例》，载《语文建设》2022年第8期。

续表

作品	《沁园春·长沙》	《立在地球边上放号》	《红烛》
创作背景	反帝反封建斗争风起云涌、工农革命运动蓬勃发展	"五四"爱国运动余韵之中	北洋军阀统治下黑暗的社会现实和深重的民族苦难
创作时间	1925 年	1920 年	1923 年
创作年龄	32 岁	27 岁	24 岁

初读诗歌时，学生对诗歌内容会有整体把握，继而教师提供与作者相关的知识。在了解相关知识的过程中对话作者，减小作品本身具有的时空障碍和文化差异。构建对话，需要追踪作者的生活经历，还原作品的写作背景。① 具体做法是结合教师提供的资料，借助填表格的形式引导学生梳理内容，然后师生一起交流核对，逐步引导学生掌握诗歌内容。

第二阶段：鉴赏诗歌意象，解读革命情怀。

言明象，象达意。反复诵读诗歌，从梳理出的"意象"中比较不同作品中不同形象所蕴含的情感。

任务一　教师明确"意象"含义，要求学生分别梳理出三篇诗歌中使用的主要意象。

设计说明：

革命传统诗歌由于其特殊的历史背景及体裁，布置任务时要从意象选择、诗歌语言特点的角度引导学生。教师首先要向刚步入高中学习阶段的学生解释"意象"的含义，明确意象是诗人创作诗歌时选择的情感载体，能够反映诗人的心境。

任务二　秋士易感，古诗中多有基于"秋"的悲剧性渲染，《沁园春·长

---

① 魏荣葆：《以创造诠释"青春的价值"——高中语文统编教材必修上册第一单元学习活动探索》，载《基础教育课程》2020 年第 20 期。

沙》是现代人所作的旧体诗词，这首词与古代"悲秋"诗词相比，体会作者不同的情感，本任务可以分两步完成：

（1）梳理《天净沙·秋思》《渔家傲·秋思》《野望》的意象，与《沁园春·长沙》中的意象作对比，说明这些意象的不同特征。

（2）总结《沁园春·长沙》中描绘秋天的特点。

设计说明：

《沁园春·长沙》是旧体诗词，学生对于其形式并不陌生。这一环节设置的任务重点是让学生分析出，诗人对湘江秋景的描写是如何表现出强大的斗争精神的。

在《沁园春·长沙》中，"万山"辽阔，"鹰击"矫健，"鱼翔"自由等，这些意象具有生机勃勃和宏大的特征。诗人从大自然中富有生命力的万物，联想到同在这片苍茫大地中的苦难人民。在古代的悲秋诗词中，诗人使用"枯藤""昏鸦""雁""落日"等一系列具有同质性的意象，塑造了凄清的秋日氛围。

通过将现代人所作的古典诗歌与古诗中的经典意象进行对比阅读，回顾第一阶段的历史背景，理解为何《沁园春·长沙》中的秋天具有与传统"悲秋"诗词不同的特征，交流诗人的情感差异，从而让学生了解古典意象的新意蕴，即诗词中蕴含的革命性和人民性。

任务三　《立在地球边上放号》中意象的组合给你怎样的感受，了解时代背景，思考为何诗人传递了这种感受？

设计说明：

理解诗歌意象是学习诗歌的重要环节，本任务设计解决两个问题，即引导学生从意象的选择中明确诗人的情感，感受诗歌语言美；运用知人论世的鉴赏方法，置身诗境，产生共鸣。

首先从"无数的白云""壮丽的北冰洋""滚滚洪涛""力"等气势磅礴的意象中感受诗人的激情，其次将这种激情与创作背景相结合，明确这种激情实际是诗人勇猛的革命精神。

任务四 《红烛》与《立在地球边上放号》同属新诗,了解诗人的创作实践,从诗歌语言风格方面分析两篇诗歌异同。

设计说明:

《红烛》和《立在地球边上放号》都是现代诗歌,前者语言风格慷慨悲壮,后者雄奇豪放。比较语言风格对已有基础赏析知识的学生来说不难,重要的是能够从比较诗歌语言风格的活动中,了解新诗的发展背景,学会将作品放到具体的历史环境中去理解。

任务五 比较三篇诗歌中的主要意象、语言特点和所体现的情感内涵,完成表2。

表2   **诗歌比较表**

	《沁园春·长沙》	《立在地球边上放号》	《红烛》
主要意象			
语言特点			
情感内涵			

设计说明:

意象是诗人情感的触发点,学生在完成前四个任务后,对先辈的革命理想有了基本的了解,并且产生了比较的意识。任务五是整合三篇诗作中的主要意象、语言特点和情感内涵,学生可以突破单篇阅读的局限,把握革命传统诗歌暗含的关联。个人完成表格后,可以与小组成员互相交流,发现差异后,还可以从差异中比较、完善。

第三阶段:思考当代价值,树立文化自信。

任务一　全班同学根据人数平均分成五个小组，每个小组分别选择一篇作品，小组经过交流之后选出代表参加班级诗歌诵读会。

设计说明：

朗读是调动学生多种感官一同思考问题的方式，在对诗歌整体已有所把握之后再次朗读，既能帮助学生发展语言表达能力，还能获得审美体验和情感升华。

活动设计示例：

时间：15~30分钟。

选择篇目：毛泽东《沁园春·长沙》、郭沫若《立在地球边上放号》、闻一多《红烛》等革命传统诗歌作品。

诵读设计：

①人数上可以选择单人诵读或小组成员合作诵读；

②形式上可以选择朗诵、吟诵等；

③设计上可以加入配乐诵读、制作服装道具等。

任务二　寻找其他革命传统诗歌，分组归纳革命题材诗歌在朗诵时的共性，加深对诗歌内容的理解。

设计说明：

在注重德育的教学中，也要注意学科本位知识，"品味言语的独特魅力，习得优美的表达范式，培育基本的语文素养，是语文学科的本质要求"[1]。

本设计中的学习任务是以发掘革命诗歌特点、领略革命伟人情怀为逻辑进行设计的，在完成一组组为解决核心问题设计的任务中，学生逐步梳理出革命诗歌的特点：反映时代变化，抒发革命激情，具有刚健壮阔的力量美和崇高美。

在完成此任务时，可以进行小组合作，每位同学在发掘革命诗歌特点

---

[1]　王俊珍：《语境差：初中语文革命传统作品教学困境与突破》，载《语文建设》2022年第9期。

后，小组内进行汇总。每个小组派一位代表在班级里分享本组发现的特点，并选择一篇进行朗诵展示。

任务三　百年前革命诗歌的出现，是当时的青年为了呼应世界范围内无产阶级革命斗争及文学热情的高涨，具有限定的时代意义，同属青年，你对于革命诗歌的当代价值有何看法？

设计说明：

革命传统诗歌是中国革命艰辛历程的艺术再现，完成这一任务可以结合社会历史实例和其他革命传统诗歌进行探讨。例如学习《红烛》中为了信念不惜奉献自身的"红烛精神"，可以结合在抗击疫情中支援其他地区的志愿者的事例来谈。

学生需要先搜集相关资料，继而从当代需要的角度来谈谈自己对于先辈革命理想的理解和传承革命精神的做法。

第四阶段：学写革命诗歌，传承伟人情怀。

本阶段是基于学生对革命诗歌特点和诗人们革命情怀有了解之后进行的思想深化，透过诗歌去认识诗人身上所折射出的思想内涵和精神。革命传统诗歌在增强学生文化自信方面起着重要作用，发掘革命传统诗歌的当代价值是本设计要完成的重要任务。

任务：以"传承革命情怀"为主题，尝试写一首诗，注意诗歌中的情感、音韵及意象。

设计说明：

"语文教学的根本目标是培养学生的语言文字运用能力，语言文字运用能力并不是一种抽象的东西，而是与特定语境相适应的具体的言语交际能力。"[1]《沁园春·长沙》中诗人澎湃的情感、《立在地球边上放号》中雄奇奔放的韵律、《红烛》中层层渲染的意象，都是在凝练、含蓄的诗歌语言中

---

① 孔凡成：《语境教学：语文教学的发展方向》，载《语文建设》2014年第4期。

表现出来的。

学写诗歌是在前三个阶段的基础上对学生的语文能力提出的更高要求，学生在完成本活动时既能掌握革命传统诗歌的特点，还能深化对革命情怀的理解，诗歌中百年前的革命情怀传承到今天，就是为建设社会主义现代化强国而奋斗的爱国主义精神。

三、教学设计小结

首先，主题明确，重点突出。本设计所选择的三篇诗歌以"鉴赏意象之美　感受革命激情"为主题将其串联，通过对课标及教材的分析，确立了通过鉴赏诗歌语言、品味意象，引导学生感悟先辈革命情怀、传承革命精神的任务设计，便于教师教学时把握课堂重点。

其次，任务层递，逻辑性强。设计中四个阶段任务是在完成核心学习目标的基础上进行的，从时代背景切入，以鉴赏意象为突破点、以感受革命激情为升华点，最后落实到写作训练上，学习内容层层递进，符合学生思维过程。

最后，读写结合，联系生活。教学设计中除了注重学生的阅读学习外，在主题升华阶段还安排了写诗的任务。学生在写诗的过程中通过运用语言文字、融入深刻思想，探索作品中蕴含的民族心理和时代精神，深刻体会作者丰富的社会生活和情感世界，感悟到自己正与祖国同成长，共命运，应坚定民族文化自信的信念，激励自身在新时代建设社会主义强国，实现审美鉴赏与创造的目标取向。

课程设计

让素养扎根于生活的田野

何在海*

对于"生活·教育"研究有着相当悠久的历史。早在公元前 300 年前，古希腊哲学家、教育家亚里士多德就曾对生活与道德教育的关系做过很深入研究，提出了生活是道德的基础。18 世纪，法国启蒙思想家、教育家卢梭倡导"自然主义"的教育思想，在他看来，教育不仅与儿童自身的生活是密切相关的，教育过程本身也是生活的过程。① 19 世纪，瑞士民主主义教育家裴斯泰洛奇也强调学校教育应该建立在生活的基础之上，并且认为真正教育是以生活为目的的教育。

19 世纪美国实用主义哲学家、教育家约翰·杜威曾提出"教育即生活，学校即社会"，这一理念给美国带来了一场颠覆式的教育理念革命。英国哲学家、教育家斯宾塞认为"为未来完满生活作准备是教育应尽的职责"②。

20 世纪初，陶行知根据中国的国情，对杜威的理念进行了适当"改造"，提出了包含生活即教育、社会即学校、教学做合一的"生活教育"体系。强调没有生活做中心的教育是死教育，没有生活做中心的学校是死学校，没有生活做中心的书本是死书本。③ 20 世纪德国哲学家胡塞尔认为，生活本身与教育是密切相连的，它来源于生活，但是人类的教育却逐渐远离了人们的生活世界。

到了现当代，我国受应试教育影响，亦严重存在胡塞尔所说的这种现象。中小学"分数至上"主导下的应试教育愈演愈烈，教育不断地背离了本真。教学内容过分追求系统化，重知识，轻能力；重教师教，轻学生学；重知识记忆，轻情

---

* 作者简介：何在海，男，黄冈师范学院文学院副教授，中学语文特级教师，硕士生导师，主要从事课程与教学研究。

① 亢晓莉：《生活与教育关系的演变研究》，四川师范大学硕士学位论文，2011 年。

② 斯宾塞：《教育论》，胡毅译，人民教育出版社 1962 年版，第 7 页。

③ 陶行知：《陶行知全集》（第二卷），湖南教育出版社 1985 年版，第 289 页。

感体验。教育已不再具有生活气息，取而代之的是死气沉沉的知识灌输。在此背景下，整个社会、国家大力在呼吁教育要回归生活，重拾生活的意义；教育界也积极回应生活教育理论的呼唤。

H 老师基于生活现实，放眼学生未来圆满生活，实践生活教育理念，在探索中他又经历了什么？有着怎样的收获和困惑？他的探索又给我们带来怎样的思考呢？

案例正文

H 老师是一名扎根于大别山深处一所普通农村寄宿制区的教师，在他的《教育偶感》中有这样一段话：

> 教育如 A，是金字塔，就是要用自己的学识将孩子送到知识的塔尖；教育如 B，是一扇窗，就是要用智慧的点拨帮孩子打开那扇属于他自己的窗口；教育如 C，是张开双臂的怀抱，要用细心的呵护让学生享受学习的历程；教育如 D，是一把竖琴，只有掌握了技巧，才能让它发出和谐的乐音……

在近三十年的教育生涯中，他一直在平凡的岗位上辛勤耕耘，只希望依靠自己不懈的钻研与实践，挑起孩子沉甸甸的梦想，在三尺讲台播下希望的种子。

一、探寻"生活·语文"教学之法

2004 年新课程改革开始了，H 老师开始学习新课标，课标中的新理念新方法，让他对语文教学有了新的认识，他在下面这些语句之下用红线作了标示：

> "要特别重视开发语文教学资源，在生活中学习语文，在实践活动中学习语文。"
>
> "以加强语文课程内部诸多方面的联系，加强与其他课程以及与生活的联系，促进学生语文素养全面协调地发展。"
>
> 语文教师应高度重视课程资源的开发与利用，创造性地开展各类活动，

增强学生在各种场合学语文、用语文的意识，多方面提高学生的语文素养。

一遍遍地看着这些语句，一遍遍琢磨着这些语句，H 老师深深地感觉到，新时代的语文教师不再是"教教材"，而是"用教材教""课堂即社会，书本即世界""社会即课堂，生活即教材"。生活语文要立足于课堂，但不能只限于课堂，还要让学生走出课堂，让语文素养扎根于生活的原野。

（一）改革课堂教学模式

课改前，H 老师所在学校的教学模式一般为复习导入、新授、巩固练习和总结四环节，这种模式过分强调知识传授。为了改变这一现状，作为教科主任的 H 老师设计出了新课程"五步教学法"。"五步"即情境导入、自主探究、合作探究、互动深化、延伸拓展五个环节，旨在通过环节变化，既能适应新课程学生学习方式的转变，又能从文和道两个方面在课堂融入更多的生活元素。

从"道"上关联生活，即从情感态度价值观上出发，课中关注学生的情感体验、思想启迪。在"情境导入"环节，根据作品内容或捕捉生活热点事件，或关注学生日常生活创设生活化的情景，营造学习氛围，为学生学习课文作一个情感的铺垫；在"合作探究"作品环节，注重立体化呈现作者或文本背后的故事、价值理念、精神力量，理解作品的思想，体会作者的志趣情怀；"延伸拓展"环节联系现实生活，探索作品的现实意义，教文立人，引导学生树立正确的价值观。下面是 H 老师讲授《老王》时的情景：

（导入部分）师：同学们，生活中总有一些声音让我们泪流满面，总有一些画面让我们隐隐作痛。我们在无意中享受幸福的时候，请不要忘记，有一群本应和我们一样的人正在苦苦挣扎。请看……（PPT 展示弱势群体图片）

师：图片中的人物，有一个共同的名字，是……

师：面对这样的弱者，我们该怎么办呢？今天我们一起走进杨绛女士的《老王》，她将通过记叙与一个弱者交往的故事，为我们诠释一个并不深奥的生命命题。

通过生活中的弱势群体的典型图片，联系生活实际，通过直观手段让学生看到生活中弱者生活的不幸与辛酸，创设一个悲酸的情景，有利于激发学生的同情，为下面的学习做一个情感的铺垫。

(合作探究片段) 师：是啊，也许大家从杨绛先生的记叙中，真的会觉得她是个幸运者。为了更多地了解作者，我们来了解一下这篇文章的背景。同学们能从课本中找到信息吗？

生：第 6 段开头就说了"'文化大革命'开始"了。

生：第 7 段，作者还提到了干校，课下注释解释说，干校是"文化大革命"期间国家干部集体下放劳动锻炼的场所。

国际友人惊呼：让沈从文、杨绛去扫厕所，简直是暴殄天物。

1966 年，"文化大革命"爆发，钱锺书、杨绛均被打倒，有人写大字报诬陷钱锺书轻蔑领袖著作，钱锺书夫妇用事实澄清了诬陷。1969 年 11 月，钱锺书作为"先遣队"去河南的"五七干校"接受劳动锻炼，1970 年 7 月，杨绛也来干校，被批斗，剃阴阳头，扫厕所；1970 年 6 月，钱锺书夫妇的女婿王德一因"五·一六"案被迫含冤自杀。1972 年 3 月，钱锺书夫妇由干校回家，遭到了住在他家的革命青年的迫害，三人被迫离家逃走，在外过了三年的流亡生活，"文化大革命"期间，杨绛一家人受尽了屈辱和蹂躏。

师：在那个年代，她真的幸运吗？请看 PPT——

师：我们没有经历过"文化大革命"，但是我们从文中能感受到杨绛和她的丈夫的不幸，在那个时代，你说他们会说自己是幸运的吗？

小结迁移：好多人不会，但是杨绛说了。这就是杨绛先生淡定从容的人生态度啊！杨绛先生的很多作品表现了这样的人生态度，杨绛先生在《干校六记》一书中，平淡地记录了她清洗厕所便池后，坦然地看书的故事；在 92 岁高龄的时候她又写了《我们仨》，她用平静的心回忆着这个特殊家庭所遭受的苦难。

2016.5.25，被称为：

名门闺秀：一星期不读书，一星期都白活
最贤的妻：我见到她之前，从未想到要结婚
最才的女：与钱锺书"势均力敌"的大家
港媒称：杨绛女士可能是中国最后一个用先生称呼的女性

杨绛女士永远地离开了我们，而她的思想、她的著作却永远留给了我们。大家可以在课下读读她的这些作品，相信大家一定可以获得更多的精神营养。一起读一下这几部作品——《干校六记》《我们仨》《走在人生边缘》。

作品的内涵往往与当时的时代，作者的经历、品性相关联，脱离时代与作者的生活经历去理解，那么理解往往是不深刻的。在这里 H 老师引用文章背后的故事就是在学生理解不到的时候给其以支架，让学生更全面更深刻地去认识作者的情怀。

从"文"上关联生活。即从语言文字运用出发，课中关注生活中的语言现象。比如，新教材中有很多带有地方文化特色的课文，像冯骥才的《俗世奇人》中的京味口语脍炙人口，汪曾祺的《昆明的雨》中描绘的云南风情美不胜收。H 老师教学这类作品时就曾以此引导学生关注地域文化生活。下面是 H 老师教授《蒲柳人家》在"拓展迁移"环节联系生活的片段。

H 老师笑呵呵地对同学们说："刘绍棠的《蒲柳人家》中的京东北运河俗语妙趣横生，今天我说一段'土话'，考考你们，看你们能不能听懂，好不好？"

同学们异口同声地问："好，老师快说，是什么？"

H 老师说："你们现在是张店的锣鼓，上课是石香炉不见了猪，做起作业来有的同学是潘家的吃挂面，有的是厚严煮糍粑……"不少同学面面相觑，有几个同学则笑得前仰后合。

H 老师问："你们笑什么？"一个同学笑着说："老师在嘲笑我们。"

H 老师也笑着说："看来，你懂老师的意思哈，那你来翻译一下呗。"

生说:"老师说的话中用了很多我们这里的歇后语,意思是,你们现在是张店的锣鼓——一代不如一代,上课是石香炉不见了猪(姑)——一声不吭,做起作业来有的同学是潘家的吃挂面——找不到头引(头绪),有的是厚严煮糍粑——想当然……"同学们听后都哈哈大笑起来。

H 老师:"这位同学很不错,对地方语言有丰富的积淀,请同学们课后收集一些地方俗语,探讨一下地方俗语的特点,下次课交流好不好?"同学们一下子来了兴趣,都说:"好!"

(二) 强化语文实践活动

"语文课程是实践性课程,应着重培养学生的语文实践能力,而培养这种能力的主要途径也应是语文实践。"并且,"学习资源和实践机会无处不在,无时不有"。因此,H 老师想尽一切办法增强学生的语文实践机会,引导学生在实践中掌握语言运用的规律。

挖掘地方资源开展活动。F 镇就是一个有着丰富地方文化的地方,虽然它地处山区,但有神奇的民间传说、精美的民间工艺、精练的民间俗语……而这些地域文化渗透到生活的方方面面,时时刻刻与学生的学习和生活发生着关联。语文课程标准也明确提出:"各地区都蕴藏着丰富自然、社会、人文等多种语文课程资源。要有强烈的资源意识,去努力开发、积极利用。"于是,在 2004 年 H 老师就围绕地方文化设计了《F 采风》综合实践活动,让学生走出课堂、走进社会,亲近自然,了解家乡的一草一木,关注家乡的文化特产、风土人情。这不仅有利于学生汲取地方文化的精髓,创造性地运用地域文化基因建构自己的语言体系,也有利于学生传承地方文化,培养学生热爱家乡的情感。课堂分四个部分:F 镇神话、风景览胜、俗语大观园、民间工艺,学生收集资料、办展览、讲故事、谈体会、做宣传,一举成功。

《F 采风》课堂实录片段

(俗语大观园组展示片段) 生:"我说一个地仙的顺口溜,来介绍 F 镇昔日的风土人情,'一进大塘角,牛屎踩两脚;福田福田真福田,道士岭上看云烟；虎头狮一行官，一对狮子在河边；搽姻抹粉，余家集，冷火 qiu 烟张店湾；上山……"

生："一进王家山，臭气冲上天，白天点大粪，晚上出牛栏；端块豆腐管三天，嘴里叫人家吃，心里怕人家拈，白眼睛一翻，吓得人家不敢拈。"

一下子全班同学笑指着王家山的那个同学，那同学脸涨得通红，突然跳起来，说："那是过去，现在是这样的，一进王家山，楼房立两边，彩电家家有，摩托一溜烟，豆腐算什么？鱼肉日三餐。"教室里顿时响起了经久不息的掌声。

H 老师："是啊，昔日 F 镇贫困落后，昔日的王家山吃块豆腐都难，今日的王家山，可是餐餐鱼肉，岂止是王家山，我们的 F 镇乃至全国都发生了变化，这个变化来源于哪里？

生："改革开放""党的政策好"！

师："对，改革开放的总设计师是谁？"

生："邓爷爷！"

师："有一首歌《春天的故事》就是歌颂改革开放的，我们一齐来唱一唱吧。"学生齐唱了这首歌，掀起了此次活动的一个高潮。

(宣传 F 镇环节，专辑卷首语交流) 福田梦轻轻地/轻轻地带着你走进一望无垠的菊花地/不要惊讶她的无端入梦/就连梦，她也会情不自禁地追求美好的意愿

思绪飘飘然/飘飘然领着你来到一片神奇的山水大地/不要感叹她的无缘到此/因为思绪她也抵挡不住福田山水的诱惑/

万水千山/今你魂牵梦萦的神奇世界/福田情节就在你的眼前——

(学生的课后随笔)：在自己生活的地方时间长了，就会对它的美视而不见、充耳不闻，感受到的往往是瑕疵，以前我对家乡是没什么感觉的，甚至是有些厌恶的，觉得她贫穷、落后，总认为外面的世界比家乡精彩，外国比中国好。学了这一课之后，我深深地体会到家乡的传说是那样耐人寻味，家乡的语言是那么深刻而有意蕴，家乡的景色是那样优美迷人，家乡的工艺也是那样精致美丽，不是家乡不美，是我缺失了发现欣赏的眼睛……"

整合各门学科设计活动。H老师发挥语文作为基础学科的功能，打破学科界限，将学生所学的体音美、数理化等学科知识都整合到语文实践之中，实现学科知识的融会贯通。

依托课文设计的活动：比如学习《说屏》让学生课外制作"诗词书桌屏风"，学习《中国石拱桥》时让学生画一座身边的桥，与美术相关；学习《大自然的语言》则根据课文所学让学生看地图选择一些地点互考桃花开花早晚，与地理知识相关……

独立设计的活动：比如《爱我菊乡》课中与数学相关的菊花种植、价格波动情况调查，统计图绘制；《水资源调查》关于"水资源保护"环节，与物理化学知识相关的电池污染问题分析……

关注学生兴趣设计活动。学生生活的世界其实是丰富多彩的，H老师将学生也当作重要的课程资源，选择他们的兴趣、爱好，感兴趣的电视、电影、书籍，热衷的体、音、美等课程，还有他们独特的人生经历、对生活的个性化感悟等，组织学生进行听说读写活动。比如：

"广告与语文活动"，学生谈最喜爱的广告，评广告的技巧、构思，自己拟广告语，设计公益广告等。

"电影与语文活动"，学生复述电影情节，表演课本剧，评电影的构思与作文的选材，写电影观后感等。

"拇指按出的精彩"短信创作活动等。

学生进入他们熟知的领域、熟悉的生活中，很快就表现出有话可说、有事可写、有情可抒状态。

学生拟写的广告语：

别让我的泪流向海（水龙头节水）

环保行动恒久远，青山绿水永流传（环保标语）……

学生观看爱国电影《榜样》后的作文：

《榜样就是这样》节选

……以生命赴使命，以使命克时艰。习近平总书记亲自指挥、亲自部署，多次召开专题会议，先后深入北京湖北等疫情防控第一线考察，作出一系列重要指示批示。为打赢疫情防控的总体战、阻击战，提供了政治引领和行动指南。460余万个基层党组织，9000多万名共产党员严阵以待，一支支党员突击队冲锋在最前线。他们牢记人民至上，生命至上；他们挺身而出，以生命赴使命，以使命克时艰，始终让鲜红的党旗在抗疫一线高高飘扬。榜样，就是这般模样。

以生命赴使命，以妙手护苍生。1月24日还是农历除夕夜，正是全国人民团聚日子，他——张西京，随空军军医大学首批150名援鄂医疗队员星夜驰援武汉。一进驻武昌医院，熟悉情况，制订方案，是进入重症监护室次数最多的人。84天的坚守，他和他的医疗队交上了共治愈重症患者351名、救治成功率96.8%、医护人员零感染的成绩单。她——张宏，长期坚守在疫情防控的焦点，焦点中的焦点——红区。她错过了儿子周岁的生日，抛小家顾大家，每天穿着13件装备入病房，面对面采集咽拭子，连续4个小时不吃不喝不上厕所，紧裹的防护服造成的缺氧让她头晕目眩；然而她始终面带笑容，这笑容，像春风像阳光温暖了患者。没有现成的护理规范、工作手册，边做边积累边改进，5个版本的手册，不是手册是屏障。白衣执甲逆行出征，用回春妙手从死神手中抢人。榜样，就是这般模样。……

H老师后来总结道：

生活语文，不仅让学生在情感态度价值观上收效很大，使学生有了更多的情感积累、人生积淀，对生活、对社会有了更深的认识和理解，也有利培养学生良好的道德情操；也实现了学生语文核心素养——语言的建构与运用、思维的提升与发展、审美的鉴赏与创造、文化的传承与理解，四个维度的立体提升。

二、摸索"生活·德育"的育人之法

二十年的班主任经历让 H 老师发现，现在很多的学生之所以厌学，在很大程度上是因为不少学校受应试教育的影响，教师只关注学生的分数，学校的各种活动都是围绕学生的学业成绩来展开，寝室、教室、食堂三点一线的生活，造成学生精神生活的单调。为此 H 老师开展了一系列的活动，丰富学生精神生活的内容，拓展学生精神生活的领域，促进学生健康成长。

（一）"生活·德育"开启学生人生之窗

H 老师说，教育是为学生打开一扇扇的窗，让他们发现更多的可能，做最好的自己。

1. 德育时间主题化

2008 年开始，H 老师所在学校将晚自习前 15 分钟确定为德育时间，让班主任总结一天学生的常规情况，进行了一段时间后，H 老师觉得形式单一、枯燥乏味，学生没兴趣，教育效果也不好，就改变形式，从不同角度、多维度设计每天的活动主题：

周日，"时事点击"（眼界）：学生发布自己感兴趣的国内外大事，引导学生关注当代社会生活，扩展学生的眼界。

周一，"名人故事"（励志）：学生分享自己心中伟人、名人的成长故事，激发认同，形成健康积极的人生态度。

周三，"文艺欣赏"（审美）：学生根据自己的兴趣特长自选内容，交流评议，培养学生的审美情趣，张扬学生个性。

周四，"自由论坛"（思想）：学生针对各类事件，包括学校、社会、国家的事件发表自己的看法，训练学生的思辨能力，促使学生形成正确的价值取向。

这样一改，教室出现了连 H 老师都没想到的生机与活力：教室里有时歌声悠扬，有时人声鼎沸，有时笑声阵阵，有时讲演铿锵……

学生的积极性被充分调动起来了，效果出奇的好。一个学生曾经向 H 老师报告说："我算见识了校长，他翻脸比翻书还快，那天德育时间他怒气冲冲赶到我们班，刚准备发火，一看一愣，接着笑眯眯地走了。"

2. 主题班会系列化

学校每周五最后一节课是班会课，为了提高班会的质量，H 老师围绕学生实际生活圈，从学生家庭、自身、学校与社会几个方面，在紧扣国家教育目标的基础上，依据身心发展特点、认知规律，成系列地组织主题班会，以健全学生人格，培养良好的思想品质与道德情操。

七年级，"献给父母的歌"（关注家庭系列），重点围绕家庭来开展活动，包括感恩父母、关心家人、家庭责任等方面的教育。

八年级，"青春的风铃"（关注自己系列）：大多数学生进入青春期，叛逆日益强烈，生理功能进入早期成人化，但是还未形成成人那种深刻而稳定的情绪体验，缺乏承受压力、克服困难的意志力。主题班会将重点放在学生自身上，包括安全教育、青春期教育、心理健康教育、自尊自信、自立自强等方面的教育。

九年级，"扬起的风帆"（关注社会系列）：学生自我意识向独立成熟方面发展，渴望社会、学校和家长能给予他们成人式的信任和尊重但缺乏社会经验。此时学生是引导学生关注社会，形成世界观观、价值观的重要时期，主要进行文明交往、回报师恩、承担责任、爱国主义、理想教育等方面教育。

三个年级的内容虽各有侧重，但并未严格划分。

3. 体验活动特色化

H 老师还设计了一些富有特色、寓教于乐的游戏体验活动，作为德育活动的补充，让学生在活动中体验，在体验中反思，在反思中警醒。比如为了让学生感恩父母，H 老师设计了"给父母洗脚""母鸡孵小鸡""今天我当家"等多个特色活动让学生选择参与。他说："'母鸡孵小鸡'活动并非自己的原创，活动要求学生装一个鸡蛋在口袋里，一个星期不得打破，以此来感受母亲十月怀胎的辛苦……并根据体验写作文。"下面是一个学生写的体验作文片段：

《妈妈我想对你说》节选

将鸡蛋装在口袋里，我已由原来的兴奋变为时刻都在担心：走路的时候怕别人把它撞破，进教室怕它碰到桌子上，上厕所怕它滑出来，睡觉的时候怕将它压碎……我已经受不了了，而我们仅仅只带了七天，七天呀，与你怀上我后的 280 天相比，时间是多么多么短……现在看到手心里的这枚小小的鸡蛋，我仿佛看到了你妊娠反应时恶心呕吐，吃不下饭的难受；身怀六甲时，小心翼翼，步履蹒跚的艰难；怀胎十月时腰酸背痛，坐卧不宁的痛苦……想到这些，我寝食难安，而我是那么地不听话，那么不争气，总是惹你生气，总是让你为我担心，现在，我多想对你说："妈妈，对不起，真的对不起……"

4. 校园生活自主化

读书时期，学生大部分时间生活在校园。我们说关注学生生活，理所当然要关注校园生活，我们不仅要关注他们的生活方式，更要提升他们的校园生活的质量。指导他们进行自主管理则是提升生活质量的关键。H 老师在班级管理上敢于放手放权，学生能做的事一定让学生做，绝不包办代替，做到值日轮流做，班干竞选当；目标共同订，公约大家商；日常事务生作主，班级大事老师帮。同时，将公约编成顺口溜方便学生记忆并执行，如：

自我管理歌

开学制订学期计划，时时对照记心间。上课主动勤思考，课余常把课本翻。考试自测讲诚信，学习过程严把关。主动承担班事务，服务他人我为先。集体活动听指挥，遵规守纪做典范……

让学生在做中得到体验生活的真谛，在自主中提升生活能力。

（二）"生活·德育"化解留守之困

2000 年以后，H 老师所在的乡镇"留守儿童"问题日渐突出，不少班级的留守学生比例达到了 60% 以上，留守学生的教育问题成了大多数班主任非常头痛的问题。H 老师在 2007 年接手的一个班就是如此。

李某就是他班的一名学生，由于父母长期在外打工，无人监管，行为习惯很差，抽烟、喝酒、上网吧，甚至出现了盗窃的行为。一次学生返校，班长急匆匆地跑去告诉 H 老师说："老师，李××，喝醉了，睡在马路边。"H 老师急忙带领几个学生赶了过去，此时李某躺在马路上，吐了一地，已经醉得不省人事，身上还爬满了蚂蚁。H老师也不管那么多，直接将其拉起，和学生一起将其背到了学校。而何某也是班上的一名学生，他的爸爸是一个小工头，为了弥补自己平常不在家的缺憾，日常给何某每月零花钱差不多两千元，比H老师工资还多，这养成了何某花钱大手大脚的毛病，一次生日，他和同学们在酒店庆祝自己的生日，吃饭喝酒花了1000多元。

作为班主任和语文教师的H老师，看在眼里急在心里，不断地找他们谈话、讲道理，可是像这样的学生可不是一两个，一段时间后，H老师就觉得身心俱疲，而且收效甚微。

H老师开始了对留守学生的研究，通过调查，他发现：仅2007年的统计数据表明：F镇总人口不到50000人，外出打工人数有13000多人，而双双外出的夫妻就有2000多对。保守地统计，每个这样的家庭只有一个孩子的话，也有2000多个留守孩子。经过上网查阅相关资料，H老师又了解到留守学生至少存在五大问题："心理性格普遍畸形、学业成绩普遍下降、行为习惯普遍较差、亲情观念普遍淡薄、安全问题时时发生。"

H老师说："这些孩子与其同龄人相比，并不缺吃少穿，也同样坐在教室里读书，这种看似'正常'的背后，是他们心理上的苦闷和性格上的畸形。他们常常感到自卑、孤独、忧虑、失望；往往情绪抑郁悲观，性情浮躁，性格孤僻、内向、不合群，感情脆弱、破罐破摔。这些问题产生的根源就是他们长期缺少父爱或母爱，享受不到应有的家庭关爱和温暖，心理教育'断层'，导致精神上的压力得不到及时舒缓，心理上的疾患得不到有效诊治。"

强化亲情联结的纽带，增进父母与孩子彼此的了解，是解决留守学生问题的关键所在，也是班务工作的当务之急。这些单靠口头的教育效果是不好的，最好的办法是开展体验活动，让学生体会到父母在外打工的辛苦。可父母远在他乡，如何让他们真正地体验到呢？H老师一时找不到着力点。

一天，H老师进教室无意间发现，学校教学楼的外墙上飘荡着一个来回刷墙的安徽民工，他们将纤绳一头用一个沙袋压在楼顶，一头系在自己腰间，腰上还挂着一个大大的涂料桶，身上脸上溅满了涂料，就这样晃晃悠悠的，来来回回地飘荡在学校的外墙上。他灵光一闪，机会有了！H老师说干就干，迅速设计出

《民工的苦与乐》综合实践活动。活动分成了三个主要环节，一是"访民工"："让学生实地观察在校务工的几个民工的生活状况、工作情况，亲自参与他们的劳动，体验他们工作的艰苦；采访打工者，了解其收入情况及家庭情况，感受他们对家庭的复杂情感，写成调查报告在班级汇报；二是"颂民工"：让学生查阅相关资料，搜集歌颂民工的歌曲、视频、文章，在课堂上看、演、唱、诵；三是"爱'民工'"：让留守学生谈在外打工父母的故事。以上活动都取得了很好的效果。

《民工的苦与乐》综合性学习课堂教学实录片段

H老师说："现在，请同学们将最想对爸爸妈妈说的话说出来。"

生："……老师，我利用这样的一个机会也想对您说一句话。""我的爸妈不在身边，我觉得您很关心我，考前您将我们几个同学安排在您家里复习，像父亲一样，我都不知道该怎么谢谢您！以前，我总觉得自己很可怜，一年爸妈只回来几天，可是现在我觉得您才是这里最可怜的，虽然我爸妈不在家，可是我想她的时候还可以跟她打打电话，听听他们的声音，可是您，现在想妈妈的时候，再也见不到她的身影了，再也看不到她的微笑了。"

H老师一听，眼睛红了，赶忙转身对着黑板（H老师当时母亲刚刚去世不久，是在三个星期前，在H老师送学生去参加预录考试的那天上午，而H老师由于抽不开身，一直到晚上才回家）。教室里一下子变得很安静，有女生抽噎起来了。

过了好一会儿，H老师转过身来说："除了你说的这些，我再也听不到妈妈对我温柔的叮咛了。所以，从现在开始，趁她还可以唠叨我们的时候，好好听她的话，多关心她，别出现'子欲养而亲不待'的遗憾，好不好。"

同学们齐声说："好！"

通过这次活动之后，班级留守学生变化很大，纪律好了，学风正了，这让H老师进一步认识到，德育目标想靠直接、空洞的语言说教，是难以让学生入脑入心，并付诸实际行动的，一切教育都得建立在学生的认知基础之上，建立在学生对生活的切身体验之上。德育工作不可简单化，必须用实际生活或生活体验搭建学生与教育目标之间的桥梁。

三、"生活·教育"历程喜悦参半

H 老师关于"生活教育"的探索既有成功的喜悦和感动，也有着无以言状的艰辛。

（一）成功的喜悦

从学生来讲，H 老师历年中所带班级学生在学校每两年一届的"春萌艺术节"大型文艺展演中一直承担多项主要任务，班级学生的学业成绩也一直是名列前茅。其中在 2007 年中考，整个学校学生考取一线高中 43 人，而 H 老师所带班级则占了 30 人。

从 H 老师个人来讲也取得了不少业绩。综合实践活动案例《电影伴我行》获得湖北省综合实践活动案例一等奖；《F 镇采风》在麻城电视台专题播出，也因此被地方电视台领导相中；教学设计《F 镇采风》获省教研室教研成果二等奖，论文《在活动中学习语文》在《教师报》上发表；连续多年被学生评为"我最喜爱的老师""我最喜爱的班主任"；他的班级管理、德育工作经验也得到上级领导认可，先后十余次被 M 市教管科聘为讲师，指导全市班主任、德育领导及新上岗的教师从事班级管理。他也因此被评为省特级教师、省级名师、享受省政府专项津贴人员，还获得"马云乡村教师奖"。

（二）探索的艰辛

H 老师的"生活·教育"在实践过程中其实也遇到很多难题。

安全压力大。生命安全一直摆在教育的首位，然而，生活教育的基础是生活实践，不少实践活动、体验活动在实施过程中需要广泛地深入家庭、社会、田野、山间。分组后，学生就离开了教师的视野，对他们的管控就只能依靠小组长。虽自实施实践活动以来，未有重大安全事故发生，但安全问题一直是"生活·教育"实施过程中绕不开的结。

课程时间紧张。大型的综合实践活动，周密布置、答疑 1 课时，活动体验 3~4 课时，整理 1 课时，汇报成果 1 课时，几乎是一周的授课时数。若给的时间少了，活动走马观花，作用有限；多给时间，又往往会影响教学进度。一些虽然可以放到课外，但放得过多，既加重学生负担，学生和其他老师也会有意见。如何合理安排时间也就成了困扰 H 老师的一个问题。

考验教师综合能力。生活实践活动，从整体上来看，活动的设计、实施、评价需要宏观把控能力，还要有课程开发能力；从局部来看，不少学生虽有热情，但受应试教育的影响，动手能力并不强，他们做的往往达不到应有的广度、深度和高度；加上学生应试教育下的固有习惯也不是一两次活动就可以改变的。学生活动，从调查、访问、观察、体验，到收集、整理、汇报，再到总结、反思、提升，每一个过程都需要老师细心指导、严格把关；尤其是进行成果汇报时，学生展示的方式可以说是讲演唱舞，琴棋书画……形式多样，这似乎要求老师"十八般武艺"样样精通。这让 H 老师经常感到能力不足，而且指导过程工作量也很大，常感力不从心。

推行情况不容乐观。虽然生活教育给班级和学生带来了可喜的变化，但真正愿意实施下去的老师却不太多，有的老师觉得太麻烦，就应试而言，不如讲授来得简便高效；有的老师开始兴致很高，做了一两次后，也偃旗息鼓；当然，也有一些老师和家长觉得，很多活动与书本和考试无关，是不务正业……

尽管如此，H 老师在探索"生活·教育"的征途上从未止步。有人曾经问 H 老师："电视台相中了你，有学校出高薪聘请你，你却一直待在乡村，多不值呀！"他一笑置之，只是在工作笔记本上写下了这样一段话："山区教育任重道远。立足三尺讲坛、躬耕半亩方塘，用自己的坚守和操劳，让希望发芽，直到让更多的山区孩子逐日狂奔。我相信教育能改变社会，更愿为教育奉献青春。不去问值还是不值，生命的价值从来不是用交换体现。"

H 老师积极践行的生活教育理念，努力实现教育与生活的融合与回归，有效地改变了见书不见人、人围书转的局面，使教育回归到原点——生活。然而从推广应用情况来看，他对目前的状况并不是很满意。

我们所有的人也都应思考：生活教育的真正的价值在哪里？在未来的发展中，H 老师的生活教育之路还会遇到什么样的困难？那些困难又将如何解决？生活教育目前的处境在将来能否有所改变？这条教育之路还能不能长久地走下去？

面对上述问题，H 老师还将继续教育探索与实践，也期待能有更多的经验与思考与大家分享。

案例思考题：

1. 在生活教育实施中，除了案例中提到的两个方面，还可以从哪些方面去实施呢？

2. 在 H 老师语文教学活动中体现了哪些新课程理念？

3. H 老师是学科教师，也是班主任，其实只要是教育工作者，就应该具备怎样的教育理念？

4. H 老师的"生活教育"在未来的发展中还会遇到什么难题？如果你是教育工作者，你会怎么解决遇到的难题？

5. 从 H 老师身上，你觉得教师要实现专业成长需要具备哪些品质？

案例说明：

1. 适用范围

适用对象：教研员，中小学校长，中小学教师，教育管理专业本科生、硕士生和博士生。

适合课程：学校管理学，课程与教学论，班级管理，教师专业发展。

2. 教学目的

（1）积累关于教育教学方面的知识和经验；

（2）掌握语文教学及班级管理的方法及策略；

（3）培养教师教育教学创新性思维品质。

3. 要点提示

（1）相关理论如下：

马克思实践理论：实践与认识、社会实践与社会本质

教育理论：刺激与反应，社会本位与个人本位，教育、生活与生长

教育管理理论：个体价值观形成与发展、生活教育与生活德育、教育模式与德育模式、教育目标与活动设计、教育目标与个性发展

教学论：教与学、教学目标与教学设计、教学内容与教学手段、课程设计与实施、教学最优化

组织学习理论：组织愿景与组织学习、组织战略设计与组织学习。

（2）关键知识点：生活·教育、班级德育、班级活动管理、语文课程设计与实施、综合实践活动设计、义务教育语文课程标准。

（3）关键能力点：活动策划能力、课程设计能力、班级管理能力、改革创新能力。

（4）案例分析思路：通过对 H 老师生活教育中的经验与不足进行分析，引导学员进一步思考适合自己学生的教育教学方法与策略，并为学员有效应对教育教学中出现的问题提供借鉴。

4. 教学建议

人数要求：45 人以下的班级教学。

时间安排：大学标准课 5 节：250 分钟。布置和预习 3 节，上课讨论 2 节。

环节安排：提前两周利用一节时间布置预习内容→学生分为 4~6 个小组→小组查阅资料、走访老师或有类似老师和课下讨论→各组形成解决问题方案→上课汇报→集体研讨→教师点评。

教学方法：案例教学讨论为主，讲授点评为辅。

工具选择：多媒体、案例资料、录音笔、录像机。

组织引导：教师布置任务清晰，预习要求明确。

提供给学生必要的参考资料。

对学生的课下讨论需要及时指导并给出建议。

活动设计建议：课前计划 3 节课，要求学生完成案例阅读，搜集相关知识点和能力点的资料，走访案例教师或者情形类似的教师，形成组内讨论结果。每个小组提供一张小组讨论记录表，包括每个人的发言记录和综合的观点给老师，老师根据资料准备点评发言提纲及资料。

上课流程：各组先选派代表发言→其他组员可以补充发言→接着全班集中研讨→最后教师点评。

课后教师及时反思案例教学的得失，以便改进后续的教学行为。

作文课程：情境任务型命题浅探

熊　雷[*]

　　纵观近几年的高考作文命题，新高考改革在延续新材料任务驱动型作文命题大势上，保持了平稳过渡，守正创新。相应的情境预设，明确的任务指令在命题中清晰可见，但从评卷老师和考生的反应中不难发现，新材料情境预设的广度和任务要求思辨地深度地审读，往往决定着考生作文的价值高度。2019 年课标全国卷 I，引导考生关注劳动的情境预设，旨在通过劳动教育的关注延伸到"德智体美劳"的修身强国等思考；2020 年课标全国卷 I 借古指今，涉及人才发现、任用和作用的情境预设，考查考生由个人发展问题延伸到"以史明志"的社会现实思考；2021 年全国新高考卷 I，呈现"开而弗达"的体育强健个人的情境预设，强调体育强健身心的基本功能以外，更强调强弱转化的思辨性；传统文化预设情境的暗示信息感知，是 2022 年全国新高考卷 I 作文命题的核心要素，但也有把握写作主旨"基础""创造"等词语的现实关照。总体上看命题材料体现了"取材传统，观照现实，照亮当下"的特征，引导考生对传统文化进行思辨性、批判性、创新性的三元思辨。因此，要写出紧扣题意的考场作文，准确审读新材料的情境预设，遵循命题要求构思，是考场写作不迷茫的关键要素。具体表现在行文中必须遵循明与暗扣的"两贴一结合"，即为，贴着材料写，贴近生活写，议论点面结合。

　　技法归纳：体察情境 精准审题之二策

　　体察情境，精准审题是写作的基础，体察清晰材料的预设情境，实现精准审题、确定写作立意是谋篇布局的前提，实现这个前提有二策。

　　策一：精读材料

---

　　[*] 作者简介：熊雷，男，湖北省团风中学语文高级教师。

　　高考命题中的作文材料，每个字，每个词，甚至每个标点符号，都是命题专家们精竭虑思考的结果，都是必不可少的，所以，从材料出发，精细解读材料，逐字逐句揣摩作文材料中的措辞，洞悉词句的深层含义，就可以深化对材料的理解，获取更多的写作提示，也就能从审题上把握高考应试作文。

真题示例：

（2021 年全国新高考 I 卷）阅读下面的材料，根据要求写作。（60 分）

　　1917 年 4 月，毛泽东在《新青年》发表《体育之研究》一文，其中论及"体育之效"时指出：人的身体会天天变化。目不明可以明，耳不聪可以聪。生而强者如果滥用其强，即使是至强者，最终也许会转为至弱；而弱者如果勤自锻炼，增益其所不能，久之也会变而为强。因此，"生而强者不必自喜也，生而弱者不必自悲也。吾生而弱乎，或者天之诱我以至于强，未可知也"。

　　以上论述具有启示意义。请结合材料写一篇文章，体现你的感悟与思考。

　　要求：选准角度，确定立意，明确文体，自拟标题；不要套作，不得抄袭；不得泄露个人信息；不少于 800 字。

精读过程：

1. 提炼关键信息，审读题目要求

提炼命题关键信息是写作的第一步。本题材料明确了情境预设和任务驱动：情境预设——体育之效；任务驱动——体现你的感悟与思考；对象——考生。

全面把握这些信息后，可以明确：文章要围绕体育之效写出自己对材料的理解和现实生活中相关的感悟与思考。

2. 透析材料情境，审读作文话题

本材料属于话题材料，透析话题情境内外的关系和话题的性质，是审读出话题主旨的关键。在本材料中，话题内外关系有体育—强身健体、强—弱、自喜—自悲等。话题包括几组矛盾：滥用其强终至弱，弱勤自炼而为强，强者不必喜弱者不必悲等。

把握要素后，可以整理归纳出作文的话题主旨：体育与强身，强与弱，自喜与自悲等。

3. 关联现实情境，审读话题本质

材料中的话题还需要展开由此及彼、由人及己的关联。由此及彼能够透过现象看本质，由人及己反观自身，有益增强论证的针对性。例如，由体育与强身可以关联到共和国功勋人物钟南山，80 多岁坚持着体育锻炼，拥有强健的体魄。由强与弱的转化关联到男篮名将姚明，付出了更多锻炼的努力弥补左耳近乎失聪的弱；NBA 巨星哈登克服了年幼体弱，挣脱了哮喘病对他篮球事业的困扰，创造了连续三年得分王的强。

由人及己，关联自己有这种观念吗？为什么会有？反求诸己，感悟与思考会更真切，论证会更有针对性。

4. 提炼材料核心，审读写作主题

本材料话题阐述了"流水不腐，户枢不蠹"的情境，也就是说世间万象，皆因运动而生生不息。延伸到个人或国家"生而弱者不必自悲也"去发图自强，开创"不以物喜，不以己悲"的个人或民族新局。

从以上探究可见审读命题"审全—审明—审透"的过程与考生的综合素养密不可分。体察情境，精准审题，考查考生筛选整合情境信息的能力，才能做到抓住题旨和符合要求；能分析归纳材料，具备探究能力和关联思辨能力，才能实现写出既深刻又创新的高分作文。

佳作示例：

熊二　自强好追梦

一考生

"快下来，别摔着……"三岁的弟弟熊二在公园爬攀岩墙，妈妈远远地直喊，"不要爬，下来！"

"让他爬，我们看着就是。"见熊二还在坚持爬，我拉住妈道，"孩子，自强好追梦！"主动锻炼，强身健体对青少年的成长会产生体育效能。人的身体会天天变化，若能勤锻炼，增益其所不能，久之会变强，也有益于磨砺其意志力和精神品质。正所谓野蛮其体魄，文明其精神，我们应积极鼓励和创造条件让孩主动锻炼，强健身心。

蔡元培说："人的健全，不但靠饮食，尤靠运动。"可见运动更能提升人的价值。中国男篮史上最伟大的球员姚明，也是 NBA 最伟大的球员之一，然而他的左耳失去了 60% 的功能，只有很近的距离才能听见声音，可以想象他比常人付出了更多锻炼的努力，才换回了今天的成功。NBA 还有世人熟知的巨星哈登，克服了年幼体弱，挣脱了哮喘病对他篮球事业的困扰，创造了连续三年得分王的传奇。

体育帮助人们提升身体素质和精神素质，甚至促进社会发展和文明进步。清华大学"为祖国健康工作 50 年"的口号，已成为一代代清华学子传承的精神。体育运动承载着国家强盛、民族振兴的梦想，"体育兴则国运兴"与"少年强则国家强"是相辅相成的。经历"五四运动"的觉醒年代，正是一批身心强健的新青年李大钊、陈独秀、毛泽东等，为积贫积弱又迷茫的中华民族，寻找到用马克思主义救亡图存的曙光。

一条红船上十三位新青年，"生而弱者不必自悲也"地发图自强，诞生了开中华民族盛世新局的中国共产党。从此，历经过草地、翻雪山、二万五千里长征等无数强健身心的磨砺，让新中国国旗、国徽、国歌闪耀在世界的每一个角落。

《吕氏春秋》曰："流水不腐，户枢不蠹。"也就是说世间万象，皆因运动而生生不息。正如乒乓球不仅强健了国人的身体素质，更有乒乓外交的一段国际佳话传于后世，这更是运动生生不息的价值和魅力。欧洲著名艺术家达芬奇也赞叹"运动是一切生命的源泉"。

共和国功勋人物钟南山，80 多岁坚持着体育锻炼，拥有强健的体魄，在抗击疫情中贡献巨大。其实在抗震、抗洪、抗疫等抗灾面前，哪一次不是体魄强健的青年们挺身在前，力挽狂澜呢？

"哥哥，我爬上来啦！"熊二举着剪刀手喊，"妈咪，看我呦……"

"熊二，厉害啦……"妈紧紧掐着我的手松开了，灿若夏花地笑道："还真是一头拱白菜的野猪。"

我暗笑着提醒妈："熊二，自强方才好追梦！"

亮点借鉴：

考生把握了材料的核心内容，智慧地结合材料的情境预设，开篇创设了生活情境，结尾再现生活情境，让整个论证过程既贴着材料层层推进，议论采用点面结合的方式，详略得当，也贴近生活写，将历史、社会的经典情境与考生自己的现实生活情境结合得圆润，读来既眼前一亮，也心头一动。

即学即练：

阅读下面的材料，写一篇不少于 800 字的议论文，明确立意，自拟标题。（60 分）

一乘客上了出租车，并说出自己的目的地。

司机问："先生，是走最短的路，还是走最快的路？"

乘客不解："最短的路，难道不是最快的路？"

司机回答："当然不是。现在是车流高峰，最短的路交通拥挤，弄不好还要堵车，所以用的时间肯定长；你要是有急事，不妨绕一点道，多走些路，反而会早到。"

……

欲速则不达，生活的确需要这种绕道的智慧。

参考片段：

迎难而上，知其不可为而为之，是中国人从古至今盛赞的精神。一句"真的猛士，敢于直面惨淡的人生，敢于正视淋漓的鲜血"，让多少胸怀壮志的青年热血沸腾。但是，面对无法逾越的困境，另辟蹊径，找一条适合自己的道路前行，也不失为一种智慧。这并非意味着放弃与退却，而是以更加理性、清醒的态度面对现实。这样的智慧，能帮助我们曲径通幽，到达成功的彼岸。马嘉鱼的悲哀就是个反例：马嘉鱼的"个性"很强，不爱转弯，即使触入网中也不会停止游动，所以一只只鱼前赴后继陷入帘孔中，帘孔随之紧缩。孔越紧，马嘉鱼就越会被激怒，瞪起明眸，张开脊鳍，更加拼命往前冲，终于被牢牢卡死，为渔人所获。

范文展示：

绕道而行又何妨

一考生

"有一分热，发一分光"的鲁迅先生，敢于直面惨淡的人生，正视淋漓的鲜血，叫世人惊叹；独自清醒的屈原，制芰荷为衣、佩戴蕙草，让后人敬仰……不得不承认，这种直面生活困境、迎难而上的态度，砥砺人心，闪耀历史长河。可我们同样应看见，避开花团锦簇的春天、冬日早开的梅花一样惊艳；绕道而行的司机避开车流高峰，反而比原定时间更快到达目的地……前进，需要勇气；转弯，更需要智慧。

《易经》云："曲成万物而不遗。"你原以为"山重水复疑无路"，殊不知，拐个弯就是"柳暗花明又一村"。我听过这么一个故事：老师傅和小徒弟一起下山，师傅问徒弟："进一步则死，退一步则亡，你会怎么做？"师傅以为徒弟会绞尽脑汁，没想到他毫不犹豫地回答："我往旁边去。"好一个"往旁边去"。生活中需要这种绕道的智慧。正如一位哲人所说："在实现梦想的旅途中，根本没有什么捷径出现，而所谓的捷径，也许，它仅仅是我们那饱含智慧的曲线抵达。"

学会绕道，在变通中创造别样的精彩。"尺蠖之屈，以求信也；龙蛇之蛰，以存身也。"渺小的虫子，懂得弯曲身体换来更强的伸展；腾空的巨龙，懂得利用冬眠来保全自身。性格从容淡静的张衡，面对"政事渐损，权移于下"，敢于抗颜上疏，面对"皆共目之"的宦官，也会"诡对而出"；苏轼虽仕途失意，却在诗词、美食中找到乐趣……这些都在提醒着我们：世上无难事，只要肯"绕道"。

正如《菜根谭》所说："人情反复，世路崎岖。行不去处，须知退一步之法；行得去处，务加让三分之功。"不懂变通，一味前进，害人害己。项羽宁死不肯过江东，结果虞姬惨死；马谡死读兵书，不肯根据具体情况做出变通，结果街亭失守，自己被斩。

是的，人们常说，车到山前必有路，那也是迂回之路；船到桥头自然直，那也是转舵之后的直。人们欣赏勇往直前的猛士，那是一种"不到长城非好汉"的执着；同样，人们也应钦佩那些懂得绕路的智者，那是一种心有进退分寸、懂得把握机遇的巧思。

直道好跑马，曲径可通幽。人生漫漫之途，绕道而行又何妨？

策二：逻辑推理

逻辑推理法即按照一定的逻辑顺序，逐层深入地思考、分析所给材料预设情境的含义，进而确定最佳立意，具体来说有以下四个步骤：人—事—理—情。人，每则材料预设情境中都有一个或几个对象，或者是人，或者是物。事，每个对象分别在预设情境下做了什么事情。理，这是核心的一步，即通过追问法分析材料预设情境下某人做某事所蕴含的道理。情，材料预设情境蕴含的情感。

真题示例：

（2022 年全国新高考 I 卷）阅读下面的材料，根据要求写作。（60 分）

"本手、妙手、俗手"是围棋的三个术语。本手是指合乎棋理的正规下法；妙手是指出人意料的精妙下法；俗手是指貌似合理，而从全局看通常会受损的下法。对于初学者而言，应该从本手开始，本手的功夫扎实了，棋力才会提高。一些初学者热衷于追求妙手，而忽视更为常用的本手。本手是基础，妙手是创造。一般来说，对本手理解深刻，才可能出现妙手；否则，难免下出俗手，水平也不易提升。

以上材料对我们颇具启示意义。请结合材料写一篇文章，体现你的感悟与思考。

要求：选准角度，确定立意，明确文体，自拟标题；不要套作，不得抄袭；不得泄露个人信息；不少于 800 字。

1. 预设情境——多角度透视材料

多角度透视是指从材料预设情境涉及的人、物、事入手，根据材料中人物在事件中的表现，或对待事件的态度，或不同人、物的关系选择恰当的论述角度。多角度审读命题需要发散性思维能力，同一问题要能从多个侧面去认知。本则材料的主要人物是对弈者，从他的角度看，对弈术即本手、妙手、俗手的三手合理运用，是"以事物喻道理"的话题。此外还有古人常以比喻说明对理想的追求，涉及基础、方法、路径、创新、目标及其关系等，是"以事说理"的话题。还可以反之透视出实现理想必须正修为、明目标、见行动,是"结果与过程"的话题等。

2. 预设情境——多层次透视材料

多层次透视材料的预设情境是指透视某一事件中的动机、影响,或探寻事情发生的原因、事件的本质等,通过深入地分析透视,能够直击材料预设情境的本质,给考生"开而弗达"的启示。本则材料预设对弈的情境中,主角对弈者,从本手、妙手、俗手的来设喻打基础、巧创新、常受损的三个不同层次论述人生取舍,引导考生通过逻辑推理实现体察情境,精准审题,构思立意"三手"对人生的影响等。

多层次透视材料的预设情境主要是对材料蕴含的主旨进行缘事析理,挖掘事情的根源,把握命题的趋势,需要考生用探究的眼光去审读现象,用发展的眼光去思辨内涵,从而"贴着材料写""贴近生活写",展现其理性思辨能力。

佳作示例:

悟本手之智　做妙手青年
一考生

从围棋的艺术领域来回望中华文明,她之所以能五千年不断代,与运用本手之智守正,进而妙手获对弈胜局的不二法门同理。借鉴围棋的艺术,自知打好成长的基础,才能成长为不断精进的有智、有为青年。

本手虽平淡,却能防患于未然。"本手"在围棋术语中意为安守本分的着手,也称正着,是普通场合的正规下法,看似平淡无奇,却能防患于未然。如《少林寺》中庭前扫地小和尚,却能扫、挡侵寺的邪恶力量。正是小和尚安守本分,在日复一日、年复一年的"扫"中打下了不赖的功夫基础,故而能在守寺护法中防患于未然。故宫里修复古文物的工匠们,几十年如一日,沉淀于平淡无奇的字画器皿间,也是在下一手正着,为的是防患于古董宝贝们损失于当世,而遗憾万方。

本手虽无奇,却能守正而创新。正着易见棋局宽广而稳定,给对弈取胜提供着伺机而动的环境,一旦时机成熟,正着一举即为妙手。刘洋两度出差太空,正是她十二年翱翔蓝天的守正,才创新地陪伴神舟 14 号征服太空。

樊锦诗几十年守护莫高窟，积攒大量敦煌文化遗产资料，当她遇见互联网数字技术，顷刻间，一座线上敦煌古城焕发新生，攻城略地般呈现出妙手创造的新形势、新未来。本手常有，妙手不常有，正如青出于蓝而胜于蓝的变化，冰冻三尺，非一日之寒，唯有悟得"海不辞水，故能成其大；山不辞土石，故能成其高"的管子智慧，方是悟得妙手出于本手而高于本手的对弈之智，才是我中国青年精进勤修、砥砺提升的成长过程，更是华夏民族崛起和构建人类命运共同体的中国智慧。

妙手能回春，需铁肩担大义。对弈剑出鞘，自见高与下，能妙手回春者，必艺高一筹。也是具备了本手的深厚基本功，而非俗手的急功近利之举，正如明末思想家黄宗羲《明儒学案》中云："为学作事，忌求近功。"能为学作事回春的妙手中，医者华佗、活字印刷发明者毕昇、深山凿天路人毛相林……最被世人赞为言人又言己"铁肩担大义，妙手著文章"的李大钊，一代先驱的妙手尽显一世仁心。

宋代大儒朱熹也曾有语："学者之患，在于好谈高妙，而自己脚根却不点地。"当下的新时代青年应汲取这些本手与妙手的智慧，为乡村振兴助力，为中国实现现代化贡献自己的智慧和力量，正如米丘林所言："在创造家的事业中，每一步都要三思而后行，而不是盲目地瞎碰……"的确，责立中国、任当天下的新时代，我们要争做三思本手正着，后行妙手有为新青年。

亮点借鉴：

考生透视了材料的预设情境，紧扣"本手"立意，突出守正方能创新的观点。开篇提出观点，表明立场。接着用了三个分论点"本手虽平淡，却能防患于未然""本手虽无奇，却能守正而创新""妙手能回春，需铁肩担大义"，并分别采用贴着材料和贴近生活且多个角度、多形式的论据予以论证。结尾借朱熹和米丘林的话告诫人们需"扎好脚跟，三思而后行"，进一步明确主题"我们要争做三思本手正着，后行妙手有为新青年"。

文章思路清晰，结构严谨，采用了总—分—总的结构模式，层次十分清晰；全文运用了举例论证、引用论证等多种方法，论据结合命题突出传统文化的特色，也较为充分。

即学即练：

阅读下面的材料，根据要求写作。

郑州特大暴雨，上百万人受到洪水灾害。有人在地铁里苦苦等待求救，有人房屋被淹不知何处避险。一名挖掘司机在暴雨来临之际，眼看着十几辆车都有被淹的风险，主动开着挖掘机为这十余名车主拖车。出于成本考虑，在完成作业后，他向这些车主每人收费50元，凑个油钱，没想到其中两名女司机对他横加指责，认为他不应该收费。

小伙把自己的经历发到网上，引发了网友们的激烈讨论。请你写一篇文章参与讨论，体现你的感悟与思考。

要求：选准角度，确定立意，明确文体；不要套作，不得抄袭，不得泄露个人信息；不少于800字。

参考片段：

天地自生风雨，人间亦有是非。一名挖掘车司机于暴风雨中解救十余名将要被淹的车主，事后欲向车主索要50元的成本费，却遭遇了两名女司机的不解与指责。

王符曾言："生活需要一颗感恩的心来创造。"昨有河南暴雨，今有险峻疫情，在人类共同的灾难面前，我们要以感恩之心、善意之行组建"命运共同体"，给英雄们应得的鼓励与奖励，让撑起保护伞的"挖掘车司机们"心有所暖、行有所值！让天地自生风雨，人间亦有温情成为你我他的佳话！

范文展示：

善意与感恩如影随形

一考生

近日，郑州特大暴雨，上百万人受害被困，牵动着无数人的心。但阴霾之下，人间自有暖阳——一名挖掘车司机临危不惧，主动为十余名将要被淹的车主拖车。可事后，当他向每名车主收费50元凑油钱时，竟遭到受助者的横加指责。

灾难之下，作为普通市民向同胞伸出援手，是出于好心；向车主索要50元，也不同于"郑州一酒店趁着洪水坐地起价"的恶意谋利。因此，这本该为一件暖心之举，可网友由此展开的"乐于助人该不该索要报酬"的辩论，以及被救者的不知感恩，使我陷入思考。

古人常谈"义利"，其中不乏"王何必曰利，亦有仁义而已矣"的思想，但我认为"义利相兼论"也值得理解与倡扬。子贡曾赎回在国外沦为奴隶的鲁人，其因品德高尚不去报销得到人们的盛赞，但孔子痛骂子贡；而当子路救起落水者，大方收下家属报酬时，孔子却大加赞扬。挖掘车司机主动施救，也许有些人会如子贡所想，不图回报才称得上"人间至善"，可殊不知，这样的"至善"反而会削弱更多人行善的勇气，进而导致整个社会视行善举义为畏途。人间没有所谓"坐享其成者"，每个人都在为家庭、事业日夜打拼，而小伙向车主索要油费，更是面对生活重压下的无奈之举，当属人之常情。要让善举成为常态，万不可使行善之人在道德的山峰前望而却步。

从小父母老师就教导我们要常怀"感恩之心"，感恩，也未尝不是善举的"助推器"。亚历山大·弗莱明的父亲曾救起落水的少年丘吉尔，于是丘吉尔之父给予了弗莱明受教育的机会。学成归来的弗莱明成为著名的生物学家，丘吉尔即是后来的英国首相。不幸的是，丘吉尔染上肺炎，是弗莱明发现的青霉素给了他重生。试想，若丘吉尔之父当初不懂回报，抑或是弗莱明不知感恩，都会阻断善意的延伸，社会也将痛失人才。因此，善举与感恩，如影随形，缺一不可。反观被救车主，面对恩人的合理要求却以冷言相对，令行善者"心寒，想回家"，如此种种，感恩之心一旦缺失，对善意的打击多么可怕。行善不是义务，受施并非权利。愿善意之树常青，休让受施者的冷漠成了障墙。

社会因"善"而升温，作为旁观者的我们面对此类问题时也应该持有正确的价值观，在群众间立好舆论风向标。善意与感恩如影随形，我们每个人都是参与者，也将是受益者。

"时文选读"在高中语文教学中的应用策略

——以湖北省黄冈中学语文组为例

王　乐*

阅读是现代人获得生存技能和发展价值的基础能力，甚或伴随人的生命全过程。对于学生而言，进入高中，心智趋向成熟，期待视野渐趋开阔，正是提升阅读能力的关键时期。《普通高中语文课程标准（2017版、2020年修订）》指出，高中阶段学生要求在课外加强阅读，让学生在阅读中拓宽视野，领略人类社会气象与文化。同时，他们也需要面对高考，而大量的优质的课外阅读也能提升其知识涵养与写作技能、充盈其作文素材储备。鉴于此，湖北省黄冈中学自2010年遂开展"时文选读"实践活动。"时文"狭义上一般指贴合生活与时代并引起人们浓厚阅读兴趣的文章，而广义上也包含广为传诵、历久弥新的经典美文。"时文选读"是语文教学的一种教学活动，语文教师通过精选时文，并给予学生自主阅读的空间，以及展开交流辩论、写点评读后感等活动来提升学生的语文核心素养。十多年的实践证明，"时文选读"已然成为黄冈中学学生课外阅读的重要组成部分，学生喜爱程度之高与参与程度之高非其他活动所能比拟，学生的阅读素养和作文素养也得到显著提高。黄冈中学语文组如何有效且高效地开展这项活动呢？其中不乏有些经验和做法值得总结、借鉴或推广。

一、精选时文材料，让阅读更有质量

怎样选时文？选时文又有哪些标准和原则呢？黄冈中学语文组教师在选文时，注重以下几个方面：

＊ 作者简介：王乐，女，黄冈师范学院文学院2021级硕士研究生。

（一）立足语文课程标准，围绕教材内容选择

立足语文课程标准，可以让我们的选文更加贴合学科育人的核心素养要求。而围绕教材内容选文，有助于学生深入思考课文，臻至深度教学。教材内容是本，时文选择是衬托与补充，阅读从教材至时文，既不会本末倒置，也能起到相得益彰之效。

如，在讲课文《杜甫诗三首》时，黄冈中学语文组选编黄裳的《浣花草堂》、胡晓明的《略论杜甫诗学与中国文化精神》、马德富的《杜诗动词的超常选择及其艺术追求》、冯至的《杜甫传》节选等杜甫专题时文，让学生对杜甫的生平经历和诗歌艺术特色有较深入了解，由此拓宽学生的视野，促进学生核心素养的落实。

（二）贴合生活与时代，围绕学生兴趣选择

贴合生活与时代的时事之文，一般是对引起公众关注的社会热点事件进行针砭时弊的评论性文章，具有较强现实针对性。这类文章就像观察世界的望远镜，学生不仅能够了解时事，而且能够获取不同的视角与多元的评价，同时通过这些富有时代感、现实感的时文选读，有利于促进学生对时事形势的全面认识、深度认识，从而促进"写"能力的发展。

比如，俄乌爆发战争，黄冈中学语文组选编《关于俄罗斯和乌克兰的那点事，要从美苏冷战开始说起》《俄乌战争将以什么方式结束？》《俄乌战争对台海局势的影响》《俄罗斯为啥亮出了核武器？》《俄乌战争有没有可能升级成第三次世界大战？》《谁是俄乌战争真正的受益者？》等。学生通过阅读俄乌危机专题文章，了解俄乌冲突的来龙去脉以及世界格局之走向。这些贴近时代和生活的时文侧重于学生感兴趣的社会热点、时事新闻等，能够激发学生的阅读热情和阅读兴趣，从而使其思维处于主动探索和求知的状态，让阅读更加高效。

（三）选择思辨性和逻辑性强的文章

高中阶段是理性精神与批判性思维、逻辑判断力与抽象思维形成的关键时期。教师在挑选学生阅读之文可偏重于逻辑性、思辨性强的，这些文章中鲜明的

论点、清晰的论证、翔实的论据与严谨的语言表述，对学生语言建构与积累以及思维提升与发展有着直接的促进作用。比如选编《抵制家乐福，真情可嘉理性不足?》《过激抵制家乐福绝不是爱国主义》《从"抵制家乐福"看公民话语权》《抵制，也是一种理性表达》这些时文，对于"家乐福"而言，既有赞同抵制的，也有不赞同的；既有事实梳理，也有价值观的辨析。整合性阅读能给学生带来心灵的震撼，能帮助学生客观地认识事物，认清事情本质，促进学生理性、批判思维方式的养成，对于提高学生的语文素养，也有着显而易见的功效。

（四）选择精神内涵丰厚和文质兼美的文章

高中生学习生活单调，加之青春期的学生内心又普遍充满着对未来的迷茫，所以他们更渴望看到丰富多彩的世界，若选择精神内涵丰厚、文质兼美的时文则更能容易引起他们的情感共鸣。比如选编林清玄《生命的化妆》，启迪学生注重内在的改变，精神的提升，丰富学生的语言积累；选编鲍鹏山《庄子：在我们无路可走的时候》，加深了学生对庄子的理解，对生命意义的思考。这些文质兼美的文化散文，既可以打开学生的阅读视野，更可以引导学生去课下涉猎，起到抛砖引玉、以点带面的作用。

二、注重操作流程，使读写更有实效

语文学习就是需要大量的阅读，然而，繁重的高中学业压力给予学生的课外阅读时间太少，并且不集中。所以课上必要的阅读时间是要保证给予学生的，每两周一次（两课时）的时文选读教学活动不仅让学生拥有整块的自主阅读时间，还可以让学生从繁重的学业压力中暂时解放出来，不仅能够提高学生的学习效率，更有利于学生语文核心素养的培养。

（一）限时阅读，任务驱动，圈点勾画旁批

黄冈中学在进行每两周一次时文选读教学活动的时候，往往会采用多篇短文的快速阅读方式，每次选文大体会关涉 3~4 个主题、篇目 7~10 篇、文字 2 万~3 万字。时文选读教学时，教师首先会进行限时阅读，一般是给学生安排 55 分钟的充分自主阅读时间。

阅读前先提出具体的阅读目标，通常是在每一篇或同主题的几篇文章后设置问题，比如黄冈中学 2024 届时文选读（第 2 期）中的《拿什么拯救被"梗"住的文字"失语者"?》（选自《新华每日电讯》），这篇文章后面就提出了"什么是'文字失语'? 试着给它下一个定义。""作者认为造成'文字失语'的原因有哪些? 如何解决这个问题?"等问题。设置问题是提高学生注意力，启发学生思考，激发学生探索欲望的最主要的方式。学生带着问题去阅读，边阅读边思考，这种方式不仅能提高学生的自主学习能力，也是提高阅读能力比较合理的阅读方法。

每个学生都是独立的个体，在自主阅读的同时，教师们还会引导学生进行个性解读，创新解读。所以除了设置问题，黄冈中学的老师们还会要求学生在阅读的过程中进行适当的圈点批注，即在阅读的同时，将自己觉得有疑问或有感想的地方做圈点并做旁批，写下自己的问题、感悟或评论。这样，学生对文本的解读不再是粗略的、偏向的，而是在对文本理解的基础上有所发现，有所创新。圈点批注这个阅读方法，黄冈中学的语文教师基本上会在阅读前给予学生规范性指导。比如圈点有哪些符号，波浪线代表什么，横线代表什么，不同颜色的标记代表什么；又比如批注的常见类型（解释式、鉴赏式、感悟式、提醒式），当然具体标记方法也可由学生自己定义，但需固化成自己能够识别的模式。另外，学生还可以进行摘抄练习，但摘抄绝非毫无意义和价值的随意随性行为，而是一个去粗取精和思考筛选的过程。摘抄的内容可以是文章所引的某些典故，也可以是文章中精彩的议论，还可以是其他，其目的主要为积累优秀素材和思想。

（二）教师引导，巧妙设问，培养思辨能力

经过充分的自主阅读，学生有了自己的思考和见解，但是只有通过不同思想的交锋，才能真正得到思辨与启发。此时教师必要的引导，巧妙的设问，让学生对时文经历再次的理解、分析、推理、质疑、判断、发现、反思等思维过程，促使深入地解读和阐释时文，从而提高学生的逻辑思维能力。以课文《过秦论》为例，全文找不到推理的痕迹，只有大量的描绘和渲染。为此，黄冈中学老师查找相关论文，补充给学生看，了解文章的优缺点，引导学生思考以下几个问题：

（1）本文在论述秦国逐渐强大和灭亡的过程中，有事实依据吗？请你查阅相关资料补充；（2）分析本文的结构，指出文章在论证的过程中有哪些逻辑上的不足；（3）文章最后提出的"仁义不施"的观点在文中有依据吗？你能否为它补充一些论据？（4）秦朝的灭亡仅仅是因为"仁义不施"吗？阅读《过秦论》（中、下）两篇，看看秦朝灭亡还有哪些其他的原因；（5）根据你查阅的相关资料，重新写一篇"过秦论"，论述秦朝灭亡的原因。通过这几个问题，把《过秦论》以及补充论文作为培养学生依据事实推理、分析、质疑、判断等逻辑思维能力的资源。

（三）分组讨论，辩论交锋，锻炼表达能力

新课程标准还明确提出"学生是课堂的主体"，同时还倡导自主探究、合作探究的教学方式。另外，新课程标准中的思辨性阅读与表达学习任务板块，也要求"学生能围绕感兴趣的话题开展讨论和辩论，能理性、有条理地表达自己的观点，平等商讨，有针对性、有风度、有礼貌地进行辩驳等"。所以，在时文选读活动中，黄冈中学的语文教师在学生经过充分的自主阅读，有了自己的思考和见解之后，也加入了分组讨论、公众表达、发言辩论等教学环节。一般，分组讨论时给予学生 25 分钟时间，然后全班同学就最感兴趣的话题进行投票，选出票数最高的两个话题进行辩论，发表自己的看法和见解。

例如在黄冈中学 2024 届学生"时文选读"（第 2 期），关于《为什么上大学》这篇文章，做了"作者在文中提出了很多问题，请认真思考，然后选取两三个问题开展小组讨论"的讨论环节设计；或可通过同一主题不同文章的对比来设置问题，依然同届同期的"时文选读"，其中有三篇关于社区团购的文章，老师们设置了这样的问题——以上三篇文章都论及社团社区团购现象，它们各自的论述重心有什么不同？请以"互联网企业力推社区团购对社会有利还是有弊"为主题开展辩论赛。

为何要设置这样的讨论和辩论环节：一是，学生通过对时文的分析、推理、判断、发现、反思等思维过程，能深入解读和阐释时文。二是，在以学生为主体的轻松氛围中，学生通过提问、补充、质疑、辩论等形式发表自己不同看法，老

师"退居二线",更加有利于学生的主动参与意识和提升思维活跃度,学生成为学习的真正主人。① 三是,教师们相信只有通过交流讨论、辩论的交锋,学生才能体会到视角的多元性,加深对时文的理解,锻炼表达能力的同时,思想才能得到真正启发,从而思考变得更加思辨。

(四) 以读促写,读写结合,提升写作能力

"时文选读"活动中,学生先进行充分阅读,又进行小组讨论、合作探究以及辩论等活动,接下来,如何能让读与思变成学生自己的学习资源呢?黄冈中学语文组的一个做法是让学生去"写",即要求学生写点评或读后感为主,又或是以议论文为主的小作文和大作文均可。

每一篇时文都有它独特的意蕴,为使学生能读通读透文章的思想,进而能对文中观点提出商榷与补充,写点评或者读后感或是有效途径。如 2024 届"时文选读"(第 2 期)选文《为什么上大学》(载于《光明日报》),教师为此创设写作任务,"作者在文中提出了很多问题。请认真思考,然后选取两三个问题开展小组讨论,或者就某一个问题写一篇小作文"。同届同期"时文选读"推选了谷爱凌、丰县八孩女子相关时文,要求学生完成任务——选择一个自己最感兴趣的话题,自拟标题,写一篇议论文,800 字以上。学生围绕一个话题进行多篇文章的深入阅读,多方位多角度地深刻思考,对这一社会现象的认识应该会更加深刻,进而潜移默化地影响到思考问题的方式,形成发散性思维意识。

学生在有深度、有广度的阅读后,多写点评、读后感,去将所读、所思、所辩的好成果诉诸笔端,思悟辩论内化为己用,那么当进行议论文写作,面对一些话题,脑海中就不会缺乏想法,容易形成自己的观点,这是"以读促写"。而学生要能在笔端发出自己的所思所想,写成文章,必须先将文章的思想读通读透,进而能对文中观点提出商榷、补充,这是对"读"的提炼和升华,是"以写促读"。

时文选读中的读写结合,既能起到对"写"的锻炼和积淀,也能起到对"读"的提炼和升华。

---

① 罗怡颖:《时文选读教学与高中生思辨能力培养》,华中师范大学 2020 年硕士学位论文。

新课标"学习任务群6"要求"学生能围绕感兴趣的话题开展讨论和辩论，并通过阅读与鉴赏、表达与交流等语文学习活动，学习梳理论证方法，学习用口头与书面语言阐述和论证自己的观点"①，新课标学业质量水平4-1（高校考试招生录取的依据）提出"学生能根据具体的语境和表达目的、要求，运用口头和书面语言，文从字顺、准确生动地表达自己的真情实感"。② 黄冈中学语文组开展"时文选读"活动正切合了新课标理念。整个活动，融汇了读、思、说、写的语文技能训练全过程，最终，通过以读促写，读写结合，促成了学生思辨性思维的养成，提升了学生的阅读品质，也让学生在阅读后的辩论与写作中学会更好地表达自己的感受，提升语言表达能力。

---

① 中华人民共和国教育部：《普通高中语文课程标准（2017年版，2020年修订）》，人民教育出版社2020年版，第42页。

② 中华人民共和国教育部：《普通高中语文课程标准（2017年版，2020年修订）》，人民教育出版社2020年版，第37页。

阅读指要

《庖丁解牛》的审美意蕴及教学启示

张　芳　吴作奎*

习近平总书记在全国教育大会上指出，要全面加强和改进学校美育教育，坚持以美育人、以文化人，提高学生的审美和人文素养。《庖丁解牛》是先秦道家学派代表人物庄子创作的一篇寓言故事，出自《庄子·养生主》①，作为统编高中语文教材必修下册第一单元的第三篇课文，蕴含着绘声绘色的语言美、自由创造劳动美、"道艺合一"的境界美，在教学中充分利用此文章内容，以文育美、以文载道、以文化人，能让学生感受到美的陶冶，培养自觉的审美意识和高尚的审美情趣，促使教学达到事半功倍的效果。

一、《庖丁解牛》的审美意蕴

（一）绘声绘色的语言美

《庖丁解牛》出自庄子之手，又是《庄子》一书中最为精粹的篇章，文章短小精悍，其使用的绘声绘色的语言不同于其他科学哲理性语言，学会品味文言的语言美是获取意旨的重要凭借。

其一，语言的语音和文字美。鲁迅在《汉文学史纲要》中指出"汉语"有三美："意美以感心，一也；音美以感耳，二也；形美以感目，三也。"② 韵充分

---

* 作者简介：张芳，黄冈师范学院 2021 级硕士研究生；吴作奎，男，黄冈市师范学院文学院教授，硕士生导师。

① 陈鼓应：《庄子今注今译》，商务印书馆 2007 年版，第 116 页。

② 鲁迅：《汉文学史纲要》，北京联合出版公司 2014 年版，第 2 页。

地发挥了汉语语音的审美特质,《庖丁解牛》全文以四言为主,杂以三言、五言、六言,句子长短错落有致,轻盈地诵读后,很容易就能发现其中的韵脚。如文中第一段文字:

> 手之所触(chù),肩之所倚(yǐ),足之所履(lǚ),膝之所踦(yǐ),砉然向然,奏刀騞然,莫不中音。合于《桑林》之舞(wǔ),乃中《经首》之会。

通过相同的韵脚勾连起前后文,将人牛搏斗的场面建构成一个全面的审美整体,读来沉郁顿挫,便于吟咏与唱和。另外,通过"触""倚""履""踦"这四个动词,展现的动作形态充满美感,生动展现了庖丁给梁惠王宰牛的从容之感,动作之干脆利落,且没有不合音律的。第二段"嘻!善哉!技盖至此乎?"仅八个字,实词与虚词的交接,就将文惠君对庖丁解牛之技的惊异与赞叹形象地反映了出来。

其二,语言的修辞美。如第一段将解牛此种血腥、令人恐惧的场面,比喻为优美的《桑林》舞蹈,于动作之中寻找美感的存在;第三段庖丁解牛之技神之又神,正是对得"道"之后的生动展现,庖丁作为"道"的人格化身,刀刃象征着精神,解牛的过程实为处事的方法,解牛的方法实为养生的方法,运用比喻阐释了养生的哲理。补充说明的比喻句更是极尽精彩,似乎是无人会用倒泥土作比喻的,这里是完美合乎庖丁之前的一系列动作的,而土落于地,显得质朴,流成,如其,是一气呵成但又似天成。另外庄子善用对比,将"族庖""良庖"的不懂用刀与庖丁之刀之神技进行比较,突出了庖丁技艺精湛、深明解牛之道。因此,在教学当中,教师需引导学生去感知品悟的《庖丁解牛》的语言美,让学生从文字感受到美的的熏陶,建构学生个性化的言语经验,在实践中得到充分运用。

(二)自由创造的劳动美

在劳动中,"人的能力被激发出来,产生一种自由、愉悦的情感体验,这不同于简单的感官满足，是一种自由的感觉，是一种创造的享受，这种的情感就是美"①，庖丁解牛也是如此。从人类生产劳动的视角来解读《庖丁解牛》，庖丁的非凡技艺不仅仅属于生产实践上的劳动，而且是"一种合目的与合规律统一的自由创造"②的劳动。在当时的历史条件下，解牛是一项低下的体力劳动，但庖丁乐观勤奋，使解牛成为一种自由、合乎规律、顺应自然的劳动，是由"技"到"道"的过程。看似与马克思所倡导的生产劳动有所不一，庖丁的解牛之道是从有限经验认知的层面上升到无限的顺应自然之道上面，庖丁遵循牛的"天理"或自然规律行事，但实际上庄子通过"庖丁解牛"又给生产劳动提供了无限的可能性，具有超实用、超功利的超越精神，进一步发展到实践性的科学规律，自由创造的劳动最终上升到天地境界。

从个人劳动情感体验来看，美是劳动创造的，劳动实践又体现了劳动者对自身价值的享受。庖丁解牛尽善尽美、踌躇满志，这正是庖丁对自己劳动价值的充分肯定，也是他对自己解牛的专注和始终如一。贯穿庖丁解牛的整个过程，"牛"从自在之物进而变成为我之物，庖丁在解牛的过程中认识到了劳动的意义，产生了劳动的快乐，也在物与人的交互关系中顿悟到两者应为一体的自由之道。庄子创作《庖丁解牛》本质上是为了阐释要依循自然之道作为养生的法则，人应该遵循"道"。从某种程度上来说，庄子使劳动者的劳动具有了自由劳动的意义，字里行间透露出他对自然劳动的肯定和对人类生存和发展问题的重视，人与自然应该和谐相处，这也是庄子行文无意识的劳动美体现，更加贴合我们现在所倡导的中小学劳动教育，通过"劳育"达到熏陶感染、培养学生自觉的审美意识。

（三）"道艺合一"的境界美

所谓"道艺合一"，即"体道者通过虚静的心灵把握某种事物的自然本性，并抵达齐物、物化、丧我等极致状态时，也就变成了技艺家"。③ 何为境界？中

---

① 相雅芳：《"劳动美"何以可能 ——兼论马克思美学思想的当代价值》，载《毛泽东邓小平理论研究》2020 年第 9 期。

② 谭庆华、方向红：《〈庖丁解牛〉的美学意蕴及教学要点》，载《文学教育》2022 年第 5 期。

③ 胡立新：《庄子"道艺合一"的虚静创艺论诠解》，载《华中学术》2017 年第 9 期。

国古代文献关于"境界"的说法很多，而"现代意义上的境界，实质上是标志人的精神修养及思想觉悟程度的范畴，是人对宇宙和人生自觉和理解水平的范畴"。① 庄子在《庖丁解牛》里追求的最高的就是"道"，也是人生境界的最高层次——天地境界，从而实现"道艺合一"的境界。

细读《庖丁解牛》，其蕴含着三重境界：其一，"所见无非牛者"，这是认知反复实践的阶段；其二，"未尝见全牛也"，掌握规律，达到得心应手的境界；其三，"以神遇而不以目视，官知止而神欲行，依乎天理"，娴熟的技艺来自"依乎天理"。庞朴以《五灯会元》卷17的"见山是山，见水是水"到"见山不是山，见水不是水"再到"见山只是山、见水只是水"解庖丁解牛之三个阶段。掌握一门手艺，学会一门技巧容易，可要进一步上升到物我和合的境界就有些"难为"了。从庖丁用刀的过程来看，刀法、刀工，表面看是"技"的层面，但实质上庖丁所好的是"道"，课文的养生之道只是一个方面，庖丁对外掌握牛的自然天性，对内顺应牛的构造而行事，内外结合，虚与委蛇，与道为一，从而抵达了巧夺天工的艺术效果，达到"心斋坐忘"的境界。这也是庄子从道性人生观反对机心机巧，将"修道"与"修艺"合二为一。回归到学生发展的角度，解读"道艺合一"的境界美有利于"修心"，有利于提升学生自我审美素养，对于未来错综复杂的社会、纷繁的事情，能够更加舒心地生存和发展。

二、《庖丁解牛》的教学启示

《庖丁解牛》的文章形式、内容与境界之美远远不止于此，教师把握其蕴含的审美意蕴能够影响着语文课堂教学的设计与实施，教师要合理利用《庖丁解牛》的美育特点，立足于语文学科核心素养的要点，教会学生学会建构个性化语言，用审美眼光去阅读，批判与创造，陶冶性情，滋养心灵。

（一）以文育美，揣摩语言之妙

《普通高中语文课程标准（2017年版）把语文学科核心素养分解为四个方

---

① 王建疆：《老庄审美境界的养成》，人民出版社2004年版，第2页。

面，并做了概括的解释（见表1）。

表1   语文学科核心素养内涵的解释

核 心 素 养	内 涵		
语言建构与运用	积累与语感	整合与语理	交流与语境
思维发展与提升	直觉与灵感	联想与想象 实证与推理	批判与发展
审美鉴赏与创造	体验与感悟	欣赏与评价	表现与创新
文化传承与理解	意识与态度	选择与继承 包容与借鉴	关注与参与

由表1可知，语文四大核心素养是以语言建构与运用为基础的，这也是语文学科独特的课程素养，因此语文审美教学脱离对语言的分析是不可取的。语文审美教学首先从揣摩中的"体会字词、句式与描写之妙"入手，积累与培养学生的语感。《庖丁解牛》侧重文言的阅读与教学，关键性的词句、精彩的动词、精确独到的副词等，在文中起着重要的作用，具有含蓄、深刻之美，能够给学生无限的遐想。教学切忌浅尝辄止，如《庖丁解牛》中写道："提刀而立，为之四顾，为之踌躇满志，善刀而藏之。"文中的"提"与"善"有一种力量与精神之美，要想把人物写活，动词必须用得好，否则就缺乏神韵和气质。"四顾""踌躇"，像婴儿行步摇晃的样子，四处环顾、盘桓徘徉，生命处于"无为"本真状态。除此之外，庄子还多用四言句式，如"手之所触，肩之所倚，足之所履，膝之所踦，砉然向然，奏刀騞然，莫不中音"，它富有音韵之美，句式对称，教师在语文教学中建立语境，指导学生反复诵读，交流自己的感受更能促进学生逻辑思维的发展阅读，进而培养学生健全的人格。

（二）以文载道，创设学习情境

文学和艺术是审美的专门化，审美是以文字为载体实现的。不可否认的是，阅读《庖丁解牛》首先给人带来的直觉是庖丁解牛的高超技艺。正如文中所说"嘻！善哉！技盖至此乎？"读者也为此赞叹不已。而当庖丁解牛的"技"让人感觉到出神入化的时候，进一步深化到"道生一、一生二、二生三，三生万物"系"反其真"之过程，"艺"的意蕴也就出现了。因而想要解读这篇课文，需建立学生对"道"和"艺"的理解。整个过程则需要教师创设教学情境，引导学生进行联想与想象，不断地推理和证明，如解牛的前奏，庖丁解牛后"提刀而立，为之四顾，为之踌躇满志"所述，表面似为叙述"由技进道"的过程，实则是对生命的审美形态得以瞬间彰显的描述，通过动作情境的创设，提高学生的审美批判与审美发展的能力。

统编高中语文教材项目化学习的任务驱动，使得创设情境成为任务始终关联的要素，而学习情境能否通过文字表象让学生形成内在的逻辑思维品质，关键在于如何引导学生去想？如庖丁对"解牛"过程的叙述，其思想内容为"'道技之辩'，修辞上，则表现为'重言'。庄子'重言'之思想逻辑，乃'以言止言'或'以辩止辩'，实质为思想话语上的'解牛'意即解除'名言'或'形名'"①。庖丁的言说表面上是一种"技"的叙事，但指向对象实则为"道"本身及其精神之运作，庖丁操刀的动作和声音，亦隐含天道运行之义。这些理解较难唤醒学生的审美意识，如果仅仅是激发学生的兴趣，无法达到审美情感的广度与深度，教师过多的讲解反而会对《庖丁解牛》的审美教学具有一定的打击和毁灭。因此课堂需以文本为依据，对比现实生活中的解牛场景，建构真实的语言运用情境，进行梳理与探究的活动，欣赏与评价学生的审美判断，唤醒、维持、深化学生的审美情感。

(三) 以文化人，滋养学生心灵

文本是作者思想的载体，它凝聚着作家的激情和思想，能让学生在学习的过程中有所感悟，提升人生品位，形成良好的品德修养。《庖丁解牛》这篇寓言故事承载着庄子的思想和品格，是有温度和力量的。单篇来看庖丁解牛之法，游刃有余、踌躇满志、善刀而藏、目无全牛、从心所欲、顺理而行，皆为"缘督"之法。牛作为一个物象，如同人间之事，如人生之惑，又如人间世本身，甚至如人的生命，错综复杂，彼此纠结；从《庄子·养生主》来看，庄子认为养生之主即

---

① 蔡林波：《以道解物：庄子"庖丁解牛"思想辨正》，载《四川大学学报（哲学社会科学版）》2021 年第 1 期。

在于养心，心灵的从容与虚静会使人之身体得以自如而保全。这就需要教师深挖教材，细致地把握文中思想教育的落脚点，构建起学生的身心健康、充满睿智、德才兼备的美好性情，使他们成为一个真正的人，获得"真"的启迪，"善"的感悟与"美"的儒化。

教师要以文化人为本位，在利用多媒体音乐图片这些感官刺激较强的教学手段的基础上，引导学生深入理解文本思想，站在审美价值立场上，发现事物的审美属性，欣赏到该事物的美或从该事物上创造出美的一种综合审美心理能力，创造出一种超越、艺术、情感、自由、人文关怀的眼光，从而达到深化教学的目的。

综上所述，庄子的《庖丁解牛》通过绘声绘色的语言，展现了自由创造的劳动美和完美"道艺合一"的境界美。然而，随着社会的进步与发展以及人的主体意识的凸显与多元，我们也应将"诗意的栖居"让给"现实的生存"。这对于今天的教师来说，通过以文育美、以文载道、以文化人的教学方法，帮助学生回归自我心灵与精神的呼应具有重要的现实意义。

基于任务驱动的名著专题探究

——以《西游记》导读为例

邓坤乾　潘　峰*

为弘扬经典，提高学生的人文素养，初中语文教材中设置了"名著导读"专栏，架起了课内阅读向课外阅读有效延伸的桥梁。笔者以部编版义务教育语文教科书七年级上册"名著导读——《西游记》"为例，以专题探究的方式，探索激发学生阅读兴趣，建构"名著导读"有效的教学策略与方法。

名著导读中"专题探究"专栏的设计突出任务驱动型阅读理念，符合阅读规律，基于真实的阅读需要，设计有挑战性的名著阅读任务，以任务驱动名著阅读，是名著阅读与名著阅读教学在推进真阅读、深度阅读方面首先要关注、研究并解决的问题。但是，名著阅读教学仍然是教材建设、教学实践的软肋，最有说服力的证据就是教材配套的教师用书，没有与"名著导读"相对应的教学建议、实例评析供参考，也没有资料供选择。因此，笔者结合本单元名著导读中的读书方法"精读与跳读"引导学生对《西游记》进行专题探究，利用专题探究推动名著导读教学，使名著阅读走向深入。

一、确定专题探究任务

名著导读"专题探究"环节是一项综合性学习的环节，学生在实施的过程中锻炼了口语交际能力，提高了整理分析材料的水平，逐步养成了自主思考的习惯，也为学生核心素养的发展奠定了良好基础。但是在教学实践中，这一环节通常都是被师生忽略的环节，教师为完成教学目标，不会花精力和时间去指导学生

---

* 作者简介：邓坤乾，女，黄冈师范学院文学院 2020 级硕士研究生；潘峰，男，黄冈师范学院文学院教授、硕士生导师，主要从事语言学研究。

开展一系列的活动，激发学生的探究欲望，学生缺乏老师的有效指导也不会主动去探究专题任务，对名著的解读只停留在表面上，没有更深层次的思考。因此要想改变这一教学现状，教师就必须重视"专题探究"环节，并指导学生有目的、有计划地阅读，并鼓励学生深入文本、细读文本，让名著导读教学由浅入深渐入佳境。

根据教材中名著导读——《西游记》中提供的三个专题探究任务，笔者进行筛选和整合，将专题探究任务一"取经故事会"细化为"取经路线图""质疑精彩情节"。保留专题探究二"话说唐僧师徒"，增加了一个专题探究四"比较影视版《西游记》和小说版《西游记》"。具体内容如下：

专题探究任务一：取经路线图

探究任务：根据小说内容，将唐僧师徒四人取经过程中途经的地点、事件以手绘的方式画出去西天取经的路线图。

专题探究任务二：质疑精彩情节

探究任务：取经过程中困难重重，每一次都能逢凶化吉，化险为夷，其中有一些精彩情节值得探讨，请同学们找出来并加以思考，也可在小组内展开热烈的讨论。

专题探究任务三：话说唐僧师徒

探究任务：唐僧师徒四人性格迥异，每个人都有自己性格上的优缺点，请选择其中一人引用故事或细节来印证人物的性格特征，表达出自己喜欢这个人物的理由，为其写个人小传。

专题探究任务四：比较影视版《西游记》和小说版《西游记》

探究任务：从师徒四人的形象、小说的主要情节内容等方面，比较影视版《西游记》和小说版《西游记》，在组内展开辩论，说说自己喜欢哪一个版本，为什么？

二、小组研讨探究活动

在专题探究任务开展过程中，教师的指引是非常重要的，教师有效开展专题探究活动可以从以下几个步骤开展实施：

(一) 分解专题，明确任务

这些专题探究活动的确定是教师参考课本上提出的三个专题探究任务并结合学生的意愿一起研究开发出来的，因此都是学生感兴趣愿意探究的专题任务。而教师不仅仅要传授阅读方法，还要与学生共读合作把专题探究任务分解开来，能让学生在短时间之内完成这些任务，在确保日常教学正常进行的同时，课外名著阅读的专题探究任务也能如期完成。

例如，可以将班级的学生划分为四个小组，以抽签的形式把这四个专题探究任务分配下去。学生按照阅读计划将《西游记》初读一遍之后，让小组学生根据分配的任务进行二次阅读。小组内部推选小组长，拟订任务计划，分解任务目标，给每一位小组成员分配目标任务，在教师的指导下，结合本章给出的阅读方法"精读与跳读"选择适合自己的阅读方式，进行针对性地圈点批注，然后再开展有计划的专题探究活动。

(二) 小组研讨，深入文本

名著导读专题探究课分为导读课、推进课和总结课。在整个专题课过程中，教师在导入课上要对小组研讨的专题进行具体的解释说明，同时要提出相应的要求，最重要的是激发学生研讨的兴趣，营造良好的研讨专题的氛围；在学生展开专题研讨的过程中，也要对学生研讨的进度和所遇到的问题，提供必要的帮助，从而让小组研讨顺利进行。在总结课上，教师还应在课前布置相关作业，在展示环节进行小组自评、个别学生点评和老师总评。

如，专题探究任务一：取经路线图。在《西游记》取经路线图专题探究中，有学生用图文并茂的形式把取经的地点和相关事件勾画出来，也有学生模仿地铁路线图样把取经途中途径的地点一一摘取下来，还有的学生以画地图的方法把取经路线描摹出来，总之手绘的取经路线图可以很好地展现取经路途遥远，师徒四人不畏艰辛，求取真经的决心。学生在绘制路线图的过程中落实到具体章节，准确地分析每个途经的地点和事件，也能进一步深入文本，分析小说的内容。

(三) 细读文本，敢于质疑

专题阅读就是围绕一个主题进行广泛而深入的阅读，既有阅读的广度，又有阅读的纵深推进，以达到阅读的博而专，广而精。在名著阅读过程中它具有开放性和探究性的特点，是提高名著阅读效率的有效途径。它不是"浅层次"阅读，也不是毫无章法地阅读，而是在教师的精心组织、安排下，以学生为主体，教师为帮助者、促进者，以学生阅读、讨论为主要形式的活动，具有很强的计划性和目的性。因此，围绕专题制订阅读计划，并根据阅读任务划定目标任务，开展有目的、有计划的阅读、探究，能大大提高学生的阅读效率。教师在学生深入文本过程中也要不断地鼓励学生敢于质疑，明辨是非，培养学生的辩证思维，提升学生的语文核心素养。

如：专题探究任务二：质疑精彩情节。学生在阅读《西游记》的过程中，会阅读到很多精彩的情节，如：三打白骨精、偷吃人参果等。比如在讨论"三打白骨精"这个精彩情节时，有一些学生认为批评唐僧迂腐，不辨是非；有一些学生则为唐僧说话，认为他肉眼凡胎，是无法甄别妖精的。小组成员在探讨这一精彩情节时，可展开辩论，说一说自己的观点是什么？可结合小说本身来说说自己的看法。学生在讨论中各抒己见，互相启发，对耳熟能详的故事有了更深的体验，推动了他们继续阅读的兴趣。

再如：专题探究任务三：话说唐僧师徒。学生在确定探究任务后，小组内部可以先规划分工，提出具体的任务要求，如：写一篇人物小传：要求概括介绍人物的身世、具体事迹，并说一说喜欢这个人物的原因，可结合具体事例谈一谈。形式可多样，可写成人物小传或做成手抄报等。通过小组组员之间的探讨，进行思维碰撞，每个人对于小说人物的看法也许会改变，学生在不断地讨论中其思维能力，语言表达能力都会得到提高。

（四）跨媒介阅读，解读文本

跨媒介阅读指由多种介质组合和交叉的阅读方式，它的核心要素是打破固有的阅读观念，倡导开放式阅读。语文核心素养也强调要发展与提升学生的思维，跨媒介阅读可以让学生从多种不同的研究角度，加深对文本的理解，训练学生解读文本的能力。

如：专题探究任务四：比较影视版《西游记》和小说版《西游记》。《西游记》是家喻户晓的四大名著之一，作为一部经典名著，光影视版就有 13 个版本，最经典的版本是 1986 年由杨洁指导的央视版《西游记》，这一版当中演员塑造的角色是否符合原著，故事情节是否尊重原著，各种特技特效是否再现了原著中所描绘的神魔世界等，这些都可以是学生讨论的焦点。教师在强调名著阅读的同时，还可以因势利导，让学生通过跨媒介阅读，比较影视版和小说版在人物塑造、故事情节、环境等方面有什么不同，鼓励学生大胆发表自己的看法。在教师的指导下，提高理解、辨析、评判不同媒介内容的能力，实现名著内容与学生生活相联系。

三、探究过程注意事项

在开展《西游记》专题探究任务的过程中，老师作为引导者，为充分调动学生的积极性，加强学生的参与感和成就感，也要注意以下几个方面：

（一）为学生创造合作探究的阅读空间

在《西游记》专题探究活动开展的过程中要为学生创造合作探究的阅读空间，毕竟课外阅读的主体是学生，教师过多的干涉只会适得其反，在阅读的过程中，让学生充分地自由地阅读，这样才能让学生心无旁骛沉下心来细读文本。

（二）给学生提供行之有效的阅读方法

名著的阅读在某种程度上是读者与书中人物进行对话的过程，更是读者一次精神上充分生长的过程。[1] 给学生创造自由的阅读空间的同时，教师也要提供行之有效的阅读方法和路径，除了本单元名著导读——《西游记》中提到的阅读方法——"精读与跳读"，教师还可以提供具体操作性强的阅读路径：阅读原著—选择专题—圈点批注—查找资料—阅读小结—创作作品—评价交流。教师重在指引方法，答疑解惑。最后的小组展示，教师也可以让小组作为主角，上台向同学们展示交流。教师在整个专题探究过程中，起到穿针引线的作用，虽不是主角，却是隐身的"导演""编剧""制作人"。

---

① 冯素梅：《部编初中语文名著导读教学策略》，载《语文天地》2020 年第 23 期。

（三）为学生构建自我展示的交流平台

《西游记》的阅读到了最后阶段，就是小组汇报，展示交流，各小组在组内先进行一轮选拔和评价，然后再在班级内部进行展示交流。学生从自主选题、自主研读到自主展示，带着任务和目的深入文本的过程中，也是学生与文本不断对话、思维不断膨胀的过程，最后的成果展示凝结了学生阅读心血，是非常重要的一环。因此，教师应该为学生提供这样的展示平台，搭建小组与小组之间，学生与学生之间展开自我展示和彼此交流的桥梁。学生也能在展示交流的过程中获得宝贵的评价和鼓励。

综上所述，笔者结合《西游记》中的专题探究环节，对专题探究任务的确定和如何开展专题探究任务进行了具体的分析和研究，这种任务驱动式的阅读方式旨在激发学生的阅读兴趣，教会学生阅读名著的一般方法。这些专题探究活动不仅仅适用于《西游记》，也可适用于其他课内名著或课外名著。名著导读通过专题探究活动，让学生主体性得到体现，参与感更强。学生在阅读过程中也可以通过反复阅读，获得更丰富、多元的知识和体验，只有注重过程探究、多角度探究、多元化探究，完成不同的专题探究任务，才能在过程中逐步提高学生的阅读能力，提升语文核心素养。

文本细读

《红烛》研读

乐思凝 等*

乐思凝：《红烛》这首诗写于 1923 年，一个充满着动荡冲突、矛盾和分裂，也到处燃烧着绝望怒火的年代。然而绝望的怒火中也盛开着希望和转机的曙光，虽然风云动荡，充满变革，但是却有着少年的锐气、青春的华彩。这个时代赋予了闻一多先生勇于献身拯救世人的梦想和力量。

解构，或译为"结构分解"，是后结构主义提出的一种批评方法，所谓意象解构就是将诗歌中的一个完整意象拆分成独立的部分来表达情感。闻一多在开头引用了诗人李商隐《无题》诗中的"蜡炬成灰泪始干"一句。《无题》是一首恋情诗，从头至尾都熔铸着痛苦失望又缠绵、执着的感情，诗的意象分成了"灰"与"泪"，而《红烛》中完整的意象"红烛"被拆分成了"光""红色""灰""泪"四个部分来写，两首诗所选取的意象有所相同，下面是我对红烛的"色""光"两部分的分析。一是颜色：

> 红烛啊！
> 这样红的烛！
> 诗人啊！
> 吐出你的心来比比，
> 可是一般颜色？

蜡烛的颜色是红色，可以由红烛的红色联想到红心的红，红心则一般而言是赤诚、热烈之心，那么写红烛的颜色的用意就可得知了，红烛也是这般热烈、赤

---

* 作者简介：本文作者系"东坡国学良师班"学生。

诚，这一小节是为歌咏红的本色而写。诗人把"红烛"和诗人区别开来，没有把自我直接投入令人欣羡的红烛中去，也没有将红烛完全视为一样物品。自我与红烛取着一种若即若离的关系，诗人是诗人，红烛归红烛，这是其"离"；但又要吐出心来比一比，这是寻找两者间的精神联系，是认同的努力，故又可谓是"即"，这一离一即，奠定了全诗的基本情感方式及文化品格。

二是"光"：

是谁制的蜡——给你躯体？
是谁点的火——点着灵魂？
为何更须烧蜡成灰，
然后才放光出？

对于红烛的自焚，诗人显然困惑不解："为何更须烧蜡成灰，然后才放光出？"就一个受到现代文明熏陶的现代人而言，产生这样的困惑丝毫也不足为奇：自我的价值为什么一定要在自我毁灭中去实现呢？个体的独立意义究竟在哪里？闻一多在思考中认可了蜡炬自焚的"现实"原是要"烧"出你的光来——这又属于闻一多式的现代认同方式，他明白这是红烛的使命，使命与责任感让他/她无畏牺牲自己，诗中也对红烛的使命做出了明示：

烧罢！烧罢！
烧破世人的梦，
烧沸世人的血——
也救出他们的灵魂，
也捣破他们的监狱！

燃烧的"红烛"不再是单纯的自我奉献的象征，也不单是有情人的幽长的情愫，它是力量、是英雄、是时代的呐喊，让民众从那个麻痹中国人的梦中醒过来，点燃人们的热血，给人们带来希望，将人们从帝国主义、封建主义的控制之中解救出来。

三是"灰"与"泪"：

红烛的意象还有两个部分，即"灰"与"泪"两个意象，我将它们同李商隐诗歌中的两个相同的意象对比分析，同"五四"时代的其他一些诗人比较，闻一多显然对中国传统诗学的感情更为深厚，在接受西方诗学营养的同时，他未曾放弃过对中国古典诗歌艺术的研习和摹写。唐代著名诗人李商隐的作品是最能引起闻一多兴趣的中国古典诗歌之一，其传世名句"蜡炬成灰泪始干"当然亦是烂熟于心的，就这样，"红烛"作为中国文人的理想、中国文人追求的象征，就被现代诗人闻一多理所当然地接受了。当他为自己第一个诗集题名作结时，"红烛"也就首先清晰地浮现出来，这就是《红烛》诗集的取名及《红烛》序诗的缘起。

我们可以将李诗中的"蜡炬成灰"理解成因受相思之苦而倍加摧残的躯体，是为情所困，为了爱情不顾一切。而闻一多这首诗中红烛"烧蜡成灰"，象征意义是孕育"花果"的脂膏，即使需要牺牲自己，也要化作"春泥"。诗人在红烛身上找到了生活方向：实干、探索，坚毅地为自己的理想努力，"培出慰藉的花儿，结成快乐的果子"，就是红烛奉献的价值。

李诗中的泪是相思成疾，不得相见之泪，自己为不能相聚而痛苦，无尽无休，仿佛是蜡烛的泪直到蜡烛烧成了灰方始流尽一样，这是情泪。

红烛一诗中有这样一句："是残风来侵你的光芒，你烧得不稳时，才着急得流泪！"可以看出红烛流的泪是为国家、为社会、为人民忧心。自己受到了"残风"，也就是帝国主义、封建主义等一帮恶势力的侵害，就如同红烛的燃烧受到风的阻挠，但是它流着泪也要燃烧。那泪，是红烛的心在着急，为不能最快实现自己的理想而着急。

最后，从诗歌的总体来看，其在《红烛》诗中，我们就可以感受到作者强烈的献身精神。诗人选择具有民族特色的红烛作为题咏的对象，"红"在这首诗中，作者赋予了它以新的含义。诗人借红烛来象征自己的一颗心。而他的这颗心，就是要燃烧着，不惜牺牲自己，也要为人类、为世界创造光明。

汪韫琦：诗歌的特点是抒发情感，我们不仅应注意作者是运用意象去抒发情感，还要注意意脉，也就是作者情感的变化。但我认为仅仅看出《红烛》属于诗歌是不够的。事实上，《红烛》是属于诗歌中的咏物诗。咏物诗最大的特点是托物言志，或者借物抒情，作者往往融情于物、咏物诗的标题往往是所咏叹之物，比如虞世南的《咏蝉》或贺知章的《咏柳》。从标题来看，"红烛"就是诗人所咏叹之物，"红烛"也就是"火红的蜡烛"。标题的表面含义是写"火红的蜡烛"，深层的含义是描写具备"红烛精神"的自己，写"红烛"就是写自己。

其中第八节，"灰心流泪你的果，创造光明你的因"。之前老师教我们这里的"因"是"因为"的含义，其实我认为这样的理解是不符合语境的。"因为你创造光明，所以你灰心流泪"，两者之间并不构成因果关系。其实这里的"因"是"动因"的含义。"动因"就是动机，也就是做某种事情希望达到的目的。基于自己的不完全正确的解读，这句诗应该理解为"给世界创造光明是你的目的，灰心流泪却是你的结果"。诗人先说结果，强调红烛的伟大。红烛是因为高尚的目的去燃烧自己，却得到了灰心流泪的结果。可是，即使是这样，红烛依然燃烧自己，比喻诗人牺牲自我的精神，是诗人"明知不可为而为之"的担当。

严静瑶：说起闻一多，我能想起他是武汉大学文学院第一任院长，也能想起他提出了诗歌的三美：音乐美、绘画美与建筑美。那么说起他的诗歌呢，我最喜欢的还是《死水》了，虽然今天主要讲的是《红烛》，但是我想把这两篇放在一起来讲一讲。

写《死水》时期的闻一多，也就是1926年，要友人别提《红烛》，说"已经把这个不成器的儿子过继出去了"，这句话蛮有意思也蛮有深意，其实能反映出他对自我意识演变的评价。那么在写《红烛》的时候他到底是个什么样的人呢？他出生在书香门第，之后考到清华大学，广泛接触西方文化，还赴美留学了。虽然经历过五四运动，但是基本上生活在书斋和欧化的学校，涉世不深，阅历也不广。我们都知道，没有经历一般难以写出十分有分量的诗句。这个时候远在异乡的闻一多，写的诗歌带有浓厚的浪漫主义色彩，《红烛》里大量抒情的感叹词、诗歌的节奏急促紧迫，形式前后照应且能凸显他所倡导的中国新诗的主张。整首诗的氛围就跟"红烛"一样热烈，袒露着他的炽热之心。"红烛啊！不误！不误！原是要烧出你的光来，这正是自然的方法。"通过咏红烛这个物，将自己与其类比，是他对祖国的忠贞对人民的热爱，只要燃烧奉献了自己，就能拯救祖国解救世人的美好而又浪漫的向往。那么几年后，闻一多一改热烈抒情的调子，《死水》里的情感被狠狠抑制，从热情的浪漫主义转变为理智的现实主义。为什么呢？"那么一沟绝望的死水，也就夸得上几分鲜明。"似乎能想象出是一名面无表情的人却在咬牙切齿——狠狠讽刺他满怀希望重新归来却见到的在军阀统治下黑暗腐败满目疮痍的旧中国。"破铜烂铁、霉菌、一沟绿酒、白沫"一连串的令人作呕的意象是对封建军阀的诅咒，对人民苦难的热切关注，满腔的哀思和忧愁。郭伟老师在前几节课也讲过，波德莱尔的《恶之花》《荒原》对《死水》对影响很大，同样都是因为有希望才有失望，所以才在笔尖倾注满腔的愤懑和忧郁。相比《红烛》，《死水》更是爱与憎的交织，绝望和希望的交织，是对丑恶社会的艺术写照，心头激荡着强烈的爱国情怀，但是自己却思想迷茫、无奈，不知应如何行动。闻一多和波德莱尔一样用丑的眼光去观察客观世界，揭示它原有的本质，尖锐地暴露它，这种化丑为美的理念是我非常喜欢的。

侯可：从诗歌特质和美学追求上《死水》比《红烛》多些什么？一是多了理智的驱遣。在艺术创作中，情与理不可能两相游离。朱自清认为闻一多在《死水》时期"更为严谨……理智的控制比情感的驱遣多些"。二是冷静的观照，写《死水》时期，闻一多反对那种"诗不是'做'出来的，只是'写'出来的灵感诗论"，并将它称为"感伤主义"和"伪浪漫主义"。在《死水》出版后，他自述"自己作诗""往往不成于初得某种感触之时，而成于感初已过，历时数日，甚或数月之后"，创作的心理状态是自省型的。三是形式的约束，《红烛》虽注意到了节奏的和谐，但依旧是自由诗体，《死水》则是新格律的诗歌，形式整饬、具有音乐美、建筑美、绘画美。

陈歆怡：唐代诗人白居易在《与元九书》中指出："诗者，根情，苗言，华声，实义。"情感是根，语言是苗，声韵是花，思想情感是果实，简单来说，白居易认为情感是诗歌的关键部分。回看本诗开篇借用李商隐的诗句作为本诗的引子，与原诗所形容的坚贞不渝的爱情不同，闻一多结合当时的时代背景，赋予了本句新的情感，即托红烛表达坚定不移的理想信念。而引子具有提纲挈领的作用，让整首诗的情感有了统摄，同时也是为诗歌情感展开做铺垫，如果没有引句，而是直接切入"红烛啊！这样红的烛！"虽直接但是读者读起来未免有些"劈头盖脸"。所以借助引句，突出"红烛"这一意象不仅使得作者的情感自然而然地呈现，也让情感显得不生硬突兀，有了缓冲。

本诗一共八个小节，第一节以强烈的情感赞美红烛之红，顺势叩问诗人的心可是红烛般的颜色，三个感叹号展现出急于表露自己的心声，而暗含其间的答案是：我的心可正像这红烛一样有着这样红的颜色！这是诗人的赤子之心。一个"吐"字，生动形象，将诗人的赤诚表现得一览无余。第二至三节中，作者提出"是谁制的蜡——给你躯体？""是谁点的火——点着灵魂？""为何更须烧蜡成灰，然后才放光出？"连续抛出三个问题引发读者思考，再用"矛盾！冲突！""不误，不误！"三个感叹句进行回答。在这两节中，作者的情感态度由一开始疑惑，红烛为什么要自我燃烧，转变为寻找到红烛自我燃烧的崇高理由。

同时，第三节的最后一句，即"这正是自然的方法"，有力地论证了红烛燃烧发出光的合理性与必然性。结合当时"五四运动"落潮和整个社会处于半殖民地半封建的情况来看，诗中询问点燃红烛的"谁"，可能不单单指诗人自身，还可能指在当时背景下觉醒的有志青年。同样，当时的作者虽找不到能够通向光明的救世之路，但诗人心中的烈火从未熄灭，诗人对于自己的奋斗经历也是坚定不悔的。

在第四节中，通过"烧破世人的梦，烧沸世人的血——也救出他们的灵魂，也捣破他们的监狱！"等诗句，可以看出，作者已经不再聚焦于是谁点燃了红烛，而是聚焦于红烛燃烧的过程与结果。这表明，诗人想要借助红烛的光与热，去击破世人的麻木无知！想要借助红烛的力量，去捣碎囚禁着世人思想和灵魂的封建文化与礼教。此时，诗人的内心如同炽热的红烛一般，甘愿为创造光明、改变世界而牺牲自己。因此，在这一节当中的"红烛"是力量的化身，是时代的呐喊，也是时代先驱的真实写照。第五至七节，是诗人情感的转折。第五节原文提及"你心火发光之期，正是泪流开始之日"，这起着承上启下的作用。这也是当时"五四运动"时期，先进青年的典型心态，诗人继续深入思考红烛的价值。在第六节中，提及"匠人造了你，原是为烧的"这句表明红烛本身的职责是燃烧自己照亮他人，这赋予"红烛"崇高的悲剧意蕴。紧接着，作者采取自问自答的形式，先是对于红烛流泪提出质疑，再回答出造成红烛流泪的原因是维护旧礼教的势力侵蚀了它的光芒。同样，该节中提及红烛因烧得不稳而着急流泪的状态，是将红烛拟人化，把"红烛"燃烧自己照亮社会的牺牲奉献精神体现得淋漓尽致。在第七节中，诗人将红烛燃烧留下的泪替换成"脂膏"，并写道脂膏使得人间开出花、结出果。这体现出诗人的心情是喜悦的、是欢快的。这三节，作者采用欲扬先抑的手法，将对红烛流泪的怜悯转化为对红烛牺牲奉献精神的共鸣。第八至九节，是诗人情感的另一次转折。此时诗人再度思考，红烛流尽自己的泪，对于它自身又意味着什么呢？诗人给出的答案是"灰心流泪你的果，创造光明你的因"。这句的因果关系不同寻常。作者将因置于后边，来突出强调红烛试图以肉体的消亡来改变黑暗的世界和创造光明的作用，但诗人又清醒地意识到，红烛的悲剧性结局是不能避免的。情感一下又处于难以言喻的低沉之中，但诗歌并没有就此结尾，受到新时代"五四"精神影响的闻一多先生，再次发出了"莫问收获，但问耕松"的宣言。这表明，作者虽然没有把握一定能战胜黑暗，但却决意将阻碍"红烛"奉献的各种"灰心"毅然地抛诸脑后，甘愿为家国而牺牲、甘愿在理想与幻灭并存的大地上无怨无悔地耕耘，从而使得该诗结尾处的情感呈现出昂扬向上的积极状态。

诗中"情感"的抑扬顿挫先后经历了七次变化，先是由最开始点出红烛这一意象到对红烛的赞美、对红烛燃烧的困惑、找到红烛燃烧的崇高理由、伤感红烛的燃烧、疑惑红烛的流泪、安慰流泪的红烛再到最后引用"莫问收获，但问耕耘"来使情感归于冷静并使得诗歌首尾相互照应。由此看出，该诗的"情感"经历了四扬三抑，使得诗歌情感虽富于变化，但又毫不杂乱。

王家琳：《红烛》是闻一多的第一部诗作，诗作的核心意象也就是诗歌的标题，红烛具有深意。诗作开头化用诗句"蜡炬成灰泪始干"作为引子，把红烛形象和大家所熟悉的意象相结合，促进读者进一步了解红烛背后的深意。红烛一般带有喜庆热情的意思，也有红色赤诚之意。"烛"这一普通物象成为诗歌描写对象后，经历代积淀，已被赋予特定的含义。仅就"红烛"这一意象来看，就有普遍意义。而闻一多笔下的红烛，你的心如此赤诚，可有勇气吐露你的真心，这个"吐"字形象生动地展现了诗人的献身精神和勇气。宋词的红烛多半与缠绵柔情、追忆往事、甜蜜温馨有关。但是蜡炬成灰泪始干，多么热情炽热的红烛却燃烧自己，红烛不仅仅是一个意象，意象之后则是诗人强烈情感的抒发，就这样一个正面形象，红烛燃烧自己的根，化作灰烬的泪，突出了诗人对为了真理和国家进步理想英勇献身的先觉者和殉道者的赞美，也是闻一多的红色革命赤诚之心的淋漓尽致的写照。红烛不仅仅是代表那个革命战火喧嚣的年代，红烛精神之所以一代代传承，也是因为其核心意象已经被打上了时代的烙印，你看或不看，红烛精神就在那里，这是我们每个人内心的红烛，点亮我们内心的火炬和灯火，照亮我们前进多舛的道路，用一种大无畏的牺牲精神去战斗到底，用红烛之无私奉献去燃烧自己，照亮未来。人人都可当红烛，人人都会是红烛，有革命就会有牺牲，有进步就得有奉献。

杨懿田：创作《红烛》时，闻一多已在美国生活了一年。西方文化无处不在的强烈自我意识，势必会在一定程度上摇动闻一多从启蒙之初便开始接受的中华儒家文化思想，令其不得不站在东西方文化交融的时代背景下审视个体生命的存在价值。但闻一多灵魂深处激荡其一生的，始终是传统文人的家国情怀。此种由童年时期植入生命的元认知，决定了他纵使接受了十多年的新式教育的洗礼、经历了近八年的新文化思想启蒙，但也只是将其由祖辈处传承的功业意识剥离出主导思想，并未削减其"以天下为己任"的社会担当。故而，当闻一多将多年来的诗歌汇编成集时，其情感依旧倾向于古典主义的舍生取义，致力于颂扬"莫问收获，但问耕耘"的彻底奉献精神。

闻一多并不否认社会的黑暗和国民的愚昧，也并不隐藏自身对社会的失望甚至绝望，但绝不因此而放弃了自身的努力。此时的闻一多，或许是一位社会改良主义者，只想着尽最大的力、发最强的光，在层层暗夜中获取灵魂的安宁。

红烛烧蜡成灰，为创造光明而彻底牺牲自我；红烛伤心落泪，为创造光明而忍受各种苦痛；红烛以"莫问收获，但问耕耘"的价值诉求，追寻将个体无私奉献于并不美好的时代的决心……红烛的这些品质，代表的是诗人内心中秉持的价值观念。在 20 世纪 20 年代初的社会大变革中，诗人怀揣赤诚的爱国爱民之心，希望通过自身的奉献而唤醒世人沉睡的灵魂，为世界带来"慰藉的花儿"和"快乐的果子"。可以说，"红烛"就是诗人光辉人格的写照。

邱雨乐：作者闻一多以李商隐的诗句"蜡炬成灰泪始干"作为引子统摄全篇，是诗歌的主题和中心所在。全诗似是诗人用现代体对之进行的注解演绎，实际上是依托中国古典文学的互文艺术。在《无题》诗中李商隐缠绵悱恻地表达了无限相思意，"蜡炬成灰"一句表达了彼此忠贞不渝、海誓山盟，是坚贞爱情的写照，但由于时代背景和诗人的创作心态不同，闻一多选取了新的意象，并赋予其新的思想情感，即托红烛言牺牲自我的高尚品格，表达的是对理想信念无比忠贞的坚守和歌颂。

引子具有提纲挈领的作用，让诗人的情感有了统摄，全诗正是以此为中心，同时也是情感即将展开的提示，起到了铺垫、烘托、暗示的作用。如果无此句引诗，开头就是"红烛啊！/这样红的烛！/诗人啊！/吐出你的心来比比，/可是这一般颜色？"虽开门见山、热烈直接，却无疑来得生硬突兀，在阅读效果上显得"劈头盖脸"，有了引句，不仅点明诗歌言说的对象，引出诗歌的主旨，更让诗人的情感有了缓冲，不至于突然出现陡峭之感，这有点像《诗经》里的"兴"的手法，"兴者，先言他物以引起所咏之辞也"。只不过这里不是先言"他物"，而是言同一物（蜡烛）以引起所咏之辞。古典诗词多有烘托，先是写景然后抒情，有"上片写景下片抒情"的模式，因铺垫而显委婉隽永。

《红烛》引李商隐诗句不仅是因为这句诗概括了全诗的主旨，点出了蜡烛甘愿自我牺牲直至生命终止的高尚人格，更是安排内在情感结构的需要。"蜡炬"被分解为"灰"与"泪"两个部分；"红烛"被分解为"色""灰""泪""光"四个部分。其中，"灰"和"泪"是指蜡烛与红烛共有的，"色"和"光"是红烛独有的，而蜡炬是没有的。

"蜡烛"与"红烛"的象征意义不同："蜡烛"的"灰"象征着因不能承受的相思之苦而逐渐残损、衰亡的躯体；"红烛"的"灰"象征着为了拯救世人，而主动自我牺牲后还能培育花果的脂膏，"蜡炬"的"泪"象征着相思的悲伤之情；"红烛"的"泪"象征着牺牲自我，拯救别人的理想信念。"蜡烛"象征着因不能承受相思之苦而陷入悲伤无法自拔的忠贞；"红烛"象征着为了拯救世人而主动牺牲自我的理想人格化身。诗人先验地知道并接受了"蜡炬成灰泪始干"的事实，在心底生出赞叹、困惑、怜悯、认可和歌颂，而不是诗人在红烛下看着摇曳的烛光慢慢悟出红烛的精神，继而托物言志、引为知音，而是诗人无比清楚理性地明白自己的献身事业，对红烛生出的一系列的感情变化，实则都是诗人的自我对话，是在反思自身的倾心交流，诗人的志向得以一步步抒发，更加坚定不移地忠于自己的理想去献身世人，由此，情感得以建构。引用李商隐的诗句还取得了客观上的另一种效果，即与全诗结尾所引"莫问收获，但问耕耘"形成呼应，以引用起，以引用终，让诗歌首尾照应、丰润圆满，加上中间部分的赞叹、困惑、疑问等情感，全诗体现出一种起承转合的美，诗歌经由"蜡炬成灰泪始干"到"莫问耕耘，但问收获"，中间也有困惑不解，认为红烛是耽误了自身，但最后仍归于继续燃烧，是诗人自己对理想的短暂徘徊和疑问，但诗人没有丧失信念，他很快认识到燃烧是为了照亮世人，继而安慰鼓励红烛，这也是诗人的自我激励和家国情怀，由此更可见诗人的高尚和伟大。

李沛儒：奚密在《现代汉诗的环形结构》一文中指出以闻一多、徐志摩为首的新月派诗人倡导新的形式。闻一多从三个方面来区分传统诗与现代诗：传统诗有固定的形式，该形式与内容无关；而现代诗可以自由地创造形式。闻一多宣称："越有魄力的作家，越是要戴着脚镣跳舞才跳得痛快，跳得好。只有不会跳舞的才怪脚镣碍事，只有不会作诗的才感觉到格律的束缚。"闻一多的解释是，诗不仅体现于音乐和绘画的美，还体现建筑之美，最后一点显然是指诗的形式。我认为红烛一诗就体现了这种环形结构。

文中作者多次以"红烛啊""红烛啊"开头，发表感慨，建构文章。全文也由它起而又由它终，回环往复，曲折道来，在步步推进中鞭辟入里地阐述了红烛的意象，用同样的开头和结尾为诗主题的发展提供了一个明确的空间，建立了一种空间结构感和诗的整体性；内容重复也暗示自我赓续或循环环形结构有助于某些封闭的精神状态的描写，让压抑的情绪喷薄而出，让结构成为主题的一部分，体现主题，由具体内容可知，我认为本文的主题是家国情怀以及国人人格中轻生赴义、解国危悬的自我牺牲精神。然而，闻一多并不把自我牺牲的死看作红烛的燃尽，而是看成转生，看成另一种价值的实现，成为一种精神上的凤凰涅槃与升华，如红烛一般，既已烧出光、流出泪，却又要"请将你的脂膏，不息地流向人间，培出慰藉的花儿，结成快乐的果子!"说明一人只有牺牲自我、浴火重生才能获得最为纯美的理想，只有从里到外的全新改变才能升华自我超越自我，获得实现生命的最大自由和独立于黑暗现实的高洁人格。

周静娴：众所周知，闻一多是著名的诗人、学者、民主斗士。就《红烛》而言，我主要想对其背景与精神谈谈想法。

闻一多赴美学成归来，在看到了军阀混战及百姓疾苦的黑暗社会情况背景后，激情创作了这篇著名的爱国诗歌——《红烛》。闻一多接受美国文化熏陶后势必会动摇其根深蒂固的中华传统儒家文化思想，令其不得不站在东西方文化交融的时代背景下审视个体生命的存在价值，审视爱国情怀的价值。但闻一多灵魂深处激荡其一生的，始终是传统文人的家国情怀。此种由童年时期植入生命的元认知，决定了他纵使接受了十多年的新式教育的洗礼、经历了近八年的新文化思想启蒙，但也只是将其由祖辈处传承的功业意识剥离出主导思想，并未削减其"以天下为己任"的社会担当。所以，当闻一多将多年来的诗歌汇编成集时，其情感依旧倾向于古典主义的舍生取义，致力于颂扬"莫问收获，但问耕耘"的彻底奉献精神。正是这种奉献精神，使得红烛的精神内涵更上一层楼。

在这篇诗歌中，诗人用设问手法，自问自答，生动地表现了一个思考觉悟的过程。前后两种截然相反的回答，表明了诗人的醒悟，同时也更有力地表现了红烛精神的可贵精神。诗人把蜡比作躯体，把火比作灵魂，躯体和灵魂当然应该是互相依存的。但诗人最终彻悟了，对先前的认识进行了彻底的自我否定，并非"一误再误"，他理解了红烛，由衷地赞美红烛的奉献精神。诗人借着红烛的形象激励自己，表达自己的信念和心愿。我们分明感受到，诗人爱国的赤诚之心是与祖国人民的命运紧密联系在一起的。

姚冰：全诗共9节，分别围绕"红""光""烧""泪""流""灰""果""因"等关键词而展开，既绘红烛之形色，又塑红烛之灵魂。

首节倾诉赤子对国家与时代的无比真挚的热爱之情。第二、三节扣住"光"与"烧"展开。写红烛之光时，用三个问句引发读者的思考，以"这正是自然的方法"作结，强化因燃烧而发光的必然性与合理性。"点着灵魂"的"谁"是诗意的着力点，其既可以是诗人自身，也可以是时代和社会，更可以是新文化的时代潮流和觉醒中的青春生命的结合体。第四节继续写"烧"，视角转向"烧"的对象与结果，虚实结合描绘世人对社会的非理性认知，呈现世人普遍性的冷血；本节中的"红烛"具备照彻昏暗、唤醒麻木的先驱者特征，他们为了灵魂的救赎而心甘情愿地拆下自己的肋骨当火把。第五至七节转折，由奉献、牺牲的浪漫与豪迈，转向行为价值的终极追思。"匠人造了你，原是为烧的"，既赋予了红烛以牺牲的崇高与悲壮，又强化了红烛与生俱来的悲剧性角色定位；而"是残风来侵你的光芒，你烧得不稳时，才着急得流泪！"则又将"流泪"翻出了新意，凸显出红烛渴望更完美地燃烧的彻底奉献精神。第七节以"脂膏"代替了"泪"，直接点明烛泪对于人间的营养价值，使原本抽象的奉献与牺牲拥有了实体，但我个人不喜欢这段。第八至九节的转折关键在于"灰心"。从红烛的主观意愿出发，其所有的付出并不希望带来自身的任何回报，但它渴望用自己的一腔热血肥沃中华的土地，为了这样的愿望，它竭尽全力地燃烧，努力发出最大的光亮，最终产生"流一滴泪，灰一分心"的悲凉结局。

在当时特殊的时代背景下，闻一多借助"红烛"这一意象传达出面对厚重现实的无可奈何，以及直面惨淡人生和淋漓鲜血的勇气。

孙畅婉：提到闻一多先生，便不得不提其在《诗的格律》中的重要新诗主张——"诗的实力不独包括音乐的美（音节）、绘画的美（辞藻），并且还有建筑的美（节的匀称和句的均齐）。"也便是我们如今耳熟能详的"三美"。《红烛》一诗作为闻一多先生的代表作，我认为其"绘画美"的特点是极为突出的，因此我接下来便从这一角度浅析此诗。

首先还是要从闻一多先生谈起，他不仅是位诗人，更是一位艺术家，经查阅资料，我了解到他曾在美国研习三年绘画，在美术、戏剧、书法等方面都有相当高的造诣。大抵受此影响，他的诗作中往往有着大量的色彩，而这些色彩中又以早期的红色意象与晚期的黑色意象最为突出。《红烛》一诗中最主要的意象——红烛，便是其作品中最典型核心的红色意象。从色彩情感理论中我们可以得知，颜色是可以表达情感的，红色是一种鲜明的暖色调，这一意象本身给人积极、跃动、温暖的感觉。诚如日本滝本孝雄先生所言"红色使人情感兴奋"，红色象征着"喜悦、热情、爱情、革命、热心、活泼、诚心"等情感与品质。本诗名为红烛，分为八节，每节也都以"红烛啊！"为开头，使人初读便深深感受到红烛的生命力与赤诚之心。而红烛的特别之处更在于，它不点燃时固然是有些暗淡的，是会隐于黑夜的，然而一旦点燃后，它便以燃烧躯体为代价点燃了光，这光便使它的红格外夺目。唯有燃烧躯体成为灰烬才能换来更耀眼的光，这也就是先生在诗歌中所书的"矛盾！冲突！"然而诗人很快又写"不误，不误！""这正是自然的方法。"因为只有这样照亮黑暗，才是红烛的生命价值。

这其中有两处矛盾冲突。一是其中暗含的红与黑的冲突。诗歌虽未写到"黑"，然而却在不言中让我们感受到黑的存在。若是世间已遍布光明，那红烛的光又何以照得其这样红呢？正是因为有黑暗的存在，红烛才这般燃烧出红色来。诗中也提到要"捣破他们的监狱"，可见黑暗尚存。而红与黑的激烈对撞，则让我们仿佛看见了革命人士与社会压迫，或纯洁诗人与禁锢人们精神的枷锁等正义与非正义的剧烈冲突与斗争，让整首诗歌充满张力。二是红烛要燃烧红色的躯体成为灰烬，才能换来精神上的光明，这是灵与肉的冲突。我们也是从降生之日起就开始走向死亡，物质上无可避免地要走向毁灭，我们也应如红烛般，在有限的生命燃烧的时间里，创造出伟大的精神财富，才算是无愧于人生。"灰心流泪你的果，创造光明你的因。"理想中的充实人生正应如此。

李欣瑶：初读这首诗，我感受到的是诗人澎湃的感情，这首诗的感情要比诗人的另一首诗《死水》更为激烈。诗人以红烛来自比，先是说明了他的心具有红烛一般的颜色，颜色奠定了文章的基调。诗人写了第一个矛盾，那就是烧蜡成灰才能放光而出的矛盾与冲突，红烛要放光就必然一定要烧掉自己的躯体，世人从这燃烧当中看到的是一种强烈的奉献精神。诗人想要以烛光来打破世人的桎梏，解救世人的灵魂，正如同他自己一般，即便是身死，只要能够照亮世人的灵魂，他便甘愿献出生命。红烛的奉献无疑是惨烈的，但是在这份惨烈当中，我分明窥见了一个伟大的灵魂。在那样的时代下，他作为一个耕耘者，燃尽自己，在所不惜。红烛与诗人的精神相融，从而达到了物我两融的境界。

闻一多的"三美"主张，在这首诗当中体现得淋漓尽致。是以每段开头的"红烛啊"，开始抒情，一段段相递进，情感也在不断地加深，直到最后一句，猛然结束，给人以深思。诗人在诗中多用感叹号，尽情地抒发自己的感情，这种抒发，近乎一种宣泄，他对现实的不满和急迫，对强烈想要改变现实的渴望，在一声声的"红烛啊"当中迸发。他用最真诚的问答形式，将自己的情寄托于红烛，红烛的红色，不正是他赤诚的心的红色吗？那样的勇气和赤诚，一览无余。

金文：《红烛》采用问答的形式展开抒发感情，其思想情感有着超乎时代的意义，用不同的意象和环境展示了时代青年蓬勃的爱国情感与力量，表达了作者对生命意义的独特感悟。

诗歌充满激情，气势逼人，通过文字仿佛可以看到青年时代闻一多义无反顾冲破束缚、献身祖国的身影，在《红烛》中青春力量是贯穿始终的。《红烛》写于作者留美期间，并且是在"五四运动"之后，在很大程度上受到西方民主思潮和"五四运动"精神的影响和鼓舞，红烛的形象象征着自我牺牲精神，彰显了"五四运动"以及新文化运动时期青年奋起反抗旧世界，追求新时代的决心与大义。"红"既是一种色彩，也是一种赤诚的精神品格的象征，红烛一般的青年，不仅是一个时代先进人士的体现，也是作者自我的一种理想人格，是对自己的要求，"吐出你的心来比比，可是一般颜色？"在社会黑暗腐朽的年代，如作者自身这般青年人都怀揣着一颗赤子之心，为了国家民族存亡前仆后继，在这个时候红烛所代表的已经不仅仅青年人的青春奔赴，更代表着一个腐朽国家、一个败落民族在有志人士的努力下焕发出青春活力。

青春不仅意味着青年怀揣着激情与梦想，更意味着青年身上担负的责任与使命。作者在文中提出"红烛为何要牺牲自己的躯体，才能发出光芒？"这里是闻一多青春时期的一大困惑，在经过不断思考后，找到了青春的价值，在最美好火热的年华，像红烛一样燃烧自己，救出千千万万个在黑暗封闭社会麻木的灵魂。在诗中还有一个"脂膏"的意象意义非凡，它可以"培出慰藉的花儿，结成快乐的果子！"这说明青年的努力会有结果，哪怕没有十足把握反抗成功，仍旧无畏向前，冲破束缚，腐朽的社会终会出现新生的力量。这种新生力量是生命活力的体现，全诗贯穿着对燃烧的红烛生死意义的追问与思考，红烛的一生在燃烧过程中是悲惨痛苦的，但是它的一生也光芒万丈。作者创作这首诗时，整个社会被黑暗势力笼罩，作者作为觉醒的爱国青年，他的一生不会是平坦顺遂的，他追求的是更高层面的生命价值。爱国青年就如红烛一般虽然遍体伤痕，但是生命是永恒的，心甘情愿地为国家民族大义燃烧自我、创造光明；同时，他们敢爱敢恨、追求真理的崇高精神会不断延续，不断为国家的发展、民族的进步做出贡献。他们在炽热而猛烈的烛火中涅槃重生，是明亮温暖的青春力量，有着永恒无界限的生命意义。

蒋妍婧：烛意象是中国传统诗歌的经典意象之一，烛以其光明、温暖的外部特征成为诗人广泛歌咏的对象，也因其充满悲剧色彩的内蕴成为丰富情感的载体。烛意象被确定为中国诗歌创作中的一种经典意象，常与孤独之思、客中之愁、人间之乐相联系，不单是表达了孤独、别恨，更是对生活的热爱，对理想信念的坚持，对美的执着追求。李商隐在《无题》中就用烛表现爱情，而闻一多在《红烛》中则赋予了烛不一样的色彩与意义。相比于古典诗词中，烛的意象映鉴着人世间的真挚友情与感人爱情，《红烛》对烛的情感诠释有了本质提升，不再拘泥于个人之间小情小爱，而是升华到爱国情操这样的"大情感"。

首先，从颜色上看，不同颜色的烛也有着不同的含义。红色代表热烈和喜庆，银白色象征冷清和哀怨，而诗中的红烛或银烛通常能够奠定全诗的情感基调。《红烛》直接以红烛为标题，全诗9次咏叹"红烛啊"，纵观全篇，歌咏的对象唯有红烛，"这样红的烛"！在这徘徊咏唱中，我们感受到诗人内心中无比强烈的情感，但奇怪的是，即使在这满目的红烛中，我们却连一丁点喜庆之意都感受不到。可见，闻一多继承了古典诗词中红烛热烈情感的意向象征的同时摒弃了其中的喜庆之情。《红烛》的烛是流泪的，为何流泪？非为伤心而流泪，而是因残风侵袭烛光而着急流泪。诗篇的大半篇幅都是这种虽受侵袭却生生不息的抗争之情，直到最后才"莫问收获，但问耕耘"才点明了烛这一意向真正蕴藏的真正情感：不计较个人得与失，舍身为国。

从闻一多本身来看《红烛》，闻一多写作时并未找到救国之路，但他对国家前途始终怀抱着希望。从现实角度看，烛的光芒本就微小，诗人选择以红烛代表自身，在他的写作意识中，自身的奋斗与牺牲也只是烛光大小的微末之光，受到残风侵袭时便会摇晃不稳，《红烛》中的"烛"在国家前途不明时，仍义无反顾地走上"匹夫有责"的道路，有的人为了将来美好的生活愿意现在牺牲自己部分利益，也是一种自我奉献；有的人觉得将来未必光明，凡事做两手准备，只愿意奉献一半力量，也是一种自我奉献。只是这些奉献或有所求、或有顾虑而有所保留地进行自我奉献，《红烛》中表达的则是一种一往无前、不求回报的完完全全的奉献——灵魂被点燃，躯体被烧成灰烬，以烛光创造光明，这是以自身未来换取祖国前途的壮烈之举。而这个"红烛"就是闻一多本身，是他自己的写照，更是当时千千万万个为了国家前途而寻找出路的革命人士与爱国人士。

黄晓燕：《红烛》是闻一多第一部诗集的序诗，反映了青年时期闻一多的真实思想情感，作者创作这首诗时，正值"五四运动"落潮，黑暗势力席卷全国的时候，在半殖民地半封建的民族压力之下，觉醒了的爱国青年经历了探索、奋斗、挫折、再奋斗的过程，他们心系家国命运、人民生计，但是却没有找到正确的道路和方法，他们苦闷彷徨过，但是他们心中的火却从未停息过。

我想通过分析诗人的情感变化来谈谈这首诗，在《红烛》这首诗中，我们能够感受诗人在探索路上的情感态度富于变化。诗人开篇便自我审视："红烛啊！这样红的烛！诗人啊！吐出你的心来比比，可是一般颜色？"诗人拿红烛成灰泪始干的品质来反观自己的内心，诗人本意并非写红烛，而是写自身，借红烛之问开始了自我灵魂的拷问，这一过程漫长而痛苦，充满了矛盾和冲突，让诗人难以抉择，"为何更需烧蜡成灰，然后才放出光来？"然后才放出光来？"诗人渴望光明，可光明的获得是以诗人生命的消耗与毁灭为前提的，诗人此时显然还没有做好交出生命的准备，但在红烛精神的召唤下，诗人潜藏于内心深处的爱国情怀渐渐苏醒，"红烛啊！/既制了，便烧着！烧吧！烧吧！/烧破世人的梦，/烧沸世人的血——/也救出他们的灵魂，/也捣破他们的监狱！"然而，诗人的豪情之下还掺杂了几分伤感，"你心火发光之期，正是泪流开始之日""既已烧着，又何苦伤心流泪？"这些伤感的因子冲淡了诗人不惜一切也要救人民于水火的英雄气概，诗人在孤独地对抗庞大无边黑暗的红烛那里看到了自己，一捧热泪，一腔热血，一丝希冀，这些都在现实的打击下显得无助而弱小，因此，会"流一滴泪，灰一分心"，至此，诗人仍未走出人生的困境，诗人犹疑不定的情绪犹如风中摇摆的红烛，强大而无形的黑暗迫使诗人必须做出决断，诗人最终还是将自己献上了祭坛，他效法红烛，用自己的殉道来换取"慰藉的花儿"和"快乐的果子"，并且要求自己"莫问收获，但问耕耘"。诗人将自己投入炼狱之中，希望用自己的血肉修筑一条救世之路。

黄思遥：李商隐《无题》中的"蜡炬成灰泪始干"原是想歌颂矢志不渝的爱情，后来"蜡烛"这一意象被人用来赞扬教师甘为人梯的精神。而在闻一多的诗中，蜡烛象征着甘愿为国牺牲、勇敢踏破黑暗的赤子，也是诗人精神的化身。

诗人将自己比作红烛，要用那微弱的光和热来照亮险恶的前途，去烧破世人的迷梦，捣毁禁锢着人们灵魂的监狱，为人间培养出慰藉的花和快乐的果。尽管是"流一滴泪，灰一分心"，但即使是"直到蜡炬成灰泪始干"，也在所不惜，体现出诗人的执着追求和献身于祖国的伟大抱负。

除此之外，该诗严格贯彻了闻一多"三美"的诗歌主张，音乐美体现在诗歌的节奏上，"一误再误；矛盾！冲突！红烛啊！不误，不误！"节奏紧凑、情感铿锵，多处的句子重复也加深了诗歌的节奏感；绘画美体现在作品鲜明的色彩上，"红烛""花儿""果子"色彩鲜明，诗中多次出现的"烧""燃烧"等字眼也给人以热烈、绚烂的色彩印象。建筑美体现在诗歌独具一格的形式特点上，全诗长短句交错，句式没有统一的规则，却未显出不和谐与混乱，反而由此产生了一种独特的美感。

最后一节归结到"莫问收获，但问耕耘"这样一个境界，也就是将红烛精神归结到一种彻底奉献的人生感怀，使这首诗具有浓重的浪漫主义和唯美主义色彩。诗歌在表现手法上重幻想和主观情绪的渲染，大量使用了抒情的感叹词，以优美的语言强烈地表达了心中的情感。

胡梦圆：《红烛》诗集中的诗歌多为闻一多在留美期间所作，由于受到当时西方民主自由思潮的影响以及"五四精神"的积极鼓舞，闻一多对当时中国社会的黑暗状况并没有流露出过多悲观失落情绪，而是保持着昂扬向上的乐观精神，因而在《红烛》中闻一多以浪漫主义与唯美主义结合的手法构建一个充满希望的理想世界，他认为一个充实完整的人生首先要有积极乐观的心态与坚定美好的理想。

红烛中的死亡意识。闻一多在提出诗歌创作原则时，提出诗歌创作要具有"音乐美""建筑美""绘画美"，可见闻一多在诗歌创作过程中是十分重视艺术美感的。因而他在看待死亡意识时也努力挖掘其潜在的美感，将死亡变成一种神秘动人的艺术终结，这一点也符合闻一多所推崇的唯美艺术的特质。

死是一种生的延续与轮回，如果从死亡形式的理解上认为死是一种极具美感的艺术的话，那么在本质上看，死应是生的一种延续与轮回。早期闻一多的死亡意识常常具有一种宗教意味，他的生死观念既包含着基督教热爱生命、尊重个体的特点，认为死是人一生的必然选择，又相信人的生死与自然一样，循环往复，另有新的轮回。以序诗《红烛》为例，这首诗叙写了一支燃烧着的红烛在生与死的边界中生死意义的追问，表现的是一种不可阻碍的光荣历程，与可歌可泣的牺牲精神。——"灰心流泪你的果，创造光明你的因。"红烛最终的命运是悲惨的，但作者显然不认为红烛的一生就这样终结，相比于红烛自身的本体，作者更侧重追求生命的永恒和光辉的意义，在肉体不能得以永生的情况下，让伟大的精神不朽，将生延续下去。作者淡化了肉体的意义而重视精神的价值与追求。更是其唯美主义思想和宗教生命意义探寻的侧面反映。这让生命的意义不再浮于表面。而是有了更深层次的载体，使生与死不局限为一个有限的线段，开辟了生命历程的新天地。

闻一多先生的诗学既受到西方诗学的影响，也受到中国传统诗学的滋养。诸如作者开篇引用李商隐的"蜡炬成灰泪始干"作为序，便体现出闻一多先生受到中国传统诗学的影响。而在《红烛》第一节中，出现了红烛和诗人两个意象。以往的古典诗词多数直接采用意象来代替诗人自我的形式进行情感抒发。作者则是起笔就将红烛与诗人区分开，并将红烛的红与诗人的心进行对比，看似红烛不再直接代表诗人的精神意志，但是文中又说"吐出你的心来比比，可是一般颜色？"这句表明，通过诗人与红烛的互动，作者开始构建红烛与诗人之间的精神联系。

紧接着在第二段至第八段中，作者接连提出三个问题来抒发他对红烛的情感，并通过第二人称的对话以及自问自答的形式来建构红烛与诗人的联系。诸如，面对红烛的自燃，诗人提出的种种困惑、发出的阵阵感慨，以及面对每次追问，又从不同角度进行诠释。这均表明，作者试图从一次次困惑中不断寻找红烛燃烧的真正意义，使"物"与"我"在一定程度上得到认同，并使"红烛"与"诗人"从两个独立意象的"离"向相互融合的"即"进行过渡。

同时，作者通过拟人化的手法，将红烛与诗人的情感紧密结合，使得诗人对红烛从赞叹、困惑、明白再到困惑、明白、欣赏的情感变化得以借助红烛这一意象实现。作者通过这种写作手法，使得红烛与诗人之间产生若即若离的美感。

在《红烛》一诗中，"红烛"这一意象则出现了 10 次。由此可见，红烛这一意象，单一而明确地贯穿于全诗。虽然该诗通篇只有红烛这一个意象，但是作者的情感态度则是不断变化的。随着作者情感态度的变化，若将代表着同一情感的意象划分为一个单元，《红烛》一诗则有着三个意象单元。开篇作者将红烛与诗人自己的心进行对比，用红烛的烧蜡成灰来对比、思考自身的品质，点出诗人自己的这颗心要像红烛一样为人类、为世界的光明而燃烧，从而开启了诗人的自我审视模式，这是《红烛》一诗的第一个意象单元。

而在自我拷问、审视的过程中，必然带着伤痛。因此，第二个意象单元诗带着撕裂般的伤痛。在第二段至第八段中，作者通过反复追问红烛由谁制成、由谁点亮、为什么发出光，为什么伤心流泪等问题，来凸显作者复杂矛盾、纠结不安的内心世界。当作者面对着愿意燃烧自己、甘愿奉献自己的红烛时，内心日益苏醒的爱国精神，则催促着他做出是否愿意以生命的消耗与毁灭为代价去获得"光明"的艰难抉择。而诗中描述的发光之日就是流泪之始的悲惨结局，则冲淡了诗人试图牺牲一切去解救百姓的英雄气概。与此同时，诗人似乎透过独自抗拒无尽黑暗的红烛，看到了试图唤醒麻木无知世人的自己，似乎自己的努力都在现实的打击下显得弱小而无助。为此，作者发出了红烛流一滴泪，诗人便灰一分心的悲观感叹。这表明，此时的诗人还没有出走纠结犹豫的困境，诗人犹豫不决的心态就像在风中摇曳不定的红烛一般，这便是"红烛"的第二个意象单元。

在第九节中，诗人提出"莫问收获，但问耕耘"，这表明诗人面对封建旧势力的压迫最终选择效仿红烛，通过自我牺牲来唤醒麻木无知的世人，并且要求不图回报，只为最终的成果而努力耕耘。此时的诗人不再纠结犹豫、困惑不安，而是实现了自我超越，即愿意像红烛那般牺牲自己去获取"光明"，这便是红烛的第三个意象单元。

意象单元的多少取决于诗歌的情感波动次数。在《红烛》一诗中，可将"红烛"这一意象分成三个意象单元，每一意象单元均呈现出诗人不同的情感变化。通过这三个意象单元可以看出，诗人的情感变化由自我审视、自我反思开始，经过犹豫矛盾、困惑不安的时期最终实现了自我超越。

胡佳文：闻一多先生从"五四运动"后开始发表新诗，《红烛》便是他的代表诗篇之一。在该诗中展现了诗人为理想不懈探索的心路历程，诗歌的开头非常新颖，引用了李商隐的诗句"蜡炬成灰泪始干"，引出了整首诗的核心意象——红烛，同时使得整首诗的情感抒发得到缓冲和良好过渡，诗人取出"红烛"这个意象的核心意蕴，将它与爱国主义相结合，并置于中国革命的现实环境之下，表达出诗人愿意为了争取民主自由发光发热、燃烧自我的赤诚之心。

全诗的情感结构可分为三层，分别对应的情感是"审视——犹豫徘徊——坚定"，诗人情感是流动的、微妙的、复杂的。可以发现，《红烛》的意象明确而且单一，红烛这一意象贯穿诗歌始末。这也是诗人情感表达的一个依托，诗人以自我审视开头："红烛啊！/这样红的烛！诗人啊/吐出你的心来比比/可是一般颜色？"这里是全诗情感结构的第一层，用红烛"成灰泪始干"的品质来观照自身，反观自己的内心，开启了自我拷问的过程，这个过程是痛苦和漫长的，充满纠结与不安、矛盾与冲突，"为何更须烧蜡成灰，然后才放光出？"诗人无疑是向往光明的，但是却要以生命的折损为代价，诗人面对这样两难的选择，没有得到自己的答案，但在后面，可以看到诗人爱国之情的显现，"烧破世人的梦/烧沸世人的血——/也救出他们的灵魂/也捣破他们的监狱"与这种英雄气概并存的是一些伤感，诗中写道："你心火发光之期，正是泪流开始之日。"诗人的抗争在现实中显得无力与弱小，正如与无边黑暗斗争的红烛，由此会导致"流一滴泪，灰一分心"这是全诗情感节奏的第二层。困难与黑暗促使诗人做出选择，他用自己的奉献去换回"慰藉的花儿"与"快乐的果子",最后"莫问收获,但问耕耘",这不仅是对红烛的鼓励,也是诗人的自勉,诗人用自己的生命去开辟一条救世的道路,这是全诗情感结构的第三层。

从诗中可以读出闻一多先生心中积攒的愤懑与不平,他用自己微弱的光和热去对抗黑暗的现实,最后以自己的生命为代价实现了"莫问收获,但问耕耘"的崇高理想。而《红烛》中所体现的诗人的人格魅力,使其无愧为现代爱国诗歌的典范之作。

龚静:这是闻一多想探索文学发展历程而写成的一首诗,作者将这首诗作为他同名诗集的序诗。全诗都是围绕着"红烛"这一意象所写,作为本诗的中心,"红烛"的所有特点都成为作者集中描写的对象。这首诗从头到尾都充满了浪漫主义情怀和唯美主义色彩。诗的开头,作者引用了李商隐的著名诗句"蜡炬成灰泪始干",但《红烛》显然又不是李商隐《无题》的现代翻版。诗中到处充满了现实的投影、时代的声音,诗人属于个体的那个"自我"与属于传统文化的"自我"又是如此错综复杂地纠结在一起,互相有补充、有说明、有申发,但更有矛盾、冲突,由此而诞生了一首奇特的《红烛》,变现出诗人对于红烛这一主题的立场和基调。他发出"诗人啊!吐出你的心来比比,可是一般颜色?"这样的呼声,衬托出作者满腔的热忱。"红烛啊!是谁制的蜡——给你躯体?是谁点的火——点着灵魂?"连续提问指出了矛盾和冲突所在,为什么红烛要为这火光而燃烧自己的身躯?在这种疑惑中,作者坚定了自己的信念,找到了自己生活的方向,并在这条朝着理想迈进的大道上坚定地走下去,表达出作者为了理想,宁可化为灰烬也在所不惜的决心。

作者在《红烛》中歌颂的是自我牺牲、实干、探索、积累的优秀品质,让读者读懂了什么才是真正的奉献,即"莫问收获,但问耕耘"。

付世星:该诗围绕着"红烛"这一意象,"红"喻诗人热烈赤诚之意,"烛"寓诗人甘心付出,启示国人的身体力行的姿态。中国古代的烛并无此意,更多的是描写相思之苦。在本诗中,红烛有火红的颜色,会甘心燃烧自己发出光明,也会在受到风侵扰的时候流泪。"红烛"是高尚的代表、无畏邪恶,又坚定自我。

"红烛"更像是"我",有一种信仰,就算千难万险也不惧,只愿"打破世人的梦""救出世人的灵魂""烧沸世人的血""捣破他们的监狱"。这分明是诗人自己所追求的，言诸红烛照见诗人自己的理想。就算受外部的风的侵扰，泪下如雨也会燃烧自己。所以在诗歌最后，诗人的"莫问收获，但问耕耘"更是对自己的期许。

《峨日朵雪峰之侧》研读

杨懿田 等*

杨懿田： 这首诗给读者呈现了一个审美的意象，融入峨日朵雪峰之美的同时，突出了一个小小的生物——石岩壁的蜘蛛，营造出一个凝重而壮美的氛围。

对于昌耀而言，此处的美景是诗人内心深处的天堂，那是他一直向往的乌托邦。通过这首诗，在我们的眼前似乎看到了古老而开阔的高原，感受到了博大的生命意识，心生沧桑的情怀、这种感情直击人的内心。

在辉煌的视觉形象之上，诗人又叠加上一个宏大的听觉形象，滑坡的石砾引动深渊的嚣鸣，如军旅的杀声渐远而去。这一音响的叠加使落日更显壮观。滑坡的动势与落日的动势都是下坠的，与攀登者的动势正好相反。于是视听合一的效果就不单产生审美意义上的"崇高"，而且在读者的生理上引发一种紧张。那一片"引力无穷的山海"事实上也在竭力使我下坠。千军万马般的厮杀声响在"我"身旁向深渊"自上而下"地远去时，"我"在这个高度上的坚持就绝非易事。

在这首诗中，诗人为我们塑造了众多审美意象，有太阳、俄日多之雪、巨石、岩壁、蜘蛛，它们共同营造出一个凝重壮美的氛围，将饱含沧桑的情怀、古老开阔的高原背景、博大的生命意识，构成一个协调的整体。通过意象之间的变化与相互作用，描绘出诗人内心深处向往的乌托邦，那是一个仅存于诗人心中的天堂。

付世星： 昌耀先生独特的人生经历预示着本诗绝不单单是表层呈现出来的。这首小诗是以一个攀岩者的视角来写的，具体来说讲的是攀岩者在傍晚时，在岩壁上的所见所闻的故事。

---

* 作者简介：本文作者系"东坡国学良师班"学生。

全诗没有晦涩的词语，都是易于解释的句子，但是极富浪漫主义色彩。从诗歌中的大量修饰语来看"彷徨许久""棕色""像军旅远去的喊杀声""铆钉一样""锈蚀的""小得可怜的"等，表明诗人是浪漫的。昌耀先生早年曾经参与过抗美援朝战争，也辗转接受过教育，之后响应国家的号召去往祖国需要的地方进行社会主义建设。当然他的黑暗来得也是那样的无所来由，但是灾难从来都无法摧毁一个坚强的人。

他在这首诗里刻画的是攀岩者的形象，是他的真实写照。他对新中国的建设敢为人先、披荆斩棘、付出所有；他在文学创作上也是倾尽全力，甚至在被打倒的时候依然笔耕不辍地进行写作。

黑暗将要来临，诗中主人公的眼光先是放在远方，他看到的是将要"跃入"山海的太阳，将太阳的势能写得浩大磅礴。四周的声音也渐渐紧张起来。可想而知这时的攀岩者的内心是怎样地紧张。"指关节铆钉一样""楔入""撕裂的千层掌鞋底"，诗人渴望这样的艰难困苦的时刻，他说："真渴望有一只雄鹰或雪豹与我为伍。"随后笔锋一转，诗人面对这样紧张的场面，依然能够细心地观察那藏在岩壁的蜘蛛。

"蜘蛛"是脆弱的、渺小的。但是，它也和攀岩者一样，面对自然的考验面不改色，也能在艰难的时刻与自己一同享受静默。在自然之下，强大和弱小似乎不再是人类惯性定义的。攀岩者有蜘蛛与自己一起享受静默，那作者呢，他又和谁一起享受什么呢？

龚静：在这首诗中，诗人塑造了众多审美意象，有峨日朵之雪和石岩壁蜘蛛，它们共同营造出一个凝重壮美的氛围，将饱含沧桑的情怀、古老开阔的高原背景、博大的生命意识，构成一个协调的整体。通过意象之间的变化与相互作用，描绘出诗人内心深处向往的乌托邦，那是一个仅存于诗人心中的天堂。

全诗两节。起句"这是我此刻仅能征服的高度了"，写得凝练而含蓄。它暗示了多重意思："此刻"的高度虽不是山之顶峰，却是"我"尽了自己的最大努力所达到的；这并不意味着将来（或"下一刻"）"我"不能达到新的高度，也不意味着此刻的高度微不足道，这毕竟已是一次历尽艰辛的征服。它还暗示了"我"身后已经陆续征服的那些高度，暗示了"我"的目标与"我"的努力之间的差距，暗示了某种"先喘口气"的决定。于是，"我小心地探出前额"，仿佛是对一切艰辛的一种报偿，我吃惊地看到一派壮丽的雪峰落日景象。"朝向峨日朵之雪彷徨许久的太阳/正决然跃入一片引力无穷的/山海。"这是一个婉转重叠绵密奇崛的长句，长句极易写得或累赘或松散或拖沓，而这里意象的密度却显示了诗人锤炼的功力。在辉煌的视觉形象之上，诗人又叠加上一个宏大的听觉形象，"石砾不时滑坡，引动棕色深渊自上而下的一派器鸣，像军旅远去的喊杀声"。这一音响的叠加使落日更显壮观。滑坡的动势与落日的动势都是下坠的，与攀登者的动势正好相反。于是视听合一的效果就不单产生审美意义上的"崇高"，而且在读者的生理上引发一种紧张。因此，诗句立即转入对自身状态的描述："我的指关节铆钉一样楔入巨石的罅隙。/血滴，从撕裂的千层掌鞋底渗出。"由此，我们可以想见攀登者所具有的顽强与坚韧，更可以想见他为此所付出的沉重代价。

胡佳文：在昌耀的《峨日朵雪峰之侧》这首诗中有着丰富的意象，有峨日朵之雪、彷徨许久的太阳、引力无穷的山海、棕色深渊，抑或是青藏高原上常见的雄鹰、雪豹，但我觉得最独特的是诗中"蜘蛛"这个意象。

从表象上来看，"蜘蛛"的确是微不足道的。它不能与高原上的雪峰、太阳、山海、深渊相提并论，因为后者宏伟壮观、气势磅礴；它也不能与雄鹰或雪豹相比较，因为后者威猛强大、傲岸不羁；它自然也不能与"我"相比，因为人是万物之灵长。"蜘蛛"本身是渺小的，与同时出现的宏大的意象作对比，更是相形见绌。

但从内在看，作为生命意义上的"蜘蛛"却非同一般。外表弱小的"蜘蛛"坚守在锈蚀的岩壁间，与坚忍不拔的"我"处于同样的高度，足以证明它的坚韧不屈。"蜘蛛"虽小，却凭借坚守困境的意志显示了卑微生命具有的尊严。从"我的指关节铆钉一样楔入巨石的罅隙"这一细节，我们可以想象到"我"的手指死死抠进岩缝的险峻情形。从"血滴，从撕裂的千层掌鞋底渗出"，又可知攀登途中粗粝的石头早已磨穿了厚厚的鞋底，磨破诗人的双脚。苦难的力量如此巨大，为了保持这一高度，"我"必须手脚并用，高度谨慎。由此我们通过想象填补诗歌的留白："蜘蛛"一步一步艰难地向上爬才到达与"我"比肩的高度，这渺小的力量实在是令人心灵震撼！

从精神层面来看，"蜘蛛"更加具有力量。"蜘蛛"在锈蚀的岩壁间，竟能

"默享着大自然赐予的快慰"。"默享"二字特具分量，它不仅在困境中坚守，而且保持静默并享受快乐。与此形成鲜明对比的是，"我"在征服自然的过程中，自豪于坚韧不拔的意志，夸示自我的勇力，由衷地发出了"呵，真渴望有雄鹰或雪豹与我为伍"的感叹。此时此刻的"呵"，近似于英雄胜利的宣告书，"我"的形象变得伟大起来。然而，所见的却是"一只小得可怜的蜘蛛"，"我"的伟大形象瞬间矮化。生命的更高、更奇、更令人惊异的境界就在眼前。在困境中，"蜘蛛"低调内敛、苦中作乐的精神境界让人惊叹。作为圆足的生命，似乎比"我"更成熟稳重，精神境界更高一筹。

"蜘蛛"外表愈弱小，就愈能衬托出生命的尊严和精神境界的超拔，愈能让读者在读诗时对"蜘蛛"肃然起敬，产生思想上的顿悟，也让我明白：真正的强者从不取决于外在形象的高大，而在于内在的坚韧和精神境界的超拔。

胡梦圆：诗歌写到"血滴，从撕裂的千层掌鞋底渗出"时似乎可以结尾了，但是诗人却没有结束。他进一步写自己观瞻"太阳"陨落的感受。"啊，真渴望有一只雄鹰或雪豹与我为伍。""太阳"陨落，"雄鹰或雪豹"似乎最有资格观瞻，因为它们与"太阳"之间有更多的共性，它们能从"太阳"那里获得更多的精神营养，这符合英雄惺惺相惜的文化心态。但是现实却不是这样的。原来"与我一同默享着这大自然赐予的/快慰"的是"一只小得可怜的蜘蛛"。这是以"蜘蛛"来写"我"，暗示"我"卑微。昌耀于1950年参军，入师文工团。1953年6月在抗美援朝元山战役中头部负伤回国治疗，1955年调至青海省文联。1958年被划成右派，随后颠沛流离于青海垦区，1979年平反。初创《峨日朵雪峰之侧》这首诗歌时，是1962年8月2日，昌耀正在颠沛流离中。尽管生命卑微，但是依旧能感受到伟大生命的价值，依旧有创造辉煌人生价值的渴望。这或许与他的家庭出身有关。昌耀是湖北仙桃人，他的伯父王其梅曾是北京"一二·九"学生运动的组织者之一，他的父亲王其桂曾任薄一波领导的抗日决死队的指导员，但没有得到善终。从这个意义上讲，我们更容易理解昌耀对生命坚守的艰辛与价值。他虽然自认为渺小如蜘蛛，他却能为伟大的生命礼赞，这是其诗歌的难能可贵之处。昌耀认为："他的诗以张扬生命在深重困境中的亢奋见长，感悟和激情融于凝重、壮美的意象中，将饱经沧桑的情怀、古老开阔的西部人文背景、博大的生命意识，构成协调的整体。"这于《峨日朵雪峰之侧》中可见一斑。

《峨日朵雪峰之侧》的标点使用很特别。一般诗歌诗行要么每一行结束后都有标点，要么每一行结束后都不使用标点。郭沫若的《立在地球边上放号》和闻一多的《红烛》就属于前一种情况，戴望舒的《雨巷》则属于后一种情况。而在《峨日朵雪峰之侧》中，有些诗行结束有标点，有些却没有。雪莱的《致云雀》中也有同样的情况，"淡淡的紫色黄昏/在你周围消融"。"我从来没有听到过/爱情或醇酒的颂歌/能够涌出这样神圣的极乐乐流。"前面的诗行没有标点，这是为了不割裂句意的完整性，选择在句意没表达完整处分行是依据前文所说的诗歌内在的建筑、音乐或情绪的节奏。

《峨日朵雪峰之侧》也有同样的考虑。"惊异于薄壁那边/朝向峨日朵之雪彷徨许久的太阳/正决然跃入一片引力无穷的/山海。石砾不时滑坡""但有一只小得可怜的蜘蛛/与我一同默享着这大自然赐予的/快慰。"原来的两个长句，诗人将它们切分后，放在了不同的诗行，诗行后没加标点。以第一处为例，这是一个婉转重叠绵密奇崛的长句，诗人不加标点，就是要把落日的张力和动势精练地组织在一个句子之中，来体现登山后的视觉上的冲击和惊叹，加上标点后语势就会明显被削弱。

"山海""啊""血滴""快慰"分别放在诗行的开头，后面加上了逗号或句号，除了"快慰"独立为诗行外，其他三个词语在被加上标点后，与其他诗句组合成诗行，以标点的方式彰显了昌耀"特立独行"的一面，摆脱了时代基本的诗歌语境和语言方式，以自己全新的诗行建构方式诉说内心，观照世界，体现出鲜明的个人创作风格。

黄思遥：这首诗描绘出多种意象，雪峰、落日、山海、石砾、巨石的鳞隙、雄鹰、雪豹，锈蚀的岩壁一系列形象，构成雄浑、壮美、崇高、紧张的审美特征（意境）与蜘蛛弱小、可怜、默享的形象特征形成鲜明对比，突出了生命的谦卑与坚毅，表达对生命的热爱，对生命力的赞颂。光明的太阳只是假神和虚幻的真理的另一个名字，堆积的石头只是狂热的信仰、迷信的追求和廉价的乐观主义的代码，它们正以无限的重力跳入黑暗的山海，滑向褐色的深渊。

同时，这首诗表现了对孤绝之境的超越。作者是一个孤独的诗人，他有一种从头到尾震撼人心的忧郁和伤感，而这背后是诗人对生命的真实和尊严的追求和捍卫。在这首诗中，诗人似乎是一个冷静的旁观者和一个积极的生命体验者。在这首诗中，他开始了他的征服之旅，然后完成了旅程，再完成了自我超越。

黄晓燕：借景抒情、借物喻人。在这首诗中，诗人塑造了众多审美意象，有峨日朵之雪和石岩壁蜘蛛，它们共同营造出一个凝重壮美的氛围，将饱含沧桑的情怀、古老开阔的高原背景、博大的生命意识，构成一个协调的整体。通过意象之间的变化与相互作用，描绘出诗人内心深处向往的乌托邦，那是一个仅存于诗人心中的天堂。

本诗通过描绘峨日朵雪峰之侧的太阳、山海和蜘蛛等众多意象，营造出一种凝重壮美的意境，抒写了登山勇士在登峰途中的体验与感怀，表达了诗人对生命的热爱和对强大生命力的赞颂。

这是一首关于人的"敬畏自然"观念战胜"征服自然"观念的歌，诗人用登山过程浓缩了他的这种自然观念的转变过程。登山前，诗人像许多登山者一样，把登山行为看成是人的意志战胜自然的证明，人与自然的关系是一种征服与被征服的关系。而把登山过程中的阻力想象为"军旅远去的喊杀声"也恰恰符合那种用战争场景来表述征服与被征服关系的特征。在丧失了征服新的高度的力量的时候，诗人仍然渴望以雄鹰或雪豹来继续激励自己的征服意志。

蒋妍婧：分析《峨日朵雪峰之侧》这首诗的语言风格，我们可以从诗歌语言的凝练、丰富和内在的节奏感以及韵律美等方面来鉴赏。

从凝练角度讲，此诗能够用非常简洁的文字呈现意义。例如诗人写落日，用"彷徨许久"写出它迟缓的特点，用"朝向"以及"引力无穷"揭示出夕阳和峨日朵雪峰与山海之间神秘的生命联系，用"决然"和"跃入"写出了瞬间夕阳沉没、暮色降临的场景。诗人抓住了北方落日情景的特点，精确地表现出北方的苍凉与落日的辉煌。

从丰富角度讲，"这是我此刻仅能征服的高度了"，其中副词"仅"也有丰富的含义。"仅"表达出攀爬者内心的一种遗憾和不足，同时又传达出"我"爬到这种高度的自足和"快慰"。又如形容千层底鞋子用"撕裂"一词。千层底是用针线一层一层纳成的布鞋，非常坚韧。"撕裂"一词很有力度，它能够显示出石棱的锐利，不仅如此，石棱仿佛具有生命，狞厉如兽，面对挑战者它破坏性地撕扯着。由此我们看出，攀爬仿佛是一个生命意义与另一种生命意志的搏斗。一个"撕裂"丰富了攀爬的象征意味，让情景有了动作性，这是"裂开"一词不能比拟的。

从节奏感角度讲，诗歌语言的长短句的变化，包括诗人独特的分行方式，都可以让现代自由诗形成参差错落的节奏感，而且这种节奏感是与情感的内在韵律感相协调的。例如，在诗句"正决然跃入一片引力无穷的/山海。石砾不时滑坡"中，诗人将"山海"一词移到下一行，而不是按照自然句的结构分行，这样可以从意义上勾连前后场景，同时特地断句形成的节奏也让诗歌产生奇崛的美感。这样的例子还有尾行的"快慰"一词，独词成行，既突出了这个词语本身的意义，又有一种余音不绝的回味感。

此外，昌耀在他的诗歌创作过程中建立了自己独特的语言识别系统。他的诗歌语言系统最大的特征之一就是古语化。昌耀这首《峨日朵雪峰之侧》也展现了这种风格，像"薄壁""嚣鸣""军旅""锈蚀"等词语，它们有着古汉语古旧的意味，这种古旧意味不但让诗歌多了一种传统文化的韵致，而且能够产生一种悲苦的受难者似的神圣的仪式感。

金文：青春在大多数人的眼中应该是美好的、充满活力、充满无限可能的，但是这首诗歌的作者昌耀，却经历了与别人不一样的青春。在因为诗歌创作而被流放到西部垦区之后，昌耀得以冷静地思考、审视整个时代。也正是因为有了这样的经历，才能让昌耀站在与别人不同的角度和高度，以一种极度的清醒和理智看待这个世界。在诗歌中，运用到了大量具有西部高原特色的意象，营造了一个庄重的情感氛围，引人思考。

《峨日朵雪峰之侧》中，太阳、山海、深渊、军旅、铆钉、巨石、罅隙、雄鹰、雪豹等意象，让读者充分地感受到了抗争的生命力量。虽然"我"的向上的、强大的生命力不可否认，但在自然面前，仍然没有取得最终的胜利。在这个征服的过程中，"我"最后的结局并不是"我"因失败而对自然绝对"臣服"，而是"我"在抗争过后无果的一种反思，也是"我"对于生命和自然的一种新的认同。"我"尽"我"所能征服所达到的高度，"我"无惧风雪，不畏惧剧痛，伫立在锈蚀的岩壁上，更有意思的是与"我"为伍的，不是雄鹰或雪豹，而是一只小得可怜的蜘蛛，"小蜘蛛"是一种渺小得不能再渺小的生物，在与前两种意象的对比之中，显得更加微不足道。我们都享受着大自然的馈赠，虽然我们在大自然的面前都是十分渺小的，但是仍然迸发了强烈的精神活力，青春的生命力是如此多彩绚丽。

《峨日朵雪峰之侧》是部编版高中语文必修上第一单元的第二篇课文，本单元鉴赏的重点是从"青春的价值"角度理解诗歌意象的特征与内涵，这一个单元的作品都饱含了青春情怀，《峨日朵雪峰之侧》是以一种青春道路受到阻碍的情境，表现了青春活力的张扬，以及强烈而又执着的生命力量。《峨日朵雪峰之侧》是一首青春生命的吟赞高歌。

李欣瑶：多数现实攀登者都具有不同程度的高原情结。而在此首诗歌中，也能还原出高原情结，而且参照作者的创作背景，也与其阅历有关。处于逆境中的攀登者，需要依靠攀登的方式实现"自我救赎"，作者也期待在攀登中，借助攀登者的精神，传递个人的人生信念，借诗歌抒发情怀。于诗歌中出现的"山海""薄壁""石砾"等词语，都是高原情结的重要表现，因该类景象多见于高原地区，故而具有彰显身份特征的作用，若在一首诗歌中出现相似词语，即可表明展示的场景特属于高原地区。通常在描述高原时，会将高原山峰的广阔、高耸、壮大融入诗句中，借此通过对壮美生命力的展现，表达攀登者的决心。另外，在高原情结中除了"征服欲"外，还存在一定的"敬畏感"，期待利用生命力达到征服高峰的目的，这也是高原情结最关键的表现。此外，在攀登者情怀表达中，也能从中发觉现实与想象的差异，想象渴望得到雪豹与雄鹰的陪伴，为其带来攀登中的指引。而现实中却只有小得可怜的蜘蛛，即使现实如此，攀登者依然为了满足自身的高原情结，愿意同微小的生命力，共同攀越高峰，甚至在后来的攀登中学会享受自然的馈赠，将蜘蛛的攀登作为一份安慰。同样也表明了攀登者对现实境遇的接受与包容，而非不切实际地渴望莫须有的事物。因此，攀登者的孤超与蜘蛛壮美的生命，都是整首诗歌中的主要体现，经过对诗歌的解读，能够为其带来独特的心境感受，而且也能确保读者从中形成深刻见解，懂得朝着个人期盼的目标不断"攀登"。

孙畅婉：《峨日朵雪峰之侧》是诗人昌耀所作的一篇现代诗。此诗作于1962年8月2日，于1983年删定，中间跨度足有21年之久，我认为可以从此点下手一窥本诗。

诗歌评论家燎原在《昌耀评传》中记载，在1957年7月的"反右运动"后，昌耀因其诗作《林中试笛》（二首）而被批判为"毒草"，次年3月被定为右派，判处管制 3 年，其后在祁连山腹地流徙 21 年，直至 1979 年 2 月 24 日被昭雪。这二十余年在西部青海荒原的经历使诗人的诗歌中充满着西部精神以及各种张扬着生命力的意象。诗人被流放时正值青年，最充满激情创作的年华却被放置于荒冷的青海，想必对诗人的影响是十分大的。昌耀是极少数因诗遭遇祸端后仍持续隐秘写作的作家，其在祁连山脉期间创作了大量诗歌，但诗人年轻时由于受政治因素的影响，其作品无法公开发表。而中年时经平反可以发表作品时，其人生阅历、艺术手法等已大有不同，这就导致了昌耀对大量诗歌产生了二次创作的原因。不过我在搜集资料时并未查到其原稿，所以在此无法做对比阅读。接下来我将在作者生平背景的基础上来简单谈谈这首诗歌。

开篇作者直言"这是我此刻仅能征服的高度了"，不同于古诗中登顶而感慨的习惯，作者用一个"仅能"展示出此刻抒情主人公或许仍在攀爬的过程中。再回看题目，题目中的峨日朵雪峰其实也并非如珠穆朗玛峰般举世瞩目的高峰，而仅是祁连山脉中一座或几座无名的小雪峰，并无法给我们壮怀。然而诗人又用一词"此刻"，让我们感受到或许下一刻主人公还可以不止于此，而是继续攀登，前途无量。其实我们大多数人的人生都不是如名山大川般壮阔，而是如这等小山般籍籍无名，但对于我们而言仍需要奋力攀登。主人公顽强攀登之态使读者感受到一种顽强与希望之感，仿若有生命的力量在其中。而最后的"蜘蛛"意象也并非如雄鹰、雪豹般的雄伟之力，而是一只小的近乎肉眼难以分辨的虫子，这与眼前之景其实形成了巨大的反差，但细细读来，我们便能感受到，即使是卑微的蜘蛛却仍有一种执着于生命，执着于拼搏的不屈姿态，这反而比那些空而大的意向更为真实，对读者的触动也更深。诗中也有大量对于攀登途中所见景物的描写以及攀登者克服困难的描写，这都是充满了昂扬向上的蓬勃生机的，这正是其在青藏荒原所见所感所经历锤炼而出的。

由此慨叹，诗人不幸流放之经历却为其诗作染上了极其独特的西部色彩与生命力量，很难说是幸或不幸！

姚冰：这是一首关于人的"敬畏自然"观念战胜"征服自然"观念的歌。诗人用登山过程浓缩了他的这种自然观念的转变过程。登山前，诗人像许多登山者一样，把登山行为看成是人的意志战胜自然的证明。人与自然的关系，是一种征服与被征服的关系。而把登山过程中的阻力想象为"军旅远去的喊杀声"也恰恰符合那种用战争场景来表述征服与被征服关系的特征。在丧失了征服新的高度的力量的时候，诗人仍然渴望以雄鹰或雪豹来继续激励自己的征服意志。然而，此时正处在与诗人同样高度和恶劣环境中的"一只小得可怜的蜘蛛"却极大地震撼了诗人的心灵，并且彻底改变了他固有的自然观念。这种情感的变化看似突兀，其实却是一种"顿悟"，其后有着深刻的自然观念嬗变的历史背景。

西方诗歌中将吐丝刻画成蜘蛛用来完成自身追求的一种有力武器，它可以凭借自己的力量来为自己提供所需物资和支持。同时，在诗句中，诗人惠特曼赋予蜘蛛坚韧的毅力和不懈的精神，这也正是诗人自身所希冀的精神。

"我"与小得可怜的蜘蛛对视，最终获得快慰的情感体验，蜘蛛其实是昌耀经历的缩影，蜘蛛暗示的是身陷囹圄的"我"在不屈抗争。昌耀如同蜘蛛般利用吐丝的本能为自己辩护，为自己争取自由。"我"与"蜘蛛"的相视无疑是灵魂的互相体认，蜘蛛的坚韧和不懈，正是昌耀诗中攀登者的坚韧和不懈，他们在强大的峨日朵雪峰面前终于获得灵魂救赎的快慰。全诗在此处收结，给予读者心灵上莫大的震撼与共鸣。

周静娴：他在歌颂西部的自然风光与人文文化，西部自然在诗人笔下不是孤单地呈现，正如《峨日朵雪峰之侧》之中，峨日朵的雪、薄壁、山海、石砾、蜘蛛等意象，都是西部生活整体的有机组成部分。这也说明作者在西部荒原触摸到了山河大地、生命自然最根本的力量。这首诗歌境界高大阔远，却暗藏着艰难的搏杀，需要人付出鲜血的代价才能见识，同时又非常孤独寂寞，唯有遗世独立者才能获得赐予。可以说他是从高原感受山河大地，从西部感悟世界，由个人感受生命的真理。流放西部让他真正体会了底层生活，让他真正接触了大地山川的精气，感受到生命和自然才是最伟大的东西。

读昌耀诗作让人感受最深的是那些面对西域自然景观、通常以短诗形式出现的抒情。昌耀是新时期掀起的新边塞诗运动的倡导者，他的美学是原始自然之美，他的作品真实地传达了一个内心充满矛盾、困惑的人面对西部中国特异的自然美的心灵观照——在广袤无垠的空间，人与自然的关系，既横亘着敌意的对抗，又充溢着友善交流的柔情，有人说："西部高原之于昌耀，犹如湘西世界之于沈从文、北京四合院之于老舍。"西部高原在昌耀心中的地位由此可见。

李沛儒：和西方不同，中国古代诗歌中表现征服主题的作品十分罕见，这与古人敬畏自然、主张和谐的思想有关。西方主张天人二分，倡导征服自然和改造自然，由此衍生出开拓、冒险的精神气质。因而，从《荷马史诗》到艾略特的《干燥的萨尔维吉斯》，征服的基因就一直在诗歌中传承。中国的神话如"女娲补天""后羿射日""精卫填海""大禹治水"，倒是洋溢着浓烈的改天换地、战天斗地的英雄情怀，此后征服就成为绝响。

　　同样是表现攀登山岩的题材，杜甫盘桓山下，作"会当凌绝顶，一览众山小"的遥想，李白"脚著谢公屐，身登青云梯"，侧重表现"半壁见海日，空中闻天鸡"的雄奇，在《蜀道难》中，则浓墨重彩渲染蜀山之高，蜀道之险，从头到尾尽作仰天之叹，全然不写征服的毅勇与豪迈。

　　所以，当我们读到昌耀的短诗《峨日朵雪峰之侧》时，我们有一种久违的新鲜感和喜乐感，因为它既描绘出了征服的艰险和孤独，又写出了征服的壮美和快慰，它就是一首力与美的交响曲，一曲征服者的赞歌！这首诗呈现出以下特色：

　　一是选择有包孕性的瞬间，表现征服自然、高扬人性的主题。作者没有叙写攀岩的过程，而是选取攀登达至最高点的瞬间，通过环境描写和攀登者形神描摹，来表现征服自然、超越自我的主题，张力和爆发力十足，能够引起广泛的联想和想象。

　　二是意象富丽，意境雄奇，感染力强。诗歌选取"薄壁""峨日朵之雪""太阳""山海""石砾""棕色山渊""罅隙""锈蚀的岩壁""雄鹰或雪豹""蜘蛛""前额""指关节""血滴""千层掌鞋底"等意象，宏细齐备，动静结合，人物一体，设色绚丽，宛如一幅舒展壮丽的油画长卷，有目不暇接之感。雄奇的意境能使凡夫而生壮心，感染力强。

　　三是采用多种表现技巧，表现力强。"朝向峨日朵之雪彷徨许久的太阳/正决然跃入一片引力无穷的/山海/石砾不时滑坡/引动棕色深渊自上而下的一派嚣鸣/像军旅远去的喊杀声"等六行写环境，采用动静结合、视听结合的写法，"像军旅远去的喊杀声"则采用比喻的形式加以渲染，突显声音的惊心动魄。写环境，旨在表现自然的壮美，攀岩的凶险，烘托攀岩的崇高和征服的伟大。接下来两行诗"我的指关节铆钉一样楔入巨石的罅隙/血滴/从撕裂的千层掌鞋底渗出"以特写的手法，异常鲜明地表现了攀岩的艰辛，使诗歌更显阳刚之美。"呵/真渴望有一只雄鹰或雪豹与我为伍/在锈蚀的岩壁/但有一只小得可怜的蜘蛛/与我一同默享着这大自然赐予的/快慰。"这五行诗采用虚实结合的写法,"雄鹰或雪豹"显出激越的豪情,"蜘蛛"微不足道,也聊胜于无,一大一小,传情更加丰富。

四是语言凝练雄放,新奇动人。"惊异于薄壁那边/朝向峨日朵之雪彷徨许久的太阳/正决然跃入一片引力无穷的/山海",采用长句,表现雄放之意,舒展开阔;"石砾不时滑坡"则用短句,表现动荡感、滑脱感,斩截有力。"揳"字比"插""抓"更有力量感,"撕裂"写出山石的锋利,突出攀登的艰苦。

总之,《峨日朵雪峰之侧》是一首颇具阳刚之美的新诗,能使怯者勇,惰者奋,有较高的审美价值及较好的励志作用。

邱雨乐:《峨日朵雪峰之侧》是一首颇能体现昌耀风格特征的短诗,但是,因为昌耀个人履历及其创作的复杂性,这首诗在解读上存在着多种可能性,也存在诸多理解的误区。该诗经过20世纪80年代的删定和重写,已成为昌耀的"心象",而非对自我经历的写实;彰显的是孤独的英雄主义气质,是对痛苦、牺牲、孤独的自许。这首诗全神贯注的是对一种高度和超凡的欣赏、渴望,是对孤绝的英雄主义的一再坚守,而非回到小而平凡的事物之中。

这是一首拥有不少登山细节的诗,有一种详细而写实的感觉。因此,不少读者容易将这首诗当成是登山勇士的自我写照,以为这首诗写的就是登峰途中的现实体验与胸怀。这是一种误解。

根据《昌耀诗文总集》以及燎原的《昌耀评传》记载,昌耀并非一个热衷于冒险的人,更不是一个冒着绝大的生命危险和痛苦,愿意为爬山而献出生命的人。他当时的诗作,基本上是写自己对于山川的惊异与发现,是在观察欣赏山川(望山)的过程中,驰骋想象以及心志。在《峨日朵雪峰之侧》中,其夸张性的描写,更与他的处境及现实生活并不吻合。首先,"我小心地探出前额,/惊异于薄壁那边/朝向峨日朵之雪彷徨许久的太阳",结合下文的"锈蚀的岩壁"来看,是写自己攀爬在薄薄的绝壁(锈蚀的岩壁)之上,这是极度艰难而危险的,一般来说,没有良好的体能训练和专业攀山设备,很难如此攀爬。其次,"石砾不时滑坡,/引动棕色深渊自上而下的一派嚣鸣",显然已经出现山体滑坡,危险至极,更说明了山势的陡峭险恶,如果是真的,恐怕诗人很难再沿路返回。然后,"我的指关节铆钉一样楔入巨石的罅隙。/血滴,从撕裂的千层掌鞋底渗出",这是说自己在这种极其危险的攀爬之中,已经脚掌严重受伤,甚至血滴已经从"千层掌鞋底渗出",可见已经出了大量的血,血已经流出了厚厚的鞋底之外,这需要多么强的对痛苦的忍受力、多么强大的意志力才能做到!这恐怕是将登山当作信仰的一类登山者才能这么做到的,而且受伤如此严重,又如何从高高的绝壁返回,即使侥幸返回,恐怕腿脚也早已受了重伤,需要长久的治疗才能复原,而这在当时简陋甚至险恶的流放地,是难以想象的,并且昌耀本人并无这样的历史记载,研究者也没有发现过这次"重伤"的经历。

事实上,从各种迹象来看,这首诗都应该是昌耀的"心象",而非对自我经历的写实。是他对高山的眺望与征服的渴望所触发的审美想象,是对自我心象和意志的呈现,是一种心灵状态、精神意志的诗意表达。正如许多研究昌耀的学者一再指出的那样,昌耀在 20 世纪 80 年代,对自己 60 年代的诗作进行了大量的改写,这首诗最初被收入 1986 年的《昌耀抒情诗集》时,根据诗后作者的标注,其创作时间是"1962.8.2 初稿/1983.7.27 删定",此后这首诗被收入其他版本的诗选时,作者昌耀删去了"1983.7.27 删定"等字样。但统编教材的编者非常慎重地选用了《昌耀抒情诗集》中的版本,可见,编者也认识到,这首诗是经过80 年代的重写之后诞生的。因而,这首诗中的审美特点及其精神意志,也带有80 年代昌耀的深度透射与融合。

《教师教学用书(语文必修·上册)》在解读此诗时,指出:"《峨日朵雪峰之侧》写于特殊的年代,这时的昌耀遭受了不公正的待遇,但是,诗人没有消沉,而是保持着坚定的信心,对生活充满着热爱。坎坷的命运,艰苦的生活,磨炼了诗人的意志,更砥砺了诗人的思想。"这段话从表面上看并没有问题。但是,此种表述似乎还没有深入剖析昌耀独特的诗作风格和思想情感。

昌耀的独特性首先在于,这首诗中表达的情境,不仅是危险,而且是孤独;不仅是孤独,而且对这种孤独和危险,有着深刻的欣赏和自许。从开篇"这是我此刻仅能征服的高度了"开始,就呈现出了一个独自攀爬险峰绝壁的攀登者形象,他使用了"征服"这样的字眼,他"惊异于薄壁那边/朝向峨日朵之雪彷徨许久的太阳",他是一个孤独的攀登者没有人可以与他同行,虽然"血滴,从撕裂的千层掌鞋底渗出",危险和痛苦如影随形,已经受了重伤,但是他没有任何的自怜自伤、自危自苦、自怨自艾,看不出任何对于自我处境的难过,反而不希望有人与之同行,而是"真渴望有一只雄鹰或雪豹与我为伍",他在孤独危险的绝境之中，只是感到"快慰"。可以看出，这种危险的孤独，正是他所追求的、享受的，也是他内心引以为傲的。这种对于孤独的引以为傲，在某种程度上与他的英雄主义气质有着深深的关联。从昌耀的大量诗作以及《昌耀评传》来看，"昌耀是一个具有浓重英雄情结的诗人"，这种英雄情结应该与他成长的时代环境有关，与他接受的革命理想主义教育有关，与他曾经是抗美援朝志愿军战士有关。但在 20 世纪 80 年代删定和重写的《峨日朵雪峰之侧》中，这种英雄主义不再是集体的，而是个人的。不仅是个人的，而且是一种极为张扬、深沉的，对高远无极处的理想进行眺望、坚守、攀登的英雄主义，这种英雄主义化为诗境，则呈现出孤独者内心陡峭而决绝的高度。

对"蜘蛛"意象学术界存在两种完全相反的解读，一种认为诗中的作者压根不可能与小蜘蛛取得认同和默契，因此跌入了更深刻的孤独；后一种则认为作者放弃了对"雄鹰或雪豹"的渴望，与小蜘蛛产生了认同和默契。那么，如何看待这只"小得可怜的蜘蛛"，这最后一句到底该怎么理解？

其实，只要对昌耀的诗歌及其思想流变有一个大概的认识，就会发现昌耀对于"小蜘蛛"固然说不上厌弃和鄙夷，但也不可能产生"认同和默契"。在认知层面，诗人从西部意象中汲取了双重生命启迪，实现了由"撕裂"到"快慰"的认知转换，借此弥补了自我和现实之间的撕裂感。诗人如此"渴望"与雄鹰、雪豹为伍，实际是对二者生命哲学的神往。孤寂、高傲作为雄鹰与雪豹本身的特质，拉远了个体与现实之间的距离。诗人在渴望中已然顿悟，个体因现实际遇所产生的撕裂感与孤独感，可以从西部风物的象征与隐喻中觅得更为高贵的精神因子，即"意味着澄明、镇静、无惧"的神性与宗教式力量。作为一个深具英雄主义气质的诗人，昌耀向来对雄峻、阔大、高远的存在有一种迷恋，他"真渴望有一只雄鹰或雪豹与我为伍"的精神高度，向来是一贯的。只不过，这种对于卓绝的英雄主义的期许，在早期的诗作中往往表现为一种集体英雄主义的氛围，那时候，时代的氛围和思想，还不能让他产生如此鲜明深刻的自我孤独感以及个人英雄主义；而 20 世纪 80 年代的昌耀，则将自我的生命和意志极为沉雄有力地表达了出来；90 年代的昌耀，则更多置身于对荒诞及其命运的体认和反抗之中，实难以看出他这首诗是对"小得可怜的蜘蛛"的"认同和默契"。

况且，从诗中的"征服""无穷""嚣鸣""渴望"等字眼所流露出来的情绪来看，从"小得可怜""但有"这一类修饰蜘蛛的词汇来看，这首诗专注的是对高度和超凡的欣赏、渴望，是对孤绝的英雄主义的一再坚守，而非回到小而平凡的事物之中。

对于昌耀而言，《峨日朵雪峰之侧》的美景是诗人内心的天堂，是他一直向往的乌托邦。1962年前后，昌耀是深陷"反右"洪流的受难者，诗作由此凸显一个羁身峨日朵雪峰的攀登者形象；1983年时，昌耀已平反昭雪，迎来人生"新时期"，诗作又深隐了一个穿越苦难的过来人形象。

王家琳：这首诗写的是作者在登峰途中的体验与感怀。诗题交代了作者所处的位置。"这是我此刻仅能征服的高度了"暗含着此刻诗人因身体疲惫而打算暂歇，但并未放弃征服新的高度之意。"小心探出前额"的举动说明海拔之高。薄壁那边上演的是雪峰日落的一幕，"彷徨"一词生动地概括出了夕阳欲落未落之貌。但西沉之势不可逆转，冷热交接之时，迫近冰峰的红日显现出跃赴绝境的决然的姿态。山海的幽杳又似有黑洞般无穷的引力。石砾不时地滑坡，深渊兴起一派有如军旅远去的喊杀声的嚣鸣。诗人猛然惊觉，本能地将"指关节铆钉一样地楔入巨石的罅隙"。这句极为生动形象。千层底被撕裂的细节，从侧面表现了当时情况的危急。

第二节写脱离险境后，诗人体会到征服自然的成就感，因此渴望与雄鹰或雪豹这些征服自然的勇者为伍。但小蜘蛛的出现，使这种成就感一落千丈——比人弱小千万倍的小得可怜的生命尚能攀援至此，号称万物之灵长的人又有什么理由而为此沾沾自喜呢？同时诗人也领悟到：在大自然面前众生是平等的，个体生命在"默享这大自然所赐予的快慰"之时，是没有大小之分的。

全诗遣词精工，语句凝练传神，结构精妙；收尾含蓄，意蕴隽永。这是登山勇士的自我写照。

起句非常凝练："这是我此刻仅能征服的高度了。""此刻"和"仅"两个词暗示了多重意思：这高度并非"一览众山小"的"绝顶"，却是"我"尽了自己的全部努力所达到的；这并不意味着将来（或"下一刻"）"我"不能达到新的高度，也不意味着此刻的高度微不足道，这毕竟已是一次历尽艰辛的征服。这个判断句还暗示了"我"身后已经陆续征服了的那些高度，暗示了"我"的目标与"我"的努力之间的差距，暗示了某种"先喘口气"的决定。仿佛是一切艰辛的一种报偿，"我"吃惊地看到一派壮丽的雪峰落日景象。一个婉转重叠绵密奇崛的长句，写那太阳彷徨久之终于突然向一片山海跃入。还未见过有人把落日的张力和动势如此精炼地组织在一个句子之中。长句极易写得或累赘或松散或拖沓，而这里意象的密度却显示了诗人锤炼的功力。

在辉煌的视觉形象之上，诗人又叠加上一个宏大的听觉形象，滑坡的石砾引动深渊的嚣鸣，如军旅的杀声渐远而去。这一音响的叠加使落日更显壮观。滑坡的动势与落日的动势都是下坠的，与攀登者的动势正好相反。于是视听合一的效果就不单产生审美意义上的"崇高"，而且在读者的生理上引发一种紧张。

侯可：这首诗令我感到诗人心中久久难以散去的苦闷，中国的 1962 年是一个渐趋冷寂和沉闷的时段，沉默的人，不可多言的一切，按理说那时的文字我本应该感到晦涩，但是意外地产生一些共鸣，我忍不住一遍又一遍读这首短短的诗。

昌耀的苦闷显得委屈和迷惑，他说："党是我的母亲，部队是我的家"，远赴朝鲜作战、踊跃开发大西北，热情和信仰充斥着他的内心。然而热情被泼以冷水，信仰被打破，当时社会上的狂乱、肤浅、喧嚣的精神和理念将他拒绝。

"这是我此刻仅能征服的高度了"，何尝不是说作为一个普通人能做的最多就是冷静客观地袖手旁观，然而即便是这样一种简单的高度，对许多人来说也难如登天。这种高度只有自己看得见、自己知道。"小心翼翼地探出前额"也是他仅能做的事情了。

那么看到了什么呢？"太阳"，永恒的太阳、代表真理的太阳，在作者心中失去了它原本被抬起的高度，跌下了根基本就不稳的石砾堆砌的薄壁，而在现实中，它依旧主宰了极度的狂热。它只能滑坡，唯有滑坡才能让这一片"嚣鸣"和"喊杀"远去。

诗的结尾，登上高峰的并不是雄鹰或猎豹，而是一只冷眼旁观的、"小得可怜"的蜘蛛，作者说"希望有雄鹰与雪豹为伍"，正是说现实中没有雄伟的事物与自己为伍，它们太过阔大、太过高远，无法触及。相反，他从这只小蜘蛛身上找到了慰藉，更是一种对未来的期望。

在峨日朵雪峰之侧坚守住高度的不是强大的雄鹰或雪豹而是弱小得可怜的蜘蛛；光明的太阳不过是虚妄的神明和幻象的真理的别称，堆砌的石砾不过是狂热的信念、迷信的追求、廉价的乐观的代号,而它们正在跃入幽暗却引力无穷的山海,正在滑向棕色的深渊;一派嚣鸣的、像军旅的喊杀声的,原来是在"滑坡",是在"远去",而接纳和归结它们的恰恰是沉寂和冷静……而诗歌结语"与我一同默想着这大自然赐予的/快慰"舒缓、徐和的诗歌意绪不仅与全诗紧绷、深沉的诗歌意绪形成深度对比因而收到内在反讽的效果,而且更传达出透过他的反讽展示出来的全诗的情感倾向和价值立场。

严静瑶:第一,《立在地球边上放号》(以下简称《立》)和《峨日朵雪峰之侧》(以下简称《峨》),这两首诗表现出来的力量都很强大、有力。《立》是"力",出现七个力,力量强悍之美;《峨》是"征服""快慰",坚强无畏之美。

第二,意象运用特点不同。《立》选取白云、北冰洋、太平洋、地球、洪涛等意象,雄奇磅礴,让人感受到一种狂风暴雨般的变革力量。在作者眼中,竟然将北冰洋、太平洋、地球无不庞大的物象缩小化写入诗中,北冰洋能够被看到全貌,太平洋成了能够推倒地球的人,地球成了能够撼动并随时推倒的东西。《峨》选取了太阳、石砾、罅隙、崖壁、雄鹰、雪豹,意象壮丽、高大,让我们看到征服过程中的艰辛和痛苦,蜘蛛,意象弱小、卑微,让我们看到作者对生命力、生命平等的赞颂。

第三,"我"的形象不同。《立》中的"我"是歌号者,《峨》中的"我"是攀登者。《立》开头没有从"我"写起,而是先从"白云""北冰洋"写起,勾勒出宏大磅礴、奇崛壮丽的图景,本文的起笔就是浪漫瑰丽的想象。在作者的瑰丽想象中,抒情主人公是立在地球边上放号、俯瞰着地球的伟岸巨人形象。而《峨》则在开篇处着眼于宏大景象,起笔就是抒情主人公"我"的形象。通过前面三句读者可以确定"我"已经征服了一定的高度,诚然在"我"心中定然会有更高的高度去征服,但此时此刻的"我"惊异于薄壁那边:太阳(落日)跃入山海。以太阳这个意象衬托山势之险峻高耸和作者内心的敬意。后面几句则不同于前面的仰视,视角切换为俯视,甚至可以说是"我"攀登至一定高度时的回望所见之景,从前段内心的敬意变为惊恐,"我"的形象更加细腻地跃然纸上,诗歌大开大合的形象就在我们面前生动地展现出来。太阳落山昭示着白天结束,寒冷的漫漫黑夜即将到来,而面对如此险境的"我"又会如何面对呢?"血滴"等意象昭示着抒情主人公面对如此困境的决绝与坚持。之后的心理描写中"雄鹰""雪豹"都是力量的象征，抒情主人公渴望从它们身上获得力量与鼓舞。而"蜘蛛"的力量虽然微小，但是也为抒情主人公带去了一丝快慰。

汪韫琦：生活中、文学艺术中，我们常见"重于泰山"的描述；但是以山之崩塌来寄托生命逝去在人心中的震撼之大，诗歌作品中并不多见。而《峨》则描述了这样的情境。"朝向峨日朵之雪彷徨许久的太阳/正决然跃入一片引力无穷的/山海"，这是写太阳，"彷徨许久"赋予太阳以人的意志，表现出"跃入"前太阳复杂纠结的心理。"引力无穷的山海"则是太阳的归宿地，对"太阳"具有强大的吸纳力量，暗示"太阳""跃入"这一主动行为中的被动。而"跃入"则写出"太阳"虽然有某种被迫，但是依旧有"视死如归"、慷慨赴之、义无反顾的决绝态度。可以说，这"太阳"是英雄、伟人、伟大时代的象征。"石砾不时滑坡，引动棕色深渊自上而下的一派嚣鸣，像军旅远去的喊杀声。"这就是我们心中的山之崩塌。诗人以一个见证者的视角，从"嚣鸣"中启示读者感受山之崩塌的巨大声浪。这几句诗紧随"太阳"逝去而来，表现的应该是"太阳"逝去的效应，恰好印证了司马迁所谓"重于泰山"的认知。

《哦，香雪》研读

金文 等*

金文：小说中的火车与火车带来的一切新事物都代表着现代文明，而香雪和其他的山里姑娘代表着封闭、落后的乡土文明。以香雪为代表的山里人对火车代表的现代文明是怀有极高的兴趣与热情的，香雪这群山里姑娘等待火车的时候是很热切的。香雪这群姑娘看火车时要刻意梳妆打扮，虽不一定是很时髦的美，却表现了大山的姑娘主动去拥抱新事物时迫切渴望的心情。还有香雪在火车站用一篮鸡蛋向一个女大学生换来一只渴望已久的铅笔盒，有勇气独自走很长的夜路，这既体现了农村少女的纯朴可亲，又体现了在台儿沟这个小的叫人心疼的地方窝了多年的人们对于现代文明的急切渴望。

台儿沟的人们对火车很热情，但火车及火车带来的一切变化却对香雪们很冷漠。首先，火车停在台儿沟并不是因为这里有人要乘车或者下车，台儿沟也没有什么独特的价值让火车多停留一会儿，台儿沟是极度贫困弱小的，但代表都市文明的火车并不会因此怜惜弱小，而是粗暴地闯入台儿沟人们的生活，影响了他们的生活后无情地离开。

一方面，城市文明的繁华影响着乡村文明，同样乡村真诚淳朴的气息也在悄无声息地化作一种力量，唤起人性最初的美；另一方面，因为台儿庄的落后始终被人们遗忘在大山里，后来火车的到来，让人们看到了在大山里的它。这种看到只是停留在表面的，不会被人们深深记住也没有人在乎它的存在与否。城市人的冷漠一显无遗，这里也与乡村真诚淳朴的气息形成了鲜明的对比。

大山是乡土文明的代表。大山养育了台儿沟的人，也让他们在封闭的空间里获得纯洁质朴的人格。香雪在火车上被多带了三十里路，但是离开一直所向往的

---

* 作者简介：本文作者系"东坡国学良师班"学生。

火车，独自走三十里夜路重新回到大山的时候，她也没有觉得有什么遗憾，也没有表现出对火车的恋恋不舍。在归家的路上，"面对严峻而又温厚的大山，她心中升起一种从未有过的骄傲"。香雪对于大山的态度是一种精神的升华，是现代文明和乡土文明碰撞出的火花。

付世星：《哦，香雪》是铁凝写于 1982 年 6 月的一篇文章，彼时中国社会正处于变革之后的迷茫与徘徊时期，这一点深刻体现了城市内部的经济改革，但是广大农村社会正是显现蓬勃发展的势头。1978 年家庭联产承包责任制的陆续推行，使得农村的发展速度一度超越城市的发展速度。

铁凝创作的这个故事，讲述了在火车联通外界和山村的背景下，香雪与伙伴们看火车以及香雪误登火车的故事。我们阅读文章时不难发现，在表层故事之下，铁凝的叙事另有其他深意。表层的故事就是香雪失去信心，再通过交换获得信心；而深层的故事则是乡村开始改变落后的面貌，显现出更大的活力。尽管存在差异，但是这两个看似毫不相干的功能可以被理解为是一样的。

香雪与乡村组成了一个同构，生活在乡村之上的"香雪"也就是乡村。乡村"一心一意掩藏在大山那深深的皱褶里"，随着"两根纤细、闪亮的铁轨延伸过来"，原有的平静被打破；香雪"没说话，慌得脸都红了。她才十七岁"，她的同学"你们那儿一天吃几顿饭"的询问和"你上学怎么不带铅笔盒呀"的诘问，使香雪变得自卑与害羞。其实不难看出：铁轨、铅笔盒等都是现代社会的代表，处在变革之下的乡村，正在经历着前所未有的变革。

香雪因被隔离在现代社会之外而感到不适，乡村因游离于城市整体发展中而迷茫。自成一体的农村生活不得不重新改写。这象征着充满希望的香雪和农村一样，她找到了自信代表了前进的力量，而火热的农村建设也会越来越好。

事实上也的确如此。1982 年 1 月 1 日，中共中央批转 1981 年 12 月的《全国农村工作会议纪要》，这也是我们通常所说的改革开放后的第一个中央一号文件，其主要内容就是肯定多种形式的责任制，特别是包干到户、包产到户；明确规定，"它不同于合作化以前的小私有的个体经济，而是社会主义农业经济的组成部分"。并第一次以中央的名义取消了包产到户的禁区，且宣布长期不变。文件的另一要点是强调尊重群众的选择，在不同地区，不同条件，允许群众自由选择。同时还提出疏通流通领域，把统购统销纳入改革的议程，有步骤地进行价格体系的改革。这也就出现了为什么香雪用鸡蛋换取文具盒的场景。

龚静：通过铺设的两条铁轨，带你认识台儿沟一个闭塞、贫穷、落后的小山村。它隐藏在大山深处的褶皱里，无从知道外面的世界。

在这贫穷落后的地方，有火车经过都是新鲜。让人没想到的是，在这里还停留一分钟。正是这一分钟，给台儿沟带来了另一番景象，给年轻姑娘们提供了了解外面世界的机会。她们洗净蒙受了一天的黄土、风尘，露出粗糙的红润面庞，把头发梳得乌亮。然后就比赛着穿出最好的衣裳。有人换上过年时穿的新鞋，有人还在脸上涂点胭脂。

17岁的香雪，看火车时她跑在最前面；火车来了，她却缩在后面，这生动地刻画了一个害羞又胆怯的姑娘形象。香雪虽然是害羞、胆怯的，但她的内心世界又是强大的。她所追求的与别的姑娘是不一样的。她从火车上发现的东西别人都不感兴趣，比如铅笔盒。为了这个铅笔盒，她第一次登上了火车，被火车拉到了下一站。用40个鸡蛋换回了那个对自己很重要的铅笔盒。虽然代价有点大，一是害怕晚上空无一人的大山，二是担心妈妈责怪，但这一切仍然阻挡不了香雪内心对新鲜事物以及文明的向往。

它是一部充满时代感的小说。现在读起来虽感觉平淡无奇，但它充满了时代的烙印。作者毫不保留地展示了摆脱封闭、愚昧、落后，并且走向开放、文明进步的喜悦和痛苦。

胡佳文：小说选取抒情化的青春生活，并赋以抒情化的体式，完成了青春的诗意表达。

第一，小说提纯了本来芜杂的人和生活，隐去了原生态的疼痛感。例如，像台儿沟这样的农村，男人主外女子主内的传统观念，根深蒂固。晚饭后由香雪们这些十七八岁的姑娘们收拾打扫非她们莫属，并且不是每个家庭的女孩子都能在傍晚被允许出家门的。小说中，香雪们晚饭后"扔下碗，就开始梳妆打扮"，应是提纯诗化的结果。其次，对人与人之间的关系进行了善的点染，又不失时机地进行诗意着色。"北京话"与台儿沟的姑娘们是平等的，被包围只是不知所措，而不是野蛮地推开，面对一连串的疑问，会耐心对待，甚至承诺下次解答；纯洁如香雪的姑娘唤起外来者对美好的呵护，话不多又胆小的香雪与旅客做买卖却最顺利；陌生的铅笔盒的主人诚意将笔盒送给追车而来的香雪……

第二，小说清新、秀丽富于诗意，也得利于铁凝有意传达的对人生的"体贴"，对人类世界的善意与理解。文本综合使用了全知视角和第三人称（香雪）限制视角，对世界人生充满体贴善意的叙述者使小说呈现暖色调，抒情意味浓重。例如，台儿沟的小，"让人心疼"；当姑娘们恋恋不舍地送走"撇"下她们的火车时，叙述者写周围的静，"叫人惆怅"。

第三，小说在语言上亦追求富于诗意的表达。比拟、比喻等丰富修辞的使用，增加了小说的诗味。冰冷钢铁铸造被唤作巨龙，有勇敢、试探、钻、冲、奔的神态，机械转动能如人神气十足、沉重叹息、抱怨甚至冷漠；大自然也活了起来，月亮成了母亲，核桃叶成了铃铛，风有了怂恿的主体意识，月夜山谷一派童话诗意。正如孙犁回复铁凝的信中所言："这篇小说，从头到尾都是诗，它是一泻千里的，始终一致的。这是一首纯净的诗，即是清泉。它所经过的地方，也都是纯净的境界。"①

《哦，香雪》在文学史上的经典地位，在不断地被解读。它不仅是铁凝的成名作，更是附着了她对文学的审美诉求、文学理想，是解读铁凝作品的重要口径。

胡梦圆：小说是对女性独立精神和自我意识的宣扬。"在小说中，唯一的男性'北京话'并没有成为现代文明的传播者，香雪对于现代文明的追求仅仅聚焦在象征着高层次精神的'宝盒'上。现代文明的启蒙与救赎靠女性自我完成。"张岳的观点立足于城乡背景之上，但是他显然更强调另一个观点，那就是小说中具备独立精神和自我意识的女性。翟玲玲、王志桃等人也认为对女性独立精神的宣扬是整篇小说的核心思想。

小说体现了对人性的探索。铁凝曾说过，每个人的生活或灵魂里都有一个底色，文学也有底色。这不变的底色就是最初我对文学的认识。我心目中的文学是什么样子？是对人类的体贴和爱。这是铁凝对自己作品的描述，她始终把对人性的探索摆在文学创作的首位。赵爱学也曾这样评价铁凝的作品："铁凝初期作品以人性美为基本点，如《哦，香雪》直接赞美了人性的美好，无处不透露出作者对纯真人性的向往。"

作者有独特的情感，还需要将情感加以"物化"，才能最终将抽象的情感化

---

① 孙犁：《谈铁凝新作〈哦，香雪〉》，载《青年文学》1983 年第 2 期。

为具体。因而从狭义修辞手法角度探讨小说中"火车""自动铅笔盒"物象的象征义，成为理解小说抒情内涵的关键。安忆萱、吴玉杰中认为，作者抓住了"火车"之于中国改革进程的特殊含义。相较于"台儿沟"，列车自带有现代性时间意义上的后来者身份，是现代文明的隐喻。邓银华表示，"火车"这一客观物象经过主人公情感的折射后饱含情绪，成为情感对应物。可见，无论是将"火车"理解为具有改革气息的物象还是情感对应物，火车背后所指向的都是现代城市文明或者说现代化。这一点几乎被所有的研究者认同。除了"火车"，带吸铁石的"自动铅笔盒"也颇具象征义。按照过去主流思想或者作家的本意，它有着特殊的寓意：它代表着山外文明，是知识的象征。追求它，意味着对未来的憧憬，对现代文明、知识的向往，对尊严的维护。但随着时代的推移，有研究者开始质疑：为什么对华丽的铅笔盒的追求可以上升为知识追求？曾琪就认为，父亲做的木盒已经具备铅笔盒的实际功用，为了赢得同学认可而不顾父母的爱和辛劳的行为做法并不值得大加赞赏。马志伦也认为，无论是自动还是木质铅笔盒，作为知识和现代文明的符号，都能扛起改变山村面貌的重担。作者这样设置物象，存在一定的主观随意性。除了铅笔盒物象，香雪追求的自动铅笔盒与凤娇等姑娘所追求的发卡、纱巾、尼龙袜和小手表这组物象也被纳入研究视野中。以蒋军为代表的研究者认为将发卡、纱巾等物与铅笔盒区别开来，本质上是基于物质和精神的二元框架，但是这样的框架是很可疑的，难道凤娇们对于金圈圈、手表的喜欢就只是物质的占有欲望而毫无精神性的追求？至此，对小说物象的探讨陷入泥潭之中，曾经在 80 年代备受赞誉的"妙用"一时间被视为是前后矛盾的"误用"。

黄思遥：这篇小说的故事并不曲折，但许多细微之处都隐藏着强烈的象征意味，如蜿蜒盘旋的铁路、轰鸣疾驰的火车。现代工业的产物象征着强大的现代文明，而贫穷闭塞的小山村则代表了古老传统的乡土田园生活。而一群美丽、活泼的乡村女孩对于"一分钟"的期待与守候，不仅表现了少女好奇的天性与天真烂漫的性格特征，更展示了乡村女性对于现代生活与文明社会热切的渴望与向往。实际上，两种文具盒就代表了两种尖锐对立的文明与生活：木制文具盒代表了古老的农业生产方式与传统的乡土田园生活以及原始、单纯、朴素的美；而那个内置吸铁石的塑料文具盒象征了现代工业文明与城市生活以及精致、优雅、华丽的美。而有机玻璃的发卡则是微小饰物的变换，不仅暗示了乡村女性对于现代文明与城市生活的向往与渴望，更重要的是彰显了女性对于美的热切追求与全新理解以及她们的审美心理的悄然嬗变。

黄晓燕：《哦，香雪》这篇小说的契机全在于铁路修通。火车开进了深山，也就为深山中的人们带来了山外的新鲜事儿。在台儿沟停留一分钟的火车打破了山村往昔的寂静，拨动了山村人平静的心，带来了山外陌生新鲜的气息，诱发了山村人的不安与渴望。正是这短暂的一分钟，为山村人特别是青年人提供了观察、了解山外天地的可贵时机。作家写山村姑娘们为那一分钟而急急吃饭、细细打扮的一段，寥寥几笔，却传达出丰厚的生活意蕴：现代生活的强大诱惑力、山村姑娘们奔向现代文明的急切与真诚。这些女孩儿只能通过火车停留的一分钟从火车窗口窥望，从火车上的人们口中知道了外界的精彩，通过以物换物的方式得到她们想要的小物件，香雪却缱绻于取得她心爱的漂亮铅笔盒。作者铁凝的形象感受力是非常敏锐的，生活观察异常精细，火车在台儿沟只停留一分钟，但是在这一分钟里却能发掘出很多东西，如姑娘们的语言神态、交易时的热火朝天，以及在其中还细腻地描写了凤娇的朦胧缱绻的心思和情感，作者很好地抓住了这一分钟，在这一分钟前后，香雪她们对这"一分钟"的期待，对这"一分钟"的享受，以及这"一分钟"过后立刻呈现出的寂静，真是一支婉约而冷峻的短歌。她们的期待是那么真挚，她们的享受是那么快乐，她们在寂静之中又是那么热烈地回味着很快逝去的享受，而正是在这真挚、快乐、热烈的后面，叫人感到了那沉重的东西，令人回味无穷，引人深思。

李欣瑶：小说的主人公香雪，虽然只是一个十多岁的大山的女儿，但当她看到家乡在现代文明冲击下的变化，她一方面羡慕山外的世界和火车上的山外的人；另一方面她在严峻的事实面前感受到故乡的闭塞、落后、贫穷。虽然故乡没有改变一草一木，但在她心里，觉得她的故乡应当发生一些变化才是正常的，她并没有依附于任何人，本来就喜欢学习的她跑到三十里外的西山口上学，由于自己的铅笔盒，受到别的学生的鄙视，她虽然不自卑，却感到生活现状的差距，所以她宁愿用鸡蛋来换好的铅笔盒，而不是芝麻糖，这本身就是一种独立意识。作为一个农村的女孩子，不在乎个人的经济条件而是将心思放在学习上，不是短浅的物质利益，也没有将嫁人作为人生的首要选择，而是渴望通过文化、教育获得更大的主观、客观环境的根本改变，这本身就是一种进步。她不同于对爱情、婚姻的独立意识，而是一种更高层次的精神追求，体现出现代女性追求独立、追求自我的女性意识，更为可贵的是，我们可以看到，她不仅渴望自身命运的改变，更希望通过自己对知识、文化的努力追求，去改变整个台儿沟的经济和社会命运，这就将小说的思想提到了一定的高度，作者以最不起眼的农家女孩为起点，树立了一种新时期适应社会的新的女性精神境界。因此，小说结尾写道："古老的群山终于被感动得战栗了，它发出洪亮低沉的回音，和她们共同欢呼着。"这是香雪的美好愿望，古老的村庄需要像香雪这样具有独立精神的女性。同时，古老的文明需要这样独立的人来改变它的面貌。小说结尾运用生动的拟人手法写出了时代的呼唤，写出了女性对独立精神的无比崇敬，将这一精神提升了一定高度。

进一步地说，这种独立意识、独立精神的呼唤，也是铁凝对整个女性群体、整个女性精神的良好期望，她正是借助香雪，将女性与从前的男权社会的受奴役的女性区别开来，铁凝犀利的目光穿透历史与现实，以深邃的思考、开阔的胸襟与更高的女性意识摆脱了传统文化中狭隘的女性视角。用一种更为客观、理性的姿态走出了女性写作的误区，高举利刃劈向腐朽已久的男权文化，将千百年来在男权宣扬中扭曲的女性生存现状直白地呈现在众人面前。由此可见，铁凝的女性写作是女性自赏与自审意识的双重结合，超越了"五四"时期以来形成的女性写作规程，实现了从女性自我到理性自我的本质飞跃。

孙畅婉：铁凝在《哦，香雪》中塑造了"香雪"这位纯朴执着、天真活泼的乡村少女形象，十分动人。让我读之便瞬间想起另一位纯朴的少女形象——沈从文《边城》中的翠翠。在此，我将对两位人物形象进行简单比较，分析其异同。

首先，这两位少女都来自远离城市的闭塞乡村，却同样拥有淳朴敦厚的人性美。《哦，香雪》中的香雪年芳十七八岁，来自冀北地区的"台儿沟"，台儿沟"一心一意掩藏在大山那深深的褶皱里"，直到后来，才通了铁轨，与城市有了交往。而翠翠来自湘西边境的一个小山村，同样远离城市的喧嚣。然而两人都受到青山绿水的养育，香雪"洁净得仿佛一分钟前才诞生的面孔"以及"洁如水晶的眼睛"都让人感受到她纯净单纯的内心，而她为了一个自动铅笔盒而上了火车，半夜在山谷中战胜恐惧返回家乡的纯粹心灵，同样使人为之震撼；而翠翠则

"为人天真活泼，处处俨然一只小兽物"，她俨然是一位大自然的女儿，也同样勇敢而纯朴，在傩送离去后坚定而勇敢地接受命运的挑战，等待着他的归来，她身上同样存在着一种几乎脱俗的人性之美。

但翠翠与香雪两人的追求并不相同，翠翠在乡村中，追求着属于自己的爱情，她的这份爱情是纯美而真挚的，听说傩送在六百里外的"青浪滩"，她恍然如梦地问："爷爷，你的船是不是正在下青浪滩呢？"还有摘虎耳草的细节，都让我们感受到她对于爱情的勇敢追求以及可爱情态。而香雪的追求则更偏向对知识与文明的追求。香雪是唯一上初中的女孩，在别的乡村女孩关注手表时，她则关注皮书包，打听北京的大学，问什么是"配乐诗朗诵"，她对于知识的渴求可见一斑，她虽然来自文化贫瘠的山村，但却对外面的丰富知识与文明有着无穷的向往。一个人向往爱情，一个人追求知识，虽然同是在追求美好事物，但翠翠的爱情最终是破灭了，而香雪却换到了自己想要的铅笔盒，取得了某种意义上的成功，两人的结局还是不同的。

而此外，其实她们所代表的意义也不同。沈从文《边城》成书于1934年4月，以周作人等人为代表的京派作家强调与政治保持一定的距离，强调艺术的独特品格，而沈从文创作翠翠这一形象更是为表达其"优美、健康而又不悖乎人性的人生形式"，也就是其人性美。但铁凝却不同，《哦，香雪》创作于1982年，此时"文化大革命"刚刚结束，在"文化大革命"时期，政治性与阶级性被视作评判文学的唯一标准，而人性、人道主义则不受重视，甚至遭到批判。直到"文化大革命"结束后，人道主义才又在中国兴盛起来。《哦，香雪》正是创作于人道主义复苏的时日，它描写的则是以香雪为主的乡村姑娘们天真烂漫、活泼向上的纯美形象，体现了乡村女孩的自爱自尊和她们对先进文明与知识的追求，唤醒人们对生命美的欣赏与重视。

姚冰：《哦，香雪》中的群体现象值得研究，这不仅是作者想要表达的初衷，也是学生需要认真梳理的思维方向。小说中以台儿沟的凤娇、香雪为代表，是作者特意安排的角色。我们可以从角色中探寻不一样的关系，更可以从群体关系中解读作者有意安排的设想。

因为城乡的二元化，致使小说中的人物也出现了不同：城里的人造革学生书包，在香雪的眼中成了新鲜玩意儿。有机玻璃发卡、夹丝橡皮筋、挂面等城市工业化产品，更是台儿沟姑娘们争先换取的抢手货。台儿沟姑娘通过农产品换取上述物体，也成为她们心中永远难以忘记的忧伤。从更深层次探寻造成"检阅"与"被检阅"的原因，不难发现：城市人看不起农村，就连火车钢轨都好像发出"台儿沟小，台儿沟穷"的声音。农村人自己看不起自己，有意把漂亮的凤娇分配给"北京话"。至于香雪，更是有着一股执拗：宁愿走三十里夜路，也不愿意去投奔"北京话"的亲戚，这也是一种城乡不对等的心理烙印使然。物质与观念上的双重原因始终贯穿于人物和故事情节中，也便于学生更好理解农村屈从于城市，以及对城市的高度依赖。这便是我们需要从中还原的思维逻辑。

从理解小说的逻辑思维中找到可挖掘的切入口，从社会意义、价值观念、情感态度等方面探寻表达的初衷和隐藏的价值，能让学生在知其然中更知其所以然。从小说主人公的类别属性中探寻其内心情感，多从还原本来的思想情感中找到能有效突破的思维发散点，定能使小说承载更多精神寄托。这种精神寄托是作者想要表达的，更是读者需要认真揣摩的。建立在以此为解读基础上的还原，能让学生真正原汁原味吮吸书香中获得长足进步。

周静娴：《哦，香雪》是铁凝的成名作，反映了中国城市化初始阶段的城市与乡村的复杂关系。《哦，香雪》全文上下未施浓墨重彩，情节也并不起伏跌宕，而是提取了一个抽象的时间概念——"一分钟"来展开论述，作者把两种互为异质的文明符号同时在这一分钟里绽放，台儿沟、香雪、火车、自动铅笔盒、"北京话"……显然，前两者属于过去的东西是落后的，后者则是新时代的东西，是文明的。两种东西互相对照、映衬、抵触与冲突，显示了现代化的步伐在踏上中国农村土地时，既发出强大声威与不可阻遏，又带给人们以紧张、新奇与振奋的感觉。主人公香雪对火车态度的前后变化正是这种情绪的体验，以及思想的转变。以香雪为代表的山里人对火车代表的现代文明是怀有极高的兴趣与热情的，这从香雪这群山里姑娘等火车的热切心情，以及为看到火车，还要刻意地梳妆打扮可以看出来。香雪更是特别，为了换回铅笔盒敢独自走很长的夜路，所焕发出来的巨大勇气表现了在大山里窝了多年的人们对现代文明的渴望。现代文明的力量之所以如此震撼，是因为火车带来的不仅仅是漂亮的发卡、纱巾，也不仅仅是香雪用一篮子鸡蛋换回的一个能自动开关的漂亮铅笔盒，更有可能是一种方式，能够改变台儿沟人祖祖辈辈的生存方式，实现由落后到文明的进化。以上种种体现了乡土文明对工业文明的急切渴望。

陈歆怡：《哦，香雪》塑造了纯真美好的人物形象。小说以改革开放初期地处偏远的小山村台儿沟通火车为主线娓娓道来，山村的乡民、以香雪和凤娇为代表的乡村少女、火车上过往乘客共同组成了文章中的人物架构，其中又以名美、人美、理想美的香雪为主。

首先从香雪的名字来看，她是纯净无比的雪，又散发着沁人心脾的清香。她文静、朴实，有一双"洁如水晶"的大眼睛，向火车上的旅客卖东西时，甚至不需要说话便能够吸引人购买她的东西；况且她还有着"洁净的仿佛一分钟前才诞生的面孔"和"宛如红绸子般的嘴唇"，整个人看起来是那么的"明净秀丽、纯洁无瑕"。在作者笔下，乡村女孩香雪是一位外表文静、秀丽且内心纯洁、朴实的美好少女，她待人真诚，虽有腼腆羞涩，但却不乏追求内心理想的勇气。毫无疑问，香雪从内到外都散发着人性美和独特的少女魅力。

其次，香雪的理想美，她是台儿沟唯一考上初中的人，火车停留在台儿沟的一分钟时间里，她是第一个出门的人，但是与凤娇她们不同，香雪在火车上关注的永远是"皮书包""铅笔盒""诗朗诵""上大学"等东西，可见她内心对文化知识强烈的渴望和执着的追求。这和凤娇她们关注的"金圈圈""小手表""北京话"形成了鲜明的对比，虽然两者都是对工业文明和"外部世界"的追求，但显然香雪的理想追求更加崇高，也更符合乡村青少年渴望通过知识改变命运以及贫穷和落后的实际状况。

《哦，香雪》充满诗意的自然美。刘勰《文心雕龙》中曾写道："情以物迁，辞以情发；情以物兴，故义必明雅；物以情观，故词必巧丽"，由此说明了感情在叙事写物中的重要作用和不同影响。《哦，香雪》中也不乏对自然景物的描写和刻画，且均充满了诗情画意般的美感，这种美感一半要归功于作者铁凝丰富的内心情感，另一半恐怕要归功于当时让人心神俱震的改革春风，正是在改革春风下，从城市到乡野，举国上下都展现出乐观积极的心态，在这种充满活力、理想和奋斗的热情环境下，人们也呈现出了乐观、积极、善良的一面。

例如，在描写台儿沟时，写道"台儿沟那一小片石头房子"是有生命的，当夜幕降临，其仿佛听到了大山的命令，瞬间静止下来，静得那么深沉、真切，像是在向大山诉说自己的虔诚。还有在描写火车和铁轨进入台儿沟时，同样描写到

"那绿色的长龙",火车也具有灵性,其擦着台儿沟贫弱的脊背匆匆而过,但"台儿沟太小了,小的让人心疼,连钢筋铁骨的巨龙在它面前也不舍得昂首阔步,也不能不停下来"。这种诗情画意般的描写,一下子便能将我们带到台儿沟这片小山沟中来。类似的还有"铁轨在月亮照耀下泛着清淡的光,它冷静地记载着香雪的路程","古老的群山终于被感动的战栗了,他们发出洪亮低沉的回音,和她们欢呼着——哦,香雪!哦,香雪!"这些实在是描写得太优美!

《哦,香雪》写出了人性美和人情美。本篇小说不仅描写了自然美和人物美,更着重描写了人性美和人情美,这是一篇充满美的文章,更是一篇充满爱的文章,到处洋溢着温暖、关怀和希望,让人如沐春风,仿佛置身于诗意和爱意的海洋。首先,小说中重点描写了人与人之间的相互关爱,更是体现了人们在改革开放后自由向上的精神面貌,火车上南来北往的人们,有求学的学生,有为生计奔波的生意人,也有归家的旅客……以此映射出整个国家和社会都呈现出一片欣欣向荣的景象,人们的内心是愉悦的,充满幸福感和正义感。

其次,最令人难忘的是小说里描写母亲对女儿的关爱。在尚且贫穷落后的山村地区,并非所有女孩子都能读到初中,而香雪是村里唯一考上初中的人,由此可见家庭和父母对香雪的关爱与支持,且香雪用鸡蛋交换来铅笔盒之后,心里想的是"她要告诉娘,这是一个宝盒子,谁用上它,就能一切顺心如意","娘会相信的,因为香雪从来不骗人"……字里行间,无不都透露着母亲对香雪的信任、关爱和支持。除此之外,小说还写了山村小姐妹们对香雪的关爱,香雪本身是文静、腼腆、羞涩的山村女孩,但她与台儿沟的姐妹们却有着说不完的话,而且香雪最后走三十里夜路返回台儿沟时,迎面碰上了来寻找她的姐妹们,足见她们之间相互关爱、感情深厚。所以说这是一篇到处洋溢着人性美、人情美的文章,反映了当时人们积极向上又充满美好的道德情感一面。

乐思凝:《哦,香雪》以一个偏远的小山村作为故事展开的背景。小小的台儿沟是一个闭塞、孤独、贫穷的角落,那儿的人们过着几乎是封闭式的生活。他们隐藏在大山的皱褶里,无从知晓山外的世界。然而,前进着的生活浪潮终究会冲击每一个角落。火车开进了深山,也就为深山中的人们带来了山外的新鲜事儿。在这里停留一分钟的火车不仅让山里的人们倍感新鲜,也诱发了他们对于山外事物的好奇心。火车经过这里时,已经在享用现代文明的人们,从车上"发现台儿沟有一群十七八岁的漂亮姑娘，每逢列车疾驶而过，她们就成帮搭伙地站在村口，翘起下巴，贪婪、专注地仰望着火车。有人朝车厢指点，不时能听见她们由于互相捶打而发出的一两声娇嗔的尖叫"。这样的情景反映的恰恰是文明的落差带来的有意味的生活现象。车上与车下的人，虽同处于一个时代，但他们实际上却生存于不同的文明发展阶段，他们生活的是两个世界。现在行驶的火车，把他们的空间界限打破了。通过火车这个工业文明的象征物本身，台儿沟的姑娘看到了一个对于她们来说陌生而新奇的世界。她们本能地对这个世界感到好奇，并产生了解的愿望，还满怀羡慕和憧憬。从前她们跟大人们一样，吃过晚饭就钻进被窝，有火车开来后，台儿沟的姑娘们刚把晚饭端上桌就慌了神，她们心不在焉地胡乱吃几口，扔下碗就开始梳妆打扮。与其说火车进山改变了山村人的生活节律，不如说现代文明的冲击，在静止的农业文明主体身上引发了一场心理事件。也许对于处在不同进化阶段的两种文明做价值判断过于冒险，也有困难，但可以肯定的是，因文明的冲击而引起的积极向上的心理，体现的是生命的价值，故而对它进行艺术表现乃是纯文学作家本能的选择。

小说对于台儿沟姑娘集体性格的描写，似乎是对主要刻画对象的必要的铺垫与烘托，或者说台儿沟姑娘美丽的心灵世界，在主要角色香雪身上得到了集中的体现。在对现代文明表现出热爱和仰慕上，香雪是台儿沟姑娘的领头人和杰出的代表，因为看火车"香雪总是第一个出门"。尽管在陌生的事物面前，香雪表现得很胆小，但是对火车所载来的新世界，香雪比以好友凤娇为代表的其他同村姑娘却有更执着的追求。更重要的是，她们所追求的对象很不相同，"凤娇"们一眼看见的是"妇女头上的金圈圈和她腕上比指甲盖还要小的手表"，香雪发现的却是"人造革学生书包"，前者是用于装饰的物品，而后者是学习用品，是用于自我提升的，这其实可以反映出他们的精神世界的不同。因为香雪是台儿沟里唯一受过初中教育的女学生，其他姑娘还在盼望着去多看看年轻的乘务员，或者讨个好看的装饰品时，香雪最魂牵梦绕的却是一个可以自动开关的铅笔盒。

香雪父亲为她特制的木铅笔盒使她面对同学的泡沫塑料铅笔盒而自卑，而她最后在火车上以一篮鸡蛋换来一位大学生的铅笔盒，并因此而不在乎被火车多拉了一站、不畏惧多走三十里夜路的那一段情节，与她因为得到了铅笔盒不再害怕走夜路的心理活动，再一次升华了人物形象的塑造。香雪的举动是真诚自然的，只有像她这样的既渴求知识而又纯朴天真的山村少女才会有如此的勇气与行为。她的心愿很小，小到只是想要一个可以自动开关的铅笔盒，但她的心愿却又是如此丰富、广大。在香雪的委屈与希望、胆怯与执着、羞涩与果敢的交替转换中，作品展示了山村少女美好的内心世界，反映了感情与理智、历史与现实的丰富内涵，暗示了一种古老陈旧生活方式与观念的逐步解体，传达了新一代对于知识的渴求，对于尊严的维护，以及对于现代文明的热切呼唤。一个山村少女的清纯朴实、执着、热情，都通过铅笔盒这个细节层次分明地展现在读者的面前。

邱雨乐：《哦，香雪》自 20 世纪 80 年代发表以来，得到学界的一致好评并获得当年的全国优秀短篇小说奖。小说中香雪被认为是善良、纯洁和美好的代名词，代表着传统文明向现代文明靠拢的趋势，并且是把香雪作为正面人物进行歌颂的，总的来说，香雪被人为地崇高化了。首先是作者无意识地抬高香雪的地位。铁凝谈到该小说时说："但我还是怀着一点希望，希望读者从这个平凡的故事里，不仅看到古老山村姑娘的质朴、纯真的美好心灵，还能看到她们对新生活强烈、真挚的向往和追求，以及为了这种追求，不顾一切所付出的代价。"作者还在文中用芝麻糖与铅笔盒做对比，在比较中突出香雪之所以不惜拿四十个鸡蛋换铅笔盒是因为香雪渴望知识、向往现代文明。但是作者却忽略了一点：香雪没有芝麻糖并没有人盘问嘲笑她，她也不会因此感到羞愧从而生出欲望，而对于铅笔盒的渴望正是由于同学的盘问才产生的欲望，欲望不是自发的。

铅笔盒一直以来都是作为现代文明知识的象征来阐释的。但是，细读文本发现铅笔盒既不是我们通常所阐释的知识的寓意，也不是香雪在文中所说的"宝盒子"。这里的铅笔盒是潘多拉魔盒，是它的出现让香雪猛然间意识到了台儿沟是贫穷的，贫穷是可耻的，从而生发出追求物质财富的渴望，真正地解构了香雪的神话。铅笔盒里本应该放铅笔、橡皮之类的学习用具以便能更好地阐释文具盒所代表的知识象征，但是主人公香雪却放进去了与凤娇们一样喜爱的擦脸油，这显然与我们历来所阐释的铅笔盒是现代文明知识的象征形成一个悖论。这样的描写恰恰证明了作家的敏感性，显然也是意识到铅笔盒处于模糊暧昧的地位。

这里有一个历来被研究者所忽视的潜文本：擦脸油哪里来的？既然金圈圈、手表、纱巾、尼龙袜和发卡在这个闭塞的小山沟里都没有见过，擦脸油必然也是换来的，只是这一潜文本被历来的研究者所忽视了。还有一点需要明确说明，香雪之所以渴望得到铅笔盒，并不是急切地渴望学习而是渴望听见铅笔盒合上的"哒哒"声，这"哒哒"声在文中一共出现了三次，可见作者也显然意识到了是这种声音蛊惑着香雪不惜拿四十个鸡蛋来换一个塑料铅笔盒。这表现了香雪对物质的急切渴求。在这里，这种潘多拉魔盒更有一种间离作用，这种间离作用是双重的。其一，香雪与女同学们的交往过程中，正是由于"铅笔盒"（物）的出现使得香雪产生了自卑的心理，也使香雪从同学们中分化了出来。其二，香雪终于得到自己想要的铅笔盒时，却又被父亲责怪，所以想到所谓的"美丽的谎言"："她要告诉娘，这是一个宝盒子，谁用上它，就能一切顺心如意，就能上大学，坐上火车到处跑，就能要什么有什么。"由于怕被责问所以要撒谎，母女之间的和谐关系竟然需要靠谎言来维持。这种"物"（指铅笔盒）已经对人与人之间的关系产生了影响。尚未城市化的小乡村人们的淳朴肯定不会用谎言来达成目的，而在城市化的进程中，物质财富的追求不仅改写了人与人之间的关系，同时也遮蔽了人伦情感。至此，一个被作者和众多阐释者树立起来的"香雪神话"轰然倒塌。

铁凝的《哦，香雪》因为写在20世纪80年代，主人公香雪的欲望追求的本质行为被有意无意地人为拔高了，香雪成为善良美好的代名词，被崇高化了。虽然我们要清楚地认识到香雪这一形象的本质含义，但是在今天这个物欲横流的时代，我们还要反思："崇高"的存在是否有必要？人与人之间更加冷漠的时代，我们是否需要一些共同的东西来占据内心深处？在心愈加坚硬的时代，我们是否需要一些集体的、共同的东西来软化我们的心灵？有时，崇高也是一种信仰。

王家琳：《哦，香雪》以北方小山村台儿沟为背景，通过对香雪等一群乡村少女的心理活动的生动描摹，叙写了每天只停留一分钟的火车给一向宁静的山村生活带来的波澜。作品重点描写了香雪的一段小小的经历：她在那停车的一分钟里踏上了火车，用40个鸡蛋，走了三十里夜路，换来了一个带磁铁的泡沫塑料铅笔盒。

作者极力在"一分钟"里挖掘，细致入微地描写了香雪对新生活的纯真、炽热的向往和追求，构思精巧；以清新婉丽的笔调，为小小的生活场景创造了空灵、蕴藉的艺术境界；同时又在这纯净的境界中寄予了严峻的思考：那纯朴、淡远的美是迷人的，令人不由自主地去欣赏和赞美，但她恰恰又是与贫穷联系在一起，在同整个台儿沟，在走向新生活的路途中将会经历怎样的变故呢？小说于淡雅中贮满诗情，笔墨所至，大自然的一切均被赋予了生命和灵性。叙述语言清丽、简洁，富有音乐感和诗的意味。

侯可：在文章步入香雪换文具盒的正题之前，凤娇的行为也十分吸引眼球。

当凤娇和伙伴在拥挤中处于弱势地位时，她一声尖叫，"呦，我的妈呀！你踩着我的脚啦！"面对伙伴的讥笑嘲讽，"我撕了你的嘴！"凤娇骂着；面对列车的质疑大胆的凤娇回敬了一句："哟，我们小，你就老了吗。"她说话直言不讳，语言直率，足以体现她大胆泼辣的一面，恰似名字中同有一个凤字的王熙凤。

凤娇喜欢头饰、手表、金手镯、纱巾，几乎是一眼就看到乘客身上最显眼的特点。她愿意并且喜欢打扮自己，当一个未经世事的山村女孩面对物质的诱惑时，产生这样的举动是非常自然的。

同样地，凤娇在换东西时，换来的都是可以装扮自己外表的头饰，与香雪比起来，她更注重物质上的满足，这意味着凤娇对于诱惑的抵抗力可能没有那么强。

作者写香雪的姐妹凤娇偶然结识了火车上温文尔雅的年轻乘务员"北京话"，从与他的接触中萌发了朦胧少女情愫，跟他做买卖时，她有意磨磨蹭蹭，直到火车开动时才把整篮的鸡蛋塞给他，她是故意不让他有付钱的机会。而凤娇却觉得很开心很满足，因为她心甘情愿地为她喜欢的人付出。这一系列细节充分展现了山村女孩对可望而不可即的爱情特有的含蓄与执着，而这种特有的情怀不论在哪个时代都具有代表性。但是，小说的细节是：香雪下火车之前，"北京话"在说话时无意中提到他的爱人，却让香雪感到委屈。香雪为凤娇着想，体现了山村中女孩的交情纯洁而深厚。

严静瑶：《哦，香雪》给我的感觉很像《边城》。后面我去查阅了相关资料，发现在背景、内容方面，这两篇文章都有相似之处。

在背景上，虽然《边城》写于1934年，比《哦，香雪》早了半个世纪，但是文学创作的氛围却有相似之处。20世纪30年代之后，正是批判现实主义小说和乡土作品流行的时候。乡土文学批判现实主义，当时几乎把中国社会给批判得体无完肤，很多人都对这个国家都失去信心了。而《边城》在这个时候出现给大家带来了希望，让大家觉得中国其实还是有很多美好的地方的。《哦，香雪》写于 1982 年，那时流行的小说是叫伤痕文学和反思文学。所谓的伤痕和反思，就是 20 世纪 50 年代那时候开始到 60—70 年代"文革"的伤痕和反思。这两类作品的共同特点就是意蕴非常沉重，文中都是写的那个特殊时代对人性的压抑扭曲，人的那种善与恶的挣扎。《哦，香雪》的出现就好像大雾霾天去逛一个室内植物园，让人突然觉得空气清新了一点，喘气也轻松了一些，这是与《边城》有着同样的效果的。

从内容上讲，《边城》是一个现代版的桃花源，《哦，香雪》也是如此。《边城》中写的是湘西茶洞这个小村与世隔绝，村里人都非常淳朴善良和可爱。这个是桃花源的一个必备特点。铁凝则虚构了这么一个叫台儿沟的小村，里面的香雪卖给乘客鸡蛋的时候会与《边城》里的老船夫说同样一句话："给多少钱您看着给吧，多少都行。"这都是非常淳朴的人性，感觉这里就像桃花源一样。

汪韫琦：这是一篇选进教材的课文，我在之前做这篇课文的教学设计的时候就注意到很多教参都将解读要点设定为"鉴赏文中抒情诗的意境，并从香雪等山里少女的心理律动中发掘时代思潮的波澜……那就是对山外文明的向往，对摆脱封闭、愚昧和落后，走向开放、文明与进步的迫切心情，还有姑娘们的自爱自尊"。这种说法应该沿用了一直以来主流意识形态的解读，也符合作者的本意。然而如今，我们有必要质疑，质疑的焦点就在于小说的中心意象"自动铅笔盒"，它是否就能如作者的意图那样代表现代知识文明？如果能，"现代知识文明"该如何界定？如果不能，其中的文本裂隙说明了什么？

"她要告诉娘，这是一个宝盒子，谁用上它，就能一切顺心如意，就能上大学，坐上火车到处跑，就能要什么有什么，就再也不会被人盘问她们每天吃几顿饭了。娘会相信的，因为香雪从来不骗人。"

至此，铅笔盒不再是一件普通的学习用品，而成为知识神圣价值的象征，附加了上大学、融入现代生活的美好梦想。然而为了铅笔盒，香雪和她的乡村付出了巨大代价。她付出了四十个鸡蛋，还会因此遭受母亲的责备，因为四十个鸡蛋对一个山村家庭来说不是小数目；她丢弃了木匠父亲为她做的独一无二的文具盒，其实也是不顾父亲的辛劳和爱；她第一次向母亲撒谎，失去了诚实；牺牲这一切，也只不过是为了在同学面前维护一下自己脆弱的自尊。难怪现在的中学生并不认可香雪的行为，认为她执意去拿母亲辛苦积攒的鸡蛋去换铅笔盒，只是一种虚荣心的表现。它意味着，在现代化浪潮中，山村并未能顺利地进入现代文明，却在两种文明势力悬殊的冲撞中丧失了宝贵的精神传统，亲情、道德等一系列代代相传、铭刻于心的精神内核正在解体。

所以我认为这是文本隐含的一个深层裂隙——乡土的发现与沦陷，也就是乡土伤痕。宁静优美、富于诗意的山村，被发现的同时也失去了物质上的自足感与精神上的自洽感。它奋勇迈向现代文明之时，往往也是精神解体的开始。文明的冲撞使我们得以发现自己的家园，同时也发现，每个人的家园都在沦陷。

中语视点

关于文章美的若干要义探讨*

杨道麟**

翻阅《曾子文章学》便可得知，与文学美（以非写实为主的小说、诗歌、散文、戏剧等所体现的美）相区别的文章美是指普通文章（以写实为主的记叙文、说明文、议论文等）和专业文章（以写实为主的新闻文、应用文、学术文等）以及变体文章（以写实为主的纪传文、科普文、杂感文等）所体现的美①。它既是美学理论的观照对象，又是美学实践的应用工程，具有"学而兼术""知行合一"的鲜明特色。关于文章美的若干要义探讨，学界历来因诸多因素干扰而有所忽视，导致至今仍然是一个少有人问津的"荒原域"，这就无疑削弱了它对于提升"美丽中国"建设者——"求真""向善""崇美"的创造性人才和"健全的人格"的素质的功能。基于此，文章学究者必须而且应当注重文章美是人的本质力量对象化的体现、文章美是内容美和形式美的熔铸、文章美是美学研究中不可忽视的领域、文章美是与文学美媲美的美学新大陆等若干要义的探讨。

一、文章美是人的本质力量对象化的体现

"人的本质力量对象化"② 是一个意义丰富的命题。一方面，人的本质力量

* 基金项目：中央高校基本科研业务费专项资金课题"经典文章教育的美学观照"（编号：CCNU15A06030），国家社会科学基金一般课题"母语非汉语藏族中小学生汉语语用失误研究"（编号：17BMZ073），国家社会科学基金教育学重大课题"中小学语文教育改革研究"（编号：AHA120009）子课题"语文教育观研究"。

** 作者简介：杨道麟，男，华中师范大学教授，班颂德皇家师范大学外聘教授，博士生导师，主要从事美学和语文美学以及文章美学的研究。

① 杨道麟：《文章作品的声韵美略论》，载《湖南师范大学社会科学学报》2012 年第 2 期。

② 参见《马克思恩格斯全集》（第 42 卷），人民出版社 1979 年版，第 125 页。

创造着体现和显示人的本质力量的对象；另一方面，人的本质力量也随着肯定和确证人的本质力量的对象的深刻性相应地得到提高和深化，达到新的程度和水平。文章美是作者按照美的规律、美的理想、美的标准而进行的自由创造，是人的本质力量对象化的体现。

（一）文章美是按照美的规律的能动建造

关于"美的规律"，马克思说："动物只是按照它所属的那个种的尺度和需要来建造，而人却懂得按照任何一个种的尺度来进行生产，并且懂得怎样处处都把内在的尺度运用到对象上去；因此，人也按照美的规律来建造。"① 这里"任何一个种的尺度"是指客观存在的事物的自身规律，"内在的尺度"就是人与客观事物之间的关系以及需求和目的，"人也按照美的规律来建造"即是说人所从事的创造具有既合乎规律性的"真"又合乎目的性的"善"更合乎感受性的"美"特点。

文章美不是对客观事物即自然、社会和思维的简单模仿，而是文章作者"按照美的规律"的能动建造，是"人的本质力量对象化"的具体体现。"对象化"是美学中常用的一个术语，其基本意思是人的行为在其对象上得到肯定和体现。"人的本质力量对象化"就是把人的本质力量物化到客观对象之中，从而确证人的本质力量的存在，使它具有现实性。也就是说，通过人类长期的社会实践，在实践对象所创造的世界中都会不同程度地打上人的本质力量的印记。人通过社会实践改造世界、改造自己，并在所创造的世界中融入自己的生命、理想、智慧、意志与活力，从而使这个世界具有审美价值。人在直观审美对象时直观了自身，也就是确证和肯定了自己的自由创造力。在这种情况下人得到了愉悦，也就是感受到了真正的美。文章美作为一种客观存在，也是"按照美的规律来建造"的。但这种"建造"是对客观事物的美的发现和展示，与文学美中的较客观事物的美"更高，更强烈，更有集中性，更典型，更理想，因此就更带普遍性"② 的"塑造"有着根本的区别。后者塑造的美是源于客观事物的美而高于客观事物的美，前者建造的美是源于客观事物的美而精于客观事物的美。文章中的事象是客观事

---

① 参见《马克思恩格斯全集》（第 42 卷），人民出版社 1979 年版，第 97 页。
② 《毛泽东选集》（第 3 卷）人民出版社 1991 年版，第 861 页。

物中本来的事象，文章逻辑是客观事物中固有逻辑，文章中的思想是作者自身的思想，文章中的情感是作者心底的情感，文章中的结构是客观事物运动过程和主观情思活动轨迹的辩证统一。文章的形式合乎语言、逻辑、文体等方面的表现，也就是按照美的规律建造的结果。有了这两条，就符合"美的规律"，可谓美的文章。反之，如果文章充满谬误、病态、庸俗、低级，形式上语言不通、文体驳杂、逻辑混乱，不能给人带来收益，则为丑的文章。因此，文章作者必须按照"美的规律"能动地建造文章美，即既懂得按照"任何一个种的尺度"来生产，又懂得把"内在的尺度"运用到对象上。就文章而言，文章作者倾注其中的能动建造越多，凝结其中的聪明才智越充分，就越美。凡是符合美的规律的事物都是美的。违背了客观规律，建造就不可能；违背了人的需求，建造就失去了意义。所以失去任何一方就没有了美。

(二) 文章美是按照美的理想的自觉追求

关于"美的理想"，杨平认为，美的理想是人对完整性的、至真至善至美的境界的一种观念、规范和要求，"是人以客观现实的规律为依据，在现实生活的基础上对未来的一种超前的设想和意愿"[1]，是真善美的综合反映。它是人类展望未来的美好愿望和要求，既是人类主体不断地超越艺术感性美的一种动力，也是人类主体对美好事物的期待而向往科学的理性美的一种目标。它是感性和理性的统一，具有个性与共性、经验的普遍性与历史的必然性相结合的特点。

文章美不是自然美、社会美、思维美的复制，而是自然美、社会美、思维美的反映，是其在具有"美的理想"的文章作者头脑里映射的产物。没有美的理想，就没有文章美的存在。作者是文章美建造的主体，大凡主动地建造文章美的人，都会自觉地按照美的理想追求文章美，即使不甚明了文章美基本规范的人也在主动追求，至于那些把建造文章美作为实现自我价值的一种途径的人则更是竭力追求，千方百计地把文章建造得富有美感。美感是作为实践主体的人对自己本质力量的观照。有些人建造出来的文章不美，不是他不求美而是他求之不得，或者是他缺乏求得文章美的能耐，再或者是他没有按照"美的理想"把握文章美的正确标准。在文章作者的群体中，建造文章不求美的大有人在。他们之所以不追

---

① 王向峰：《文艺美学辞典》，辽宁大学出版社 1987 年版，第 154 页。

求文章美，是因为他们建造文章不是出自本身的倾吐欲，而是被动的、不得已而为之的。追求美是人的一种基本欲望，而追求文章美更是文章作者的一种天性。一般认为实现文章美的追求要比实现文学美的追求容易得多，其实要建造出具有美感的普通文章和专业文章以及变体文章，没有作者按照"美的理想"而脚踏实地、坚持不懈地追求是完全不可能的。为了实现文章美的追求，文章作者必须按照"美的理想"端正文章美的追求目标。追求文章美的人，都有追求目标，但其中有正确与错误之分，有朦胧与明晰之别。在意旨方面，有的以奇妙、新鲜、深刻为美，有的则以乖谬、陈腐、浅陋为美；在事料方面，有的以真实、典型、新颖为美，有的则以荒诞、干瘪、雷同为美；在情感方面，有的以健康、诚挚、深邃为美，有的则以病态、虚伪、浮泛为美；在结构方面，有的以完整、匀称、间隔为美，有的则以残缺、造作、老套为美；在语言方面，有的以通达、简练、明快为美，有的则以艰深、烦冗、晦涩为美；在体式方面，有的以整洁、直观、规范为美，有的则以邋遢、模糊、畸形为美。文章作者必须按照"美的理想"自觉地追求文章美，并健全文章美的追求意识。文章美的追求意识包括对文章美的来源、文章美的表现、文章美的意义等方面的认识和见解。健全文章美的追求意识有助于克服追求上的种种偏颇，从而确立文章美是美学研究中不可忽视的一个领域，文章美是可与文学美媲美的美学新大陆。

（三）文章美是按照美的标准的积极实践

关于"美的标准"，缪澄浴认为，美的标准是存在于审美主体心目中的各种美的事物的具体"样子"，或称为"审美心理模式"①。它是审美主体在美的理想的指导下对审美客体的能动反映，既有对客观审美对象的审美属性的概括，又有主体审美体验的凝结；既为审美主体的审美实践所规定，又不断地接受其检验和修正。它是绝对性和相对性的统一，具有"任何一个种的尺度"和"内在的尺度"、美存在的必然性和审美体验的普遍性相结合的特点。

文章作者要把自觉追求变为事实，还必须按照"美的标准"进行积极的实践。学界周知，文章作者在从事文章美建造之前，大多是先有了一定的阅读文章的实践。在阅读实践中总是逐步地由很不自觉到比较自觉地用美的标准对接触的

---

① 王向峰：《文艺美学辞典》，辽宁大学出版社1987年版，第219页。

文章进行筛选，阅读到自认为美的文章时就如珍宝一般欣赏之，阅读到自认为丑的文章时就如粪土一般厌弃之。随着文章阅读审美实践的积累，文章美的标准便逐渐形成和显化。当这种美的标准强化到一定程度时就产生了把文章建造得美的欲望，以至于刻意追求文章美。可以说，文章作者力求把文章建造得美的意识缘起于自身阅读实践中自觉和不自觉地欣赏美文、厌弃丑文的心理过程①。另外，文章美是文章作者按照美的标准的积极实践活动。它始于直觉的美感的诱发，源于主观感情波动的激励，而且一直到完稿都不可避免地包容着对事物的赞美、欣赏或厌恶、鄙夷的情绪。作者对客观事物不只有观念的世界，还有情趣的世界；不只有理性的认识，还有感性的意识；不只有观察，还有欣赏；不只有理论上的分析推论，还有情绪中的联想想象。在文章美的建造中，假如没有欣赏和惊叹，就没有游记、通信报道；假如没有美丑判断和美的向往，就没有评论文、杂感文和公务文；假若万事万物的生灭不引起人们的注意，不产生欲望、快感或懊恼，就不会产生说明文。文章美同其他美的事物一样，既是内容的，又是形式的。揭示规律、符合目的、满足需求属内容；严密的逻辑、完整的结构、准确生动的语言则属形式。在这种情况下得到的愉悦和满足，源于人的本质力量在对象中得到了体现。随着现代科学的发展，人们越来越深刻地认识到：任何客观的研究对象，都存在着复杂的层次结构；而人对于它们的主观反映和表述，也必须具备相应的层次结构。这样，作为内在层次结构的内容和表述层次结构的形式，就必须处在统一体里，互相依存，互相制约，互相转化。人的本质力量在文章美中的对象化就该是在内容上能启人"求真"，教人"向善"，引人"崇美"，是真善美的"合金"，让人获得享受；在形式上也合乎色彩美、线条美、形体美、声音美等的构成因素和整齐一律、对称均衡、对比调和、多样统一等的构成法则，令人一见倾心。因此，文章作者必须按照"美的标准"积极地坚持文章美的实践。积极地坚持文章美的实践为"美的标准"提供了精神条件、提供了某种可能性。利用精神条件能将可能性变成现实性，真正建造出美的文章来，还得靠顽强的积极实践，并在实践中不断提高实现追求的能力，从而彻底走出误将形式美取代文章美的泥淖和错把文学美当作文章美的误区。

---

① 张会恩、曾祥芹：《文章学教程》，上海教育出版社 1995 年版，第 219 页。

二、文章美是内容美与形式美的熔铸

马克思主义美学认为，世界上一切美的事物都是内容与形式的统一体，只有内容而无形式或者只有形式而无内容的事物是不存在的。文章美，也是内容与形式的统一体，因而也有其独特的美学蕴涵。它同世界上其他美的事物一样，大致包括内容美与形式美两个因素。因此，研究文章美应当着力研究它的内容美与形式美的熔铸。

（一）文章的内容美

文章的内容美是指文章作者根据一定的审美观念从对象世界的"内容"中所摄取大量的真善美价值的信息，它的发展决定着"形式"的演进、变化，因而带有浓厚的理智因素。文章的内容美的问题相当复杂，涉及的范围也比较广，主要有意旨美、事料美和情感美等。

1. 意旨美

意旨是文章各构成部分显示出来的意义，是文章美的灵魂。所谓意旨美，就是指文章作者对客观事物的感受、理解和认识后所表现出来的并贯穿在文章中的一种美的主导意向。它是控制文章脉络、决定文章成败的胶合剂，要求格调高尚、感情健康，不落俗套、刻意求新，揭示本质、反映规律，能引人思考，让人"听唱新翻杨柳枝"，从而能给人鼓舞、催人奋进，并进而深入探究事件的意义，剖析事物的矛盾，洞察生活的底蕴。如何做到意旨美？一是意旨要正确，即文章意旨要体现文章作者所处的时代精神和本质特点，使之既有新思想、新观念，又有新发现、新发明，还有认识问题的新角度、新途径，解决问题的新方法、新经验，做到"文章合为时而著，歌诗合为事而作"①，发世人之情，抒民族之魂，吐时代之声，具有当代性。二是意旨要深刻，意旨要透过事物的表面现象，以小见大、洞幽发微，或直入核心，或言中要害，或把握关键，或挖出根本，从而凭借辩证的审美目光去透视、把握和表现，将"人的本质力量对象化"，做到"一

---

① 白居易：《与元九书》，载郭绍虞主编：《中国历代文论选》（1卷本），上海古籍出版社1979年版，第141页。

花一世界，滴水见海洋"，时时拨人心弦、处处耐人寻味，具有开掘性。三是意旨要鲜明，即文章意旨要不落于窠臼，既明白又确定，决不能模棱两可、含糊其词，能引起读者认识上的满足和情感上的享受，能见人之所未见，发人之所未发，或"反弹琵琶"，或多向思维，或辩证分析，做到"领异标新二月花"，能显示顽强的生命力，能给人以真善美的启迪，具有独创性。四是意旨要内化，即文章意旨要奇妙，使之成为"时代的化身"，并"渗透在作品的字里行间，渗透在人物的言语、行动和心灵活动中"①，按照客观事物的规律性，把自己富有个性特征的目的和愿望，具体转化为能够愉悦和观赏的形象，做到与文章的内容融为一体，具有烛照性。正确、深刻、鲜明、内化构成了文章意旨美的根本内容。当读者读到"正确、深刻、鲜明、内化"的文章时，就会随着文章作者进入一个崭新的天地，感到它语愈淡味愈浓，经得起思考和玩味；读者如能领悟出它的意蕴时，就能弥补自己认识上的不足，从而使心胸为之坦荡，眼界为之开阔，产生积极向上的力量。

2. 事料美

事料是文章各构成部分呈现出来的实际情况，是文章美的血肉。所谓事料美，就是指文章作者将宇宙间、人世间曾经存在过和已经存在着的事和理等选入文章中用来表现意旨的一种美的"情化"材料。事料是形成文章、构成文章的激活素，要求或记事状物，或写景抒情，或明理达意，或解说概念等都应把主观和客观融合表达，从而或构成形象体系，形成情感共鸣的基础；或构成思想体系，提供抽象判断的依据；或增长知识见闻，反映五彩缤纷的客观世界。如何做到事料美？一是事料要真实，即文章作者要选用最能鲜明地充分地显示事物本质的事料，不弄虚作假，不矫揉造作，不胡编乱造，不故弄玄虚，使所选用的事料或真实地反映了客观的现实生活，或真挚地抒写了时世的沧桑变化，或真切地体验了人生的悲欢离合，诚如刘勰所云的"事信而不诞"②，从而使读者获得"善"的升华和"美"的感悟。二是事料要典型，即文章作者在选用事料时，要从现实素材中选择具有广泛的代表性和强大的说服力的事料，应充分考虑它们是否有利于

---

① 王润滋：《要有自己的艺术追求》，载巴伟、虞阳编：《中青年作家创作经验谈》，浙江文艺出版社 1983 年版，第 15 页。

② 参见赵仲邑：《文心雕龙译注》，漓江出版社 1985 年版，第 33 页。

人类的生存和社会发展的需要，是否深刻地揭示了事物的本质和规律，是否给读者带来美的享受。三是事料要新颖，即文章作者要有敏锐而独到的感觉和发现，应选用能反映时代的精神并给人以新鲜感的事料，切实避免那种人家早已用滥了的事料，"吃别人嚼过的馍馍没味道"。四是事料要系统，即文章作者要从传递真的信息、善的信息和美的信息的需要，在将众多的、分散的、零星的原始事料选入文章时或按认识过程的线索、或按逻辑关联的线索、或按情绪波动的线索、或按某种人为的线索等进行重新组合，使之具有系统性，从而形成一种表意关系，成为有总有分、有详有略、有主有次的层次系列。真实、典型、新颖、系统构成了文章事料美的根本内容。当读者读到"真实、典型、新颖、系统"的文章时，就会透过文章作者对自然、社会、思维的感情的折光，窥见时代的影子，感觉到一条简明而具体的生活脉搏，领略到生活本质的光彩，从而体味到真善美的浓烈气味，并在更高的层次上获得强烈的美感。

3. 情感美

情感是文章各构成部分表达出来的某种感情，是文章美的枢纽。所谓情感美，就是指文章作者对客观现实是否适合自己的需要和社会的需求所持有的肯定或否定的态度而出现在文章中的一种美的主观体验。它是组织文章、凝聚文章的染色剂，要求记人叙事含情，写景状物寄情，议论说理寓情，从而使读者或开怀大笑，或悲痛欲绝，或愁肠百结，或怒火中燃。一句话，没有倾注文章作者情感的文章，犹如泥胎与木偶一般呆板、生硬，激不起情感的波澜。如何做到情感美？一是情感要健康，即指文章要传达真情实感。也就是说，文章中必须是在对客观事物深入认识、反复体察的基础上才能获得的真情实感。这要求文章作者不但要用自己的感觉、知觉去身同心受，还要靠思维去分析、比较、鉴别，摒弃那种矫揉造作的无病呻吟、庸俗单薄的过誉之词，浅显直露的滥情泛感，从而使文章有益于读者的身心，有益于社会人生。二是情感要尚质，即指文章要传达高质量的情感。也就是说，文章中传达的情感迎合读者的哪些品类的趣味，诱发人情人性中的哪一种因素，都有高下之分。这要求文章作者一定要摆脱猥琐卑微情感的羁绊，有意识地提炼和升华情感的品格，从而使文章以真善美的情感去净化读者的心灵，陶冶读者的情操。三是情感要适量，即指文章要传达有适当分量的情感。这要求文章作者必须把人生的重情至性、深刻的人生体验传达出来，而不是浮在客观事物表面的一层油，从而使文章的情感融注在字里行间，让读者去体味弦外之音，韵外之旨。四是情感要出新，即指文章要传达独特的情思和新的情意。也就是说，文章要不断地拓宽新的视野，寻找寄寓情感的新天地。这就要求文章作者对客观事物有独特的感受和个性的理解，使之成为情感的载体，并在旧的景象中灌注新的意识和新的观念，从而使文章给读者一种新鲜感。健康、尚质、适量、出新构成了文章情感美的根本内容。当读者读到"健康、尚质、适量、出新"的文章时，就会从文章作者建造的情感世界中自然而然地受到熏陶、感染，并获得巨大的审美享受。

（二）文章的形式美

文章的形式美是指文章作者根据自身的见识而选择最好的"形式"来恰当地呈现对象世界的特殊方式，它依赖于"内容"并与之相适应，因而带有更多的主观色彩。

1. 结构美

结构是文章内容的组织构造，是文章美的骨架。所谓结构美，就是指文章通过和谐、统一的布局，精当、巧妙的剪裁，自然、严谨的衔接，从章节、层次、段落的排列组合中透现出一种起承转合、疏密缓急的动态结构。它主要有完整美、匀称美、间隔美和侧重美等内容。完整美是指文章各个部分完全、不残缺，各个部分之间联系紧密、不松散。文章如果有起无结，有因无果，这就是不完全，就是残缺。文章各个部分之间如果没有严密的逻辑关系，或者缺乏必要的过渡和衔接，那就是不严整，就是松散。残缺和松散是缺少完整美的特征。文章层次的完整美就是有头，有中，有尾，而且头、中、尾联系紧密，形成一个整体。兵家有所谓"常山蛇阵"，它的特点是"击其首则尾至，击其尾则首至，击其中则首尾俱至"①。这可以用来形容文章层次之间的互相照应，联系紧密。匀称美是指文章各个部分的比例适当，大体差不多。通常讲文章的结构有"凤头、猪肚、豹尾"之说，这就是一种比例。如果文章中间小两头大，就显得不匀称了。匀称不是平分秋色，而是文章要有重点。文章层次的匀称美主要是注意比例的适当。一篇文章如果分成几章、几节或者几个部分，从形式美的角度要求，这些章

---

① 孙武、郭化若：《孙子译注》，上海古籍出版社 1984 年版，第 191 页。

节、部分的分量不宜畸轻畸重。间隔美是指文章各个部分之间体现不同色彩的配合、相同特征的部分之间有间隔，这样的结构就是文章的间隔美。抑扬相间、正反相间、长短相间、疏密相间，都可以凸显间隔美。文章在层次的安排上，正反相间、长短相间、抑扬相间和疏密相间，并不是一定按照一正一反、一长一短、一抑一扬、一疏一密的机械的规律来安排，而是要根据内容的需要，该疏处则疏，该密处则密；该抑处则抑，该扬处则扬；该正处则正，该反处则反；该长处则长，该短处则短，只要体现错综变化就行。侧重美是指文章各个部分之间有轻有重，有主有次，这样的结构就是文章的侧重美，其在某种意义上就是文章内容的剪裁问题。要说的理念多了，要用的事料多了，重点就难以突出，所以只需保留最必要的理念和事料。剪裁好了，文章结构的侧重美就有了基础。

2. 语言美

语言是文章传达信息的媒介物，是文章美的精髓。所谓语言美，就是指文章通过词语的音响、色彩，句式的长短、对偶，语调的铿锵、抑扬，语气的连贯、强弱等造成的一种给读者以美感的语言。它主要有简练美、流畅美、错综美和韵律美等内容。简练美是指文章的语言不多一字，辞切理当。大凡文章大家的语言都是以简洁明快为主要特色的。例如叶圣陶的《黄山三天》中有这样一段："云谷寺没有寺了，只留寺基。台阶前有一棵异萝松，说是树上长着两种不同形状的叶子。我们仔细察看，只见一枝上长着长圆形的小叶子，跟绝大部分的叶子不同。就绝大部分的叶子形状和翠绿色看来，那该是柏树，不知道为什么叫它松。年纪总有几百岁了。"① 这段文字的五个句子一环套一环串起来，采用汉语陈述句的主谓句式，结构完整；句式没有多大变化，也没有使用调整语言的修辞手段。这一段一词一句如信手写来，平淡无奇，但耐人寻味，简练中有思致。流畅美是指文章的语言精美通达，自然和谐。毛泽东的《别了，司徒雷登》一文写得流畅有力，很有气势。气盛处，使人觉得余意未尽，震撼不已。"好办法，美国出钱出枪，蒋介石出人，替美国打仗杀中国人，'毁灭共产党'，变中国为美国的殖民地，完成美国的'国际责任'，实现'对华友好的传统政策'。"② 这段文字

---

① 叶至善、叶至诚：《叶圣陶散文乙集》，生活·读书·新知三联书店 1984 年版，第130 页。

② 《毛泽东选集》（第 4 卷），人民出版社 1966 年版，第 1494 页。

开头一句"好办法"三个字，尖锐有力，既是反语讽刺，又是愤怒斥责，感情极其强烈。接下去便是两个近乎对偶的句子，不仅表意的效果好，而且一上口诵读就具有一定的气势，特别是从"替美国打仗杀中国人"直到这一段结束，一连用了五个结构相同的句子，不仅气势顺畅、有力，而且层次加强，内容叙事势不可挡。错综美是指文章的语言参差错落，跌宕起伏。大凡文章名家的语言都具有一种跌宕、活泼的美质。鲁迅的《从百草园到三味书屋》中写道："不必说碧绿的菜畦，光滑的石井栏，高大的皂荚树，紫红的桑椹；也不必说鸣蝉在树叶里长吟，肥胖的黄蜂伏在菜花上，轻捷的叫天子（云雀）忽然从草间直窜向云霄里去了。"[①] 这段文字急徐相间，参差错落，跌宕有致，整齐中求变化，变化中求整齐，既使内容表达得清楚明白，又增强了语言的活泼气势，读起来让人感到畅快自然。韵律美是指文章的语言抑扬顿挫，铿锵悦耳。大凡文章巨匠的语言都具有一种顿挫抑扬，有声有色，铿锵和谐的美感。毛泽东的《反对自由主义》一文，在讲到自由主义的危害时写道："它是一种腐蚀剂，使团结涣散，关系松懈，工作消极，意见分歧。它使革命队伍失掉严密的组织和纪律，政策不能贯彻到底，党的组织和党所领导的群众发生隔离。"[②] 这段文字的两句中，第一句的四个四字短语，每个短语的后两个字分别是平平、平仄、平仄、平平，其声调和节奏显得十分和谐。不仅如此，这两个句子的停顿字是"剂、散、懈、极、歧、律、底、离"。除"散、懈"外，"律"字的韵母是 [ǖ]，其余的韵母全是 [i]，而 [ǖ] 与 [i] 可以通押，所以这两句读起来基本上押韵，能显示出节律协调的韵律美。

3. 体式美

体式是文章定型之后的样式，是文章美的形貌。所谓体式美，就是指文章通过诸多形式因素的综合表现而形成的一种适应文章内容和显示文章气势、神采、风格、作风、美质等的整体美。它主要有语体美、文体美、技法美和文面美等内容。语体美在文章中一般可分为科学语体美、政论语体美、公文语体美和散文语体美。其一，指为适应科学技术领域中的交际需要在使用全民语言材料和表现方法上而形成的语言特点的总和的科学语体美，如科学技术专著、学术论文、科技

---

① 《鲁迅全集》（第 2 卷），人民文学出版社 1981 年版，第 278 页。
② 《毛泽东选集》（第 2 卷），人民出版社 1966 年版，第 360 页。

报告、考察报告、实验报告、总结报告和科技情报文献综述以及各级各类的科技教科书等。这种语体主要在于准确地记述自然、社会和人类思维的现象，并严密论证其内在规律，为科学技术本身的研究、发展和传播服务。其二，指为适应社会舆论宣传鼓动的目的需要在运用全民语言材料和表现方法上而形成的语言特点的总和的政论语体美，如报刊社论、政治评论、思想评论、宣传演讲等。这种语体主要在于通过对社会政治生活领域中各种现象和问题的阐述，教育和组织群众统一认识、行动，并为国家、民族和阶层的利益服务。其三，指为适应事务交往目的需要在运用全民语言材料和表现方法上而形成的语言特点总和的公文语体美，如政府文件、部门通知、社区启事、规章制度、日常应用文等。这种语体主要是在国家机关、社会团体、企事业单位之间的行政事务中起联系、传达作用，并担负着社会成员之间公务上的联系和交流的职能。其四，指为适应大众传播和交流的需要所使用的在全民语言材料和表现方法上而形成的语言特点的总和的散文语体美，如游记、日记、通信、纪传文、杂感文、回忆录、访问记等。这种语体主要在于以其真实的见闻和思想，向读者传播信息，和读者交流情感，并充分发挥其教育作用和审美作用。

文体美在文章中一般可分为普通文章美、专业文章美、变体文章美。其一，普通文章美指的无论是以记载人物、叙写事件、描述景物等为特定对象来展现人物风貌、再现事件始末、呈现景物状态的记叙文的美，还是以解说实物、知悉风景、讲明事理等为特定对象来了解客观实情、分析因果关系、揭示内在规律的说明文的美，抑或是以证实通理、阐发情理、道出哲理等为特定对象来传达某种观点、表明某种意见、提出某种主张的议论文的美，应属于文章文体学所关注的重要义项之一。其二，专业文章美指的无论是以最新情况、最新成就、最新动态等为特定对象来追随社会变革、记录生活脚步、承载主流价值的新闻文的美，还是以倾诉心意、处理事宜、表达欲求等为特定对象来联系外界生活、沟通相关情况、解决实际问题的应用文的美，抑或是以全新理念、全新认识、全新构想等为特定对象来进行系统研究、形成专门成果、推进学问发展的学术文的美，应属于文章文体学所关注的重要义项之一。其三，变体文章美指的无论是以人物生平、人物经历、人物影响等为特定对象来表现人物品质、突出人物心灵、展示人物精神的纪传文的美，还是以自然世界、社会世界、思维世界等为特定对象来反映科学现象、揭示科学原理、倡导科学方法的科普文的美，抑或是以点滴感受、片段思想、鳞爪洞察等为特定对象来针砭当世弊病、感悟生活真谛、剖析人生意义的杂感文的美，应属于文章文体学所关注的重要义项之一。

技法美可分为篇法美、段法美和句法美。其一，指有关文章整体的布局技法——篇法美。它主要包括：一是总文理，即确定文章的意旨（中心思想）；二是定予夺，即选材以决定取舍和详略；三是布疏密，即处理好情意与行文的繁简关系；四是排次序，即给选定的事料安排恰当的逻辑顺序；五是理线索，即理清贯穿全部事料的脉络；六是兴波澜，即安置文章的起伏变化；七是设开合，即在全篇布局中注意语势和意念的对待和交叉相间；八是点文眼，即安置文章意旨和脉络的焦点（与全文意旨相互照看和辉映的传神词句）；九是合涯际，即以密实的针线缝合文章意旨或事料的总分、转折等边缘之处；十是统首尾，即指文章首尾圆合，浑然一体。其二，指有关文章主体段落层次的表达技法——段法美。它主要包括：一是主句显示法，即指段落主句（中心句）或在段首，或在段末，或在段中；二是起承转合法，即指段内主句、述句和结句的起、承、转、合；三是记叙法，即指用于表现时空中静态和动态事物的状态和变化；四是描述法，即指用形象的语言对人物或事物的形态、特征作具体的描绘和叙述；五是说明法，即指用于揭示各种概念，说明事物的特点、本质及规律性；六是议论法，即指用概念、判断和推理的逻辑形式直接或间接地论述事理；七是抒情法，即指用以抒发作者主观情感的技法。其三，指有关文章造句表达的技法——句法美。它主要包括：一是句类，即是指从语法意义上看，恰当地运用句子的基本类型的技法；二是句型，即是指从语用意义上看，恰当地运用各种功能和形态的句子；三是句式，即是指从修辞意义上看，恰当地运用各种修辞格以及讲求长短句、整散句等形成语言节奏和韵律的技法。文面美可分为文字行款的格式美和文字组织的形式美。其一，文字行款的格式美是所有书面文字都要讲究的，普通文章要讲究，专业文章也要讲究，变体文章更要讲究。题目占多大的位置，标题怎么排列，怎么抬头，怎么落款，怎么提行，以及段落划分的长短等，都是很有讲究的。其二，文字组织的形式美从文章的文字格局来看，在文字组织上都很注意尽可能把篇、章、节、段的中心句和脉络句标示出来，尽可能地把篇、章、节、段的中心句和脉络句大体整体地排列在开头，甚至用破折号或黑体字标示出来，让文章的主要意旨及其层次关系越来越直观地展现在读者的面前，使读者几乎在一瞥之中就能把握文章的观点和脉络的大概，这就为快读、为信息筛选提供了极其方便的条件。文章的文面美是融直观性、适应性和审美性为一体的。直观性就是要求文章的文字格局在外观上具有中心标志（首位中心句、尾位中心句以及承启位中心句等）、层次标志（序码、关联词、重复词语、过渡句段等）和关系标志（款式上、体裁或文种上），从而给读者一种明晰、洁净的美感。适应性就是要求文章的文字格局能审酌交际宗旨，按照特定环境、对象的需要，选择合适的书写顺序和排列形式，从而给读者一种活泼、庄重的美感。审美性就是要求文章的文字格局在外观上具有书写的字迹美、版式的规范美、文面的整洁美，从而给读者一种匀称、和谐的美感。

三、文章美是可与文学美媲美的美学新大陆

文章美和文学美都是追求内容美和形式美的融合，都是"按照美的规律"建造的产物，都是"任何一个种的尺度"和"内在的尺度"的和谐统一。具体表现为文章美和文学美是争奇斗艳的，文章美和文学美是并峙争雄的，文章美和文学美是各领风骚的。

（一）文章美和文学美争奇斗艳

文章美和文学美是争奇斗艳的。文章美和文学美虽然在概念上长期混为一谈，莫辨异同，搅糅不清，但是它们都追求内容美和形式美的融合，彼此都因社会的需要而互不"干涉"，相伴而生。

文章美和文学美的发展轨迹表明，彼此虽在追求内容美和形式美的融合上是并行不悖的，但也有各自的特质。殷周时期有甲骨刻辞（卜辞、记事辞、工具辞）、吉金铭文（契约、记事）、《尚书》（典、谟、训、诰、誓、命）等，它们成为文章美的最早形式；盘古开天辟地、神农勇尝百草、三皇五帝、女娲补天、大禹治水等神话和谣谚，它们是文学美的原始形态。春秋时期有以记言为主的《论语》《曾子》《孟子》，有以记事为主的《春秋》《左传》《国语》《战国策》，有以论说为主的《墨子》《中庸》《庄子》《荀子》《韩非子》，有纯粹说明的

《尔雅》《周礼》《仪礼》《夏小正》《月令》等名篇，它们成为文章美的演进阶段；《诗经》《楚辞》是文学美进一步发展的标志。秦汉时期有李斯的《谏逐客书》《论督责书》《焚书议》、有贾谊的《过秦论》《陈政事疏》《论积贮书》、有晁错的《论贵粟疏》《对贤良文学策》《言兵事书》、有赵充国的《上屯田便宜十二事奏》、有刘邦的《入关告谕》、有刘彻的《轮台罪己诏》、有东方朔的《答客难》、有刘向的《极谏外家封事》、有刘歆的《毁庙议》、有桓宽的《盐铁论》、有崔寔的《政论》、有仲长统的《昌言》、有刘安的《淮南子》《新序》《说苑》、有王充的《论衡》、有无名氏的《黄帝内经》、有司马迁的《史记》、有班固的《白虎通义》《封燕山铭》《汉书》等巨著、它们为文章美的进一步发展积累了丰富的经验；同时又有汉乐府《陌上桑》《东门行》。三国到两晋、有曹操的《求自试表》《求贤策》《孙子兵法·序》、有曹植的《与吴质书》、有诸葛亮的《出师表》《街亭自贬疏》、有阮籍的《大人先生传》、有嵇康的《与山巨源绝交书》、有李密的《陈情表》、有王羲之的《兰亭集序》、有吴均的《与朱元思书》、有陶弘景的《答谢中书书》、有庾信的《吴明彻墓志铭》、有张载的《剑阁铭》、有郦道元的《水经注》、有杨衒之的《洛阳伽蓝记》、有刘勰的《文心雕龙》、有挚虞的《文章流别论》、有曹丕的《典论·论文》、有陆机的《文赋》、有萧统的《昭明文选序》、有任昉的《文章缘起》、有颜之推的《颜氏家训》、有刘义庆的《世说新语》等，它们成为文章美的兴盛阶段；同时也有追求丽藻的靡诗艳赋。唐宋时期有韩愈的《原道》《答李翊书》《论佛骨表》、有柳宗元的《答韦中立论师道书》《始得西山宴游记》《祭崔氏外甥女文》、有欧阳修的《与高司谏书》《朋党论》《通商法诏》《答吴充秀才书》、有苏洵的《上田枢密书》《管仲论》《上欧阳内翰第一书》、有苏轼的《拟进士对御试策》《留侯论》《答陈师仲主簿书》、有苏辙的《上枢密韩太尉书》《吴氏浩然堂记》《欧阳文忠公神道碑》、有曾巩的《答李沿书》《筠州学记》《寄欧阳舍人书》、有王安石的《送孙正之序》《游褒禅山记》《上蒋侍郎书》、有沈括的《梦溪笔谈》《忘怀录》《良方》、有文天祥的《指南录后序》《自书木鸡集序》《遗像家书》等、它们拓开了叙事、写景、言情、论理的广阔天地、成为文章美的宝贵遗产；也有流芳百世的名诗佳词。元明清时期有姚燧的《行铜钱诏》、有海瑞的《治安疏》、有刘启的《重农桑诏》、有刘秩的《货泉议》、有宋濂的《王冕传》、有刘基的《松风阁记》、有王阳明的

《瘗旅文》、有归有光的《项脊轩志》、有袁宏道的《晚游六桥待月记》、有张溥的《五人墓碑记》、有张岱的《西湖七月半》、有徐宏祖的《徐霞客游记》、有宋应星的《天工开物》、有徐光启的《农政全书》、有李时珍的《本草纲目》、有方苞的《狱中杂记》、有姚鼐的《登泰山记》、有龚自珍的《病梅馆记》、有黄宗羲的《明夷待访录》、有顾炎武的《日知录》、有林则徐的《钱票无甚关碍宜重禁吃烟以杜弊源片》，有施琅的《陈台湾弃留利害疏》等，它们在我国文章美学史上留下了光辉的一页；也有动人心弦的戏剧和小说。到了近代和现代，更有康有为、梁启超、胡适、鲁迅、李大钊、陈独秀、瞿秋白、朱自清、叶圣陶、朱光潜、毛泽东等文章圣手，同时也有郭沫若、茅盾、巴金、老舍、曹禺、冰心等文学巨擘。所以回顾历史长河，文章美和文学美虽在追求内容美和形式美的融合上是并举的，没有"下里巴人"与"阳春白雪"的区别，像两朵瑰丽的花卉在争奇斗艳。

（二）文章美和文学美并峙争雄

文章美与文学美从各自诞生之日起，虽然在本质上存在着明显的差异，但都是"按照美的规律"建造的产物，彼此都因人们的迫切需要而互不侵犯，相得益彰。

文章美和文学美都追求审美客体的丰富性，都推崇审美主体的普遍性，都讲究审美效应的快捷性。具体地说，这表现在以下三个方面：其一，文章美和文学美都追求审美客体的丰富性。文章美和文学美既可以叙写事物的静境，又可以表达事物的动态；既能够记载发生于外界的事实，又能够写出存在于内面的事理。总之整个客观世界都在文章美和文学美的追求范围。但是文章美与文学美相比，还具有独特的优势：政治生活中靠文章上传下达，沟通民情；经济生活中靠文章传达信息，交流商品；军事生活中靠文章汇集情报，发布命令。即使在文化生活中，人们用以交流的媒介，也主要是文章而不是文学。按照我们的理解，国家机关的公文、工商企业的信函、军队武警的条令、科研机构的资料、文化团体的规程，等等，都属于文章美的范畴。这些有意旨有组织的文字团体无时无地不在广泛应用。比如说明文中对器物的作用的解说，对商品的性能的陈述；家书中对亲人的情真意挚的问候，对朋友的美好祝愿的传递；政治、社会评论中对英雄模范、先进人物的褒扬，对腐朽、丑恶、反动势力的鞭挞；新闻、通信中对美好事物的歌颂，对落后现象的批评；科技论文中对科技理论之美、科技应用之美、科技成果之美的阐发；小品、随笔中对公共建筑之美、居室陈设之美、服饰装扮之美以至生活用具之美的介绍，等等，都是通过文章来表达的，自然也成为文章美的内容。而这些往往被排除在文学美的视野之外，是文学美无法比拟的。其二，文章美和文学美都推崇审美主体的普遍性。人们的信息交流，从接受、贮存、筛选、加工直至输出，是一个相对完整的过程。比如，在学校教育中，除以文学创作为专业的少数人之外，多数人对诗歌、散文、小说、戏剧、电影、电视等文学，只要求能够阅读（包括听读和视读）欣赏，并不要求写作；在社会生活中，多数人由于文化程度的限制、闲暇时间的限制、兴趣爱好的限制等因素，对文学也仅止于阅读欣赏。至于能够有能力、有时间、有兴趣品赏并体验文学美感的人圈子就很小了，进而有兴致又有能力去从事文学创作的，在总人口中所占的比例就更小了。相对来说，任何一个初具读写能力的人，即使可能不写文章，却不可能不读文章（如教科书、文件、公告、启事、通知等）。不仅能读文章，而且因工作、生活需要不得不动笔写文章（普通文章、专业文章、变体文章等）的人，不知要高出文学创作多少倍。也就是说，由文章而获得美感，已成为绝大多数社会成员共享的人生乐趣。换而言之，对多数人来说，文学的审美过程仅止于听或读的"入情得意"的吸收阶段，文章的审美过程却能延伸到说或写的"运思及物"的表达阶段。文章的写作，可以由课内延伸到课外，由学校延伸到社会。极而言之，一个人只要能说出一段完整的话，就算是参与了"说"文章的言语实践。由此可见，文章美的审美主体的普遍性，恐怕是文学美永远望尘莫及的。其三，文章美和文学美都讲究审美效应的快捷性。随着科学技术的发展，人类传播信息的渠道越来越多。文章除了作为文字载体的报纸、期刊、书籍之外，视听手段的应用也越来越普及。当然，文学也可以通过这些渠道来传播，但是这些媒体所传播的内容，文章占绝对优势，文学只占较小的比例，这是人所共知的事实。此外，街头的标语、题词，公路两旁的广告、交通警语，甚至产品的说明书、电子短信等，都可以看作是短小轻捷的微型文章，因而其传播方式也远非文学可比。另外，有学者认为，文章的快读快写可以推广。这是因为新闻文、史志文、应用文、学术文等专业文章更注重事实的充分性、逻辑的严密性、立论的正确性，更讲究条理性、明晰性、单义性、准确性和晓畅性。也就是说，文章反映社会生活则有迅速、便捷的优势，它和社会生活可以同步前进，人们从文章中能获得较为快捷而清晰的美感。文学是记叙文、说明文、议论文等普通文章发展的产物，因而难以产生、难以把握和难以表现，往往滞后于社会生活的进程。如不少学者完全贬斥"快餐文学"，认为文学的快读快写应有所控制。这是因为诗歌、散文、小说、戏剧等文学更具形象性、朦胧性、多义性、含蓄性。也就是说，文学表现社会生活则有较为深远而隐藏的特点，人们从文学中只能获得潜移默化而又耐人寻味的美感。由此可见，文章美的审美效应的快捷性也远胜于文学美①。所以从文章美和文学美的各自优势来看，都是"按照美的规律"建造的特殊产物，就像一对孪生兄弟在并峙争雄。

（三）文章美和文学美各领风骚

文章美和文学美虽然都以动态的书面语言为存在方式，但它们都是"任何一个种的尺度"和"内在的尺度"的和谐统一，彼此都因生活的需要而和睦相处，互竞雄长。

文章美和文学美都强调"真实"，都注重"典型"，都崇尚"功能"。具体地说，表现在以下三个方面：第一，文章美和文学美都强调"真实"。文章美和文学美虽然都强调"真实"，但是文章美的"真实"与文学美的"真实"是有本质区别的。文章美的"真实"指生活的真实。作者写进文章中的事料是从自然、社会、思维三大领域中提炼出来的，均为客观事实，即要做到真人、真事、真物、真景、真情、真理。文章美是表现已经发生或正在发生的事实，是经得起查证的，不仅要体现历史的必然性，而且要具有客观的实在性。这样能使读者亲切可信，感到信服，从而获得知识，得到启迪。文学美的"真实"指艺术的真实。作者写进文学中的题材往往是真真假假，虚虚实实，"杂取种种，合成一个"，"往往嘴在浙江，脸在北京，衣服在山西"②，而非现实的照相或记录。即是说，文学中刻画的人物是生活中可能有的，记述的事件是生活中可能发生的，展现的环境也是生活中可能存在的，但不能在现实生活中去"对号入座"。文学美只要求

---

① 曾祥芹：《文章学与语文教育》，上海教育出版社 1995 年版，第 268~269 页。
② 《鲁迅全集》（第 4 卷），人民文学出版社 1981 年版，第 513 页。

体现历史的必然性，不要求具有客观的实在性。它能让读者对文学中的人物、事件、环境等进行合情合理的推断，从而获得广阔生活画面的美感信息。第二，文章美和文学美都注重"典型"。文章美与文学美虽然都注重"典型"，但是文章美的"典型"是作者根据实际存在的事物提炼出来的最有代表性、最能感动读者的那一方面。也就是说，文章美的"典型"是从真实的事实中筛选、撷取的结果，其加工原则是"去粗取精、去伪存真、由此及彼、由表及里的改造制作工夫"①。如鲁迅的杂感文是"贬痼弊常取类型"，透过"一鼻，一嘴，一毛"② 的生活中的真实，加以富有主观爱憎的情感的提取，从而造成一种心灵一点神似的类型形象，如写陈西滢、梁实秋之流。这种从生活中提取的类型形象同样具有概括意义，又是独特心灵的个性代表。一句话，文章美的"典型"是从现实生活中"提炼"出来的。而文学美的"典型"是作者根据创作的需要去塑造的，不但可以塑造典型人物，而且还可以塑造典型环境。也就是说，文学美的"典型"是艺术虚构的结果，其创作原则是"更高，更强烈，更有集中性，更典型，更理想，因此就更带普遍性"③。如曹雪芹笔下的贾宝玉，鲁迅笔下的长妈妈，老舍笔下的程疯子，曹禺笔下的陈白露，海涅笔下的纺织工人……他们是客观世界的一部分，但又是客观世界的曲折、形象、集中而能动的反映。一句话，文学美的"典型"是从现实生活中"塑造"出来的。第三，文章美和文学美都崇尚"功能"。文章美和文学美虽都崇尚启发睿智、培养意志、陶冶情操、增进健美的"功能"，但文章美的"功能"是直接为社会服务的，甚至能冲破时空、意识形态的阻隔。如先秦的《论语》《大学》《孟子》《庄子》《易经》《道德经》《孙子兵法》等，对中国人的意识形态及政治、经济影响了两千多年；柳宗元的《封建论》，各个时代都称赞，是因为实行郡县制是正确的；马克思关于剩余价值的理论，连反动派也不得不承认其正确性，因为剩余价值理论是驳不倒的真理；罗斯福总统曾根据资产阶级经济学家凯恩斯的理论实行计划经济，使美国经济走出了低谷，恢复了繁荣；我国借鉴市场经济理论，使经济突飞猛进，获得了发展。可见，崇尚"功能"的文章是全社会的精神财富，资本主义社会可以用，社会主义社会也可

---

① 《毛泽东选集》（第 1 卷），人民出版社 1991 年版，第 291 页。
② 《鲁迅全集》（第 5 卷），人民文学出版社 1981 年版，第 382 页。
③ 《毛泽东选集》（第 3 卷），人民出版社 1991 年版，第 861 页。

以用，不能因意识形态的不同而不同。而文学美的"功能"则不同，作者对生活的喜怒哀乐和爱恨情愁，都是寄寓在塑造的形象和描绘的场景之中的。也就是说，文学美的"功能"是间接地为社会服务的，是对社会生活而进行的折射反映。比如托尔斯泰的《安娜·卡列尼娜》留给读者的只能是对过去那个时代的人的生活、人的情思、人的心态的或长或短的历史的回忆，并进而随着作者所展现的内容、塑造的形象、烘托的场面等而得到智慧的体验、精神的震动和美感的升华的。文学美的"功能"与文章美不但在吸引读者方面，而且在直接指导读者的言行方面显然是有差别的，和文章美的直抒胸臆、表露爱憎等也是有所不同的。一句话，文学美的"功能"是含蓄而蕴藉的。所以从文章美和文学美反映生活的方式上、构思的方法上及社会的收益上，都是"任何一个种的尺度"和"内在的尺度"的和谐统一。文章美和文学美就像两株参天大树在各领风骚。

《夏元明作文评话》：生活逻辑、性情文字与巧妙骨架

祁　缘　王茂华*

夏元明教授不仅才情盎然，亦是热情似火。论其才情，文学批评独出机杼，名家不捧，新人犹怜；散文创作灵性张扬，既显生活的厚度，又显智者的睿识。论其热情，激扬文字语惊四座，谈学论道自成一统。夏教授从高校退休后，投身于中学语文教育，办微信公众号，出文学期刊，指导中小学生作文习作，扶持文学新人，怡然乐在其中。《夏元明作文评话》（下文简称《评话》）是其对中小学生作文评点的合集。在书之序言中，自谓特别喜欢文章评点，编发学生习作之时，每每会写一些评点式的文字，目的是向广大中学生推介文章，同时也有意指导学生写作。① 评点是中国古代文学批评史上的一种颇为独特的文学批评样式。它在形式上较为随意、灵活，眉批、旁批、夹批、总评等诸种方法既可统一配合，亦可独立使用，这就使得它在内容上既能就相关对象进行全面、总体的观照和把握，又能对其中的具体问题作细致的评析和阐发。② 夏教授的评点，可谓总评式，其评析中小学生习作，既着意于此种批评方法之自由性与对话性，更是借此充分展示自己的作文写作观，希冀在贴近文类的基础上形成读者、作者与文本的深层次交流。

---

* 作者简介：祁缘，女，黄冈师范学院文学院 2022 级硕士研究生；王茂华，女，黄冈市外国语学校语文高级教师。

① 夏元明：《夏元明作文评话·序》，中国书籍出版社 2021 年版。

② 罗建波：《文学评点之兴》，载《齐鲁学刊》2019 年第 1 期。

一、"生活终归是创作的源泉"

中小学生常常为写作而发愁，究其原因就是不知道写什么，没有挖掘出写作的源泉。叶圣陶说过："生活犹如泉源，文章犹如溪流，泉源丰盈，溪流自然活泼泼地昼夜不息。"① 在叶老看来，写作的源泉就是生活。夏教授在《评话》中强调说："生活终归是创作的源泉，生活的贫乏终会导致创作的枯竭。"② 一方面，生活是作者写作的丰富资源，如果利用得好将会事半功倍，写生活中熟悉的人、事、物等，文章自然流畅，体现"生活真实"。学生孔典典的《结束流浪》，写小笙和流浪狗之间感情变化的过程显得很真实，很有层次。文中的一些细节描写如果没有生活经历，靠想象是很难完成的。冯怡的《绿皮火车》，这种言之有物的诗不是来自先在的观念，不是来自凭空的臆想，而是来自生活。夏教授在评价王玉婷的《密码》时说道："一篇文章必须处处照应，不能有一丝半点的冲突，看似很难，其实最重要的是生活。如果来自生活，且对生活有了细密的体会和理解，自然左右逢源，否则或多或少会留下裂隙。"③ 教师在日常写作教学中应该引导学生留心生活中的点点滴滴，学会观察生活，并学会体会生活中的细节。

另一方面，以生活为源泉的创作要做到合情合理。夏教授强调，所谓"真实"不一定是"实有其事"，真实不能简单等同于事实，真实固然有生活的基础，来自生活，尤须注重合情合理。有些真实发生的事因为前后情节缺乏紧密逻辑联系，东扯西拉的情节反而看上去更像是编造。相反，如果我们做到了合情合理，哪怕是做了适当的虚构，读者也不会提出异议，反而觉得更真实，这种真实就是所谓的"艺术真实"。④ 他在评价谢木丹的《等我们老后》时提到小作者的文字是在虚与实之间，这里的"实"就是她经历过的生活痕迹，"虚"则是来自她对生活的阐释和理解。⑤ 而这种"虚"是在不违背真实的情况下，从想象中去

---

① 叶圣陶：《文章例话》，生活·读书·新知三联书店 2014 年版，第 6 页。
② 夏元明：《夏元明作文评话》，中国书籍出版社 2021 年版，第 52~53 页。
③ 夏元明：《夏元明作文评话》，中国书籍出版社 2021 年版，第 162 页。
④ 夏元明：《夏元明作文评话》，中国书籍出版社 2021 年版，第 2~3 页。
⑤ 夏元明：《夏元明作文评话》，中国书籍出版社 2021 年版，第 103 页。

寻找材料。所以，写作不仅需要以生活为材料来充实内容，还要通过想象来虚构，进行适当加工，表达自己内心的真实情感以及对生活的认知。高锐的《撑伞》就是选材于生活，合情合理地进行加工与改造。正如夏老师所说："文章不可能照搬生活，允许并提倡对生活作适当的加工改造，但所有的加工改造都必须合情合理，也就是要符合生活逻辑。"①

写作取材于生活，但不等同于生活。其真实性既是生活之真实，更是艺术之真实："生活真实"可谓对生活原生状貌的摹写；"艺术真实"则以现实生活为基础，施之于合情合理的改造和艺术性虚构。但是，无论虚构还是非虚构，作者皆需认真打量生活，用心用情体验现实，为写作的技术性或艺术性创造奠定生活的逻辑。

二、"欣赏文字的变化会得到别样的欣喜"

写作的内容是以生活为基础，而写作的载体即为语言。曾有作家言，写小说就是写语言。其实，对于中小学生作文习作而言，丰厚的生活积淀同样离不开充盈的语言予以呈现，有时候语言的意义甚至大于内容。夏教授评价詹思文的《你不是一个人》时说道："写作本是文字练习，什么都没有，光是欣赏文字的变化，也会得着别样的欣喜的。"② 著名语文教育家于漪非常注重语言的锤炼，不论是她的教学语言还是写作语言都是非常优美，充满诗意。她曾提道："早在两千多年前孔子就说过，'言之无文，行而不远'。文章的语言没有达到要求，没有文采，不可能广泛流传。学生学写作文虽然目的不在于流传，但文从字顺、准确而生动地表情达意，是必须做到的。"③ 而如何提升写作语言？《语文课程标准（2011 年版）》中提道："要重视写作教学与阅读教学之间的联系。"④ 语文核心

---

① 夏元明：《夏元明作文评话》，中国书籍出版社 2021 年版，第 127 页。
② 夏元明：《夏元明作文评话》，中国书籍出版社 2021 年版，第 156 页。
③ 《于漪全集》（卷 4），上海教育出版社 2018 年版，第 491 页。
④ 中华人民共和国教育部：《义务教育语文课程标准（2011 年版）》，人民教育出版社 2012 年版，第 24 页。

素养之一就是语言积累与运用，学生要在丰富的语言实践中形成个体言语经验。① 所以学生的写作语言要在阅读、口语交际、写作等言语实践中提升。教师就需要在阅读教学中有带领学生进行读写结合的教学意识。正如夏教授在点评夏映昕的《父爱如山》这篇文章时就提到了写作训练难免会有些套路，而激发孩子们写作兴趣还得多读书，读适合他们的好文章，适可而止地给予指导和点评，让他们在经典的浸润中慢慢进步。② 另外，夏教授在点评火林的《将军》时说："读和写，从来就是相互联系的，就像鸟的双翼，没有一只翅膀的鸟儿，两只翅膀共同扇动，小鸟才能腾空而起。"③ 由此可知，读写结合的写作教学方式是在阅读的过程中积累优美的语言，增添写作的形式美，让写作内容有更优美的"外衣"。

夏教授认为中小学写作的语言要注意四个层面：首先，写作语言要符合作者身份。成年人的写作语言和孩子的写作语言是有所差别的，而孩子的写作语言是受家庭、学校、社会语言教育的影响。这三种来源与途径不仅保证了孩子写作语言的丰富性，也保证了其规范性。孩子写作语言的个性差异主要是由于他们的性格差异造成的。人们常说"文如其人"，说的就是文章的语言风格受制于人的性格。④ 夏教授评点徐婵的《种"豆子"》，认为这篇散文语言就是符合徐同学这个年龄段该有的语言，没有成人腔，没有套话，干干净净，体现了一个孩子的天真。⑤ 所以，教师在指导学生写作时应该支持学生语言保持天然的美感。其次，写作语言要符合情境。文章的情境就是具体内容创设所对应的场景，写作语言如果利用不当就会让读者"出戏"，不能沉浸文章里。而适当的写作语言不仅符合文章情境，而且有利于推动情节的发展。评点陈夕的《争吵的石头》，夏教授说她的语言非常干净，尤其大小石头的对话，不多不少，正好表现各自的个性和情

---

① 中华人民共和国教育部：《普通高中语文课程标准（2017 年版，2020 年修订）》，人民教育出版社 2020 年版，第 4 页。

② 夏元明：《夏元明作文评话》，中国书籍出版社 2021 年版，第 130 页。

③ 夏元明：《夏元明作文评话》，中国书籍出版社 2021 年版，第 138 页。

④ 段双全：《学生写作语言来源与特色探微》，载《语文建设》2014 年第 7 期。

⑤ 夏元明：《夏元明作文评话》，中国书籍出版社 2021 年版，第 138 页。

绪，还能推动情节的发展。① 而杨佳烨的《美味麻辣烫》的语言没有让人感受到麻辣烫独特的魅力，她仅仅写了麻辣烫的味道，但是没有结合当时的情境写出吃麻辣烫，所以读者并不能感同身受。② 再则，写作语言要符合文章的人物。一个作品中的人物创设是否成功其关键因素之一在于写作语言是否贴合人物形象。他评点农雨芊的《稻草人的梦》时赞扬小作者语言之精准，特别是人物之间的对话简洁传神。她把"稻草人"这个人物写活了，通过语言的刻画将其前后的心理状态描写得淋漓尽致，也为主题的升华作了铺垫。最后，写作语言要符合文体。不同的文体对应的写作语言自然是有所区别：诗歌的语言包括清新、平淡、绚丽、含蓄、简洁等特点；散文的语言具有朴素、自然、流畅、简净等特点；小说的语言分为两种——以叙述为特色的小说，追求整篇作品的味道，以描写为特色的小说，追求形象的鲜明性。在《评话》中，邱童的文章被选入数篇，其中包括小说、诗歌等，她的写作语言功底是很扎实的，对于不同文体，她的语言各具特色。

写作的语言固然重要，但却不是要学生要文笔为能，修辞离其诚，文字输出源自作文者真实性情，毕竟"文笔不是作文教学的第一要义。基础教育和高中语文教育主要让学生学会清楚的表达，做到文从字顺"③。

三、"巧妙的结构为文章搭建良好的'骨架'"

结构是文章形式的重要组成部分。如刘勰所云："若筑室之须基构，裁衣之待缝缉"，说的就是结构，是把一篇文章所有内容要素与形式要素联结为一个整体的重要手段。从这个意义上说，没有结构就没有文章。而结构美一定意义上影响了文章的形式美，没有结构美就会使文章总体架构减色，削弱文章的美学价值。④ 在不同的文学体裁中，结构好比是"桥梁"，它能根据作品的内容，把形

---

① 夏元明：《夏元明作文评话》，中国书籍出版社 2021 年版，第 88 页。
② 夏元明：《夏元明作文评话》，中国书籍出版社 2021 年版，第 99 页。
③ 温儒敏：《处处扣着写作来阅读是很累的》，载《语文学习》2014 年第 9 期。
④ 刘颖：《作品结构与形式美探论》，载《东北师大学报》2011 年第 2 期。

式的一切因素有机地搭建起来，使作品的内在机制更趋于合理，把内容和形式有机地统一起来，从而更深刻地表现作品的主题。

　　夏教授点评不同文章的不同方面，为我们提供文章结构搭建的不同策略。首先，学生在谋篇布局过程中详略处理是一大关键。他点评赵漫妮的《有爷爷、奶奶陪伴的日子》时说道："写文章应该讲究疏密有致，详略有度。一味的细密，会让人觉得臃肿。"① 在夏教授看来，漫妮同学这篇文章写得太密了，她把慢节奏生活描写得太仔细了，在叙述时如果疏松一点，生活情趣更特别一些，这样会更精彩。其次，学生合理的写作顺序也是谋篇布局的一大技巧。何宝贵的《奶奶的荷亭》这篇文章特点之一就是灵活切换叙述时空。她并没有一味遵循时空顺序，而是将现在时和过去时交错起来，比较自如进行切换。李露的《又见地菜花开》这篇散文虽然篇幅小但是并没有平铺直叙，而是采用倒叙的方式，从一个见习的乡村场景入手，引出曾祖母亲，让稻场作为曾祖母出场的背景，情节自然顺利展开。到最后又能拉开时空距离，让曾祖母的身影渐渐远去，但小作者心中对曾祖母的怀念却是刻骨铭心的。这种写作顺序有一种电影感，为文章增添了不少色彩。再则，情节的巧妙安排也是谋篇布局的重要组成部分。对于拥有情节这一要素的小说文体来说，情节的安排在一定意义上决定了小说精彩的程度。孔典典同学的《结束流浪》就是一个很好的例子，这篇小说情节不仅曲折，而且写得真实可信。文中的小狗伍耳受伤后不是回到家里疗伤，而是离家出走，这不仅给小说情节造成了跌宕，同时也给读者的心情带来了起伏，这样跌宕和起伏是小说所必需的。最后，处理好开头和结尾的问题也是谋篇布局的一大要点。夏教授强调文章不能虎头蛇尾，在开头精彩的同时结尾也得收住，这样整篇文章才会更精彩。夏教授指出孔妍的《小村里的"革命"友情》这篇文章的结尾弱了一些，他对小作者的原文进行了一定的加工。他认为文章结尾很重要，"结尾至少得兜得住全文，不致让文章半空中悬着"。② 而熊欢的《格雅的蛋糕》就做到首尾呼应，结构上层次清晰。③ 文章之精彩，在于语言，也在于结构。结构之精心筑

---

①　夏元明：《夏元明作文评话》，中国书籍出版社 2021 年版，第 24 页。

②　夏元明：《夏元明作文评话》，中国书籍出版社 2021 年版，第 120 页。

③　夏元明：《夏元明作文评话》，中国书籍出版社 2021 年版，第 94 页。

建，匠心独运之组构，骨架自然立得妥帖精神。当然，结构之设，需要考虑写作文体，考虑写作者运思习惯以及知识厚度等。

《评话》用"原生态"学生作文作为实例，结合多年的写作经验，将理论与实际相结合，为我们中学生的作文习作和中小学语文教师的作文教学带来有益的启示：生活是写作自然的"材料"，是作文写作之源；写作语言要贴合人物、写作者身份、写作情境和写作文体；巧妙的结构是文章良好的"支架"。

"双减"政策下初中课后服务的现实成效与未来展望

——以黄冈市 M 学校为例[*]

张　敏　郑　敏　张　曦　张月珍^{**}

2017 年 3 月,教育部印发《关于做好中小学生课后服务工作的指导意见》(以下简称《指导意见》),针对"一些地方还存在着中小学生课后服务没有开展、服务机制不健全、服务行为不规范"① 等问题,提出五条意见,为开展课后服务工作指明方向。2021 年 7 月,中共中央办公厅、国务院办公厅颁布《关于进一步减轻义务教育阶段学生作业负担和校外培训负担的意见》(以下简称"双减"),对课后服务的开展时间、质量、渠道、资源进行部署,以期减少义务教育阶段学生作业负担和校外学科培训负担。2021 年 7 月 13 日,教育部召开以"介绍义务教育课后服务和暑期托管服务工作有关情况"为主题的新闻通气会,会上表示,中小学课后服务将在"今年秋季开学后实现义务教育学校全覆盖"②。"双减"不仅牵动亿万名中小学师生与家长的心,也成为学界一直关注的焦点。在中国知网以"课后服务"为主题进行检索,搜索到自《指导意见》颁布截至2022 年 12 月 31 日,共有 3335 篇文献。对 3336 篇文献进行可视化分析,发现教育研究者以"课后服务""双减""中小学""校外培训"为论题的理论性研究

---

　　* 基金项目:黄冈师范学院研究生处项目"'双减'政策下初中课后服务成效研究"(项目编号:5032022011)。

　　** 作者简介:张敏,女,黄冈师范学院文学院 2021 级硕士研究生;郑敏,女,黄冈师范学院文学院 2021 级硕士研究生;张曦,女,黄冈师范学院文学院 2021 级硕士研究生;张月珍,女,黄冈师范学院文学院 2021 级硕士研究生。

　　① 教育部办公厅:《关于做好中小学生课后服务工作的指导意见》,载中华人民共和国教育部,http://www.moe.gov.cn/srcsite/A06/s3325/201703/t20170304_298203.html。

　　② 胡浩:《课后服务将实现义务教育学校全覆盖》,载新华网,http://www.moe.gov.cn/jyb_xwfb/xw_fbh/moe_2606/2021/tqh_210713/mtbd/202107/t20210714_544642.html。

居多，缺少以具体学校为聚焦对象的相关论文。课后服务作为一种新型教育实践，从具体实践出发，听取课后服务利益相关方的意见无疑有助于我们深刻领会与践行国家"双减"政策。基于此，笔者以湖北省黄冈市 M 学校（该校办校历史 3 年半，学校环境、运行模式、教学设备、师资力量均以"教育现代化"理念为指导，尽显"新"活力）为调研对象，调查"双减"政策下初中课后服务的实施情况，基于数据分析"双减"政策下课后服务的现实成效，针对不足提出优化路径，助力提高课后服务的质量，提升学校育人水平与落实"双减"政策。

一、"双减"政策下初中课后服务调查研究

（一）调研对象与方法

2021 年 9 月至 2022 年 9 月，课后服务在义务教育阶段已全面推行一年，其现实成果如何？项目组为了解 M 学校初中部课后服务的实施情况，依据系统随机抽样原则，选取黄冈市 M 学校初中部的部分学生、家长、教师作为调查对象，通过调查研究，基于数据分析"双减"政策下课后服务的现实成效，并提出优化路径。

（二）调研内容与分析

项目组编制的《初中课后服务满意度调查（学生卷）》《初中课后服务满意度调查（家长卷）》《初中课后服务满意度调查（教师卷）》所含信息，作为此次的调研内容。《初中课后服务满意度调查（学生卷）》包含两部分的内容。第一部分是学生的个人信息调查，包括性别、年纪、成绩、家庭月收入、参加课后服务的动机等资料；第二部分为量表题，包括学生对课后服务的期望、感知价值、感知质量、满意度等维度评价。《初中课后服务满意度调查（家长卷）》包含两部分内容。第一部分是家长的个人信息调查，包括家庭角色、文化程度、工作单位、下班时间、家庭构成等资料；第二部分是家长对课后服务的评价、建议、满意度调查，包括是否可以负担起学生参加课后服务的费用、与课外辅导机

构比较更倾向选择哪个、建议课后服务开设什么内容、提供哪些服务、对课后服务的满意度、是否支持孩子参加下一学期的课后服务等问题。《初中课后服务满意度调查（教师卷）》包含三部分内容。第一部分是教师个人信息调查，调查内容有性别、学历、职位、任教学科、任教年纪、教龄；第二部分对课后服务的看法调查，分为两个层面，学生层面：参加课后服务的前后变化、积极性，教师层面；课后服务的目的、效果；第三部分教师参加课后服务的现状，问题设计包括形式、薪资待遇、时长、满意度。

本次调查采用在线点击链接填写问卷的方式，共回收问卷 210 份，去掉无效问卷 1 份，得到 209 份有效问卷，有效率为 99.52%。其中学生问卷回收 114 份，家长问卷回收 44 份，教师问卷回收 52 份。问卷回收后，项目组归纳整理数据并对其进行描述性分析，相关结论用于下文论述之中。

二、"双减"政策下初中课后服务的实施成效

"全面覆盖、保证时间、提高质量、强化保障"[1] 是教育部提出课后服务工作的四个要求。因此，本文将从这四个方面结合调研数据着手分析 M 学校初中部课后服务的实施成效。

（一）覆盖程度

M 学校初中部面向全体学生提供课后服务，实现了课后服务有需求学生全覆盖。在调查的 114 名学生中，114 名学生均参加了学校提供的课后服务，参与率达到 100%。其中 92.11% 的学生自愿参加，7.89% 的学生系被动参加。

（二）时间

M 学校应教育部及黄冈市人民政府的要求，实行"5+2"课后服务模式，即"每周开设 5 天（周一至周五），每天开展 2 小时，结束时间与本地正常下班时间

---

[1] 教育部基础教育司：《深入推进课后服务 支持探索暑期托管切实发挥学校课后育人主渠道作用》，载中华人民共和国教育部网站，http://www.moe.gov.cn/jybxwfb/xwfbh/moe2606/2021/tqh210713/sfcl/202107/t 20210713_544274.html。

相衔接"①。据了解，M 学校课后服务结束时间约在 18 点，其中 84.09%的家长能够实现课后服务结束时间与下班时间对接，另 15.91%的家长早于或晚于课后服务结束时间下班。

（三）质量

课后服务质量受主客观因素的影响，客观影响因素是课后服务的形式、内容、资源，主观影响因素是学生满意度、家长支持率、教师配合度。

1. 课后服务的形式

M 学校创设校本"逸趣"课程体系，包含选修课程、必修课程、地方课程、国家课程四大类，含有"悦读经典""玩转益游"等活动，并以"闯关"代替考试，极大调动了学生的参与积极性。"逸趣"课程一周仅开设一次，其余时间多为主科教师轮值带班。

2. 课后服务的内容

关于课后服务的内容，选择以"学科类（主要为写作业、上课、自主阅读等）"为内容的学生占比为 46.49%，以"学科类+素质拓展类"为内容的学生占比为 45.61%，以"素质拓展类（主要为体育、艺术、科普、社团等）"为内容的学生仅占比 6.14%。经过项目组实地考察，M 学校的课后服务内容集中于学科性知识辅导，之所以有 45.61%选择"学科类+素质拓展类"为内容，是因每周会开设一次逸趣课程，但这仅占周开课比例的 20%。

3. 课后服务的资源

关于课后服务的资源，资源包含课后服务的硬件资源、教师资源、校外资源。硬件资源主要指开展课后服务的环境、课后服务的设备，81.58%的学生认为学校提供了一个安全的课后服务环境。课后服务的设备即学校的现有设备，部分教室专为逸趣课程打造，设备齐全。教师资源方面，校长余振兴是湖北省名师工作室主持人，学校还云集了黄冈中学、启黄中学、市思源学校、黄州中学等学校选派的特级教师 1 人、黄冈名师 5 人、骨干教师多人，师资力量雄厚。在校外

---

① 教育部基础教育司：《深入推进课后服务 支持探索暑期托管切实发挥学校课后育人主渠道作用》，载中华人民共和国教育部网站，http：//www. moe. gov. cn/jybxwfb/xwfbh/moe2606/2021/tqh210713/sfcl/202107/ t20210713_544274. html。

资源方面，M 学校的课后服务较少整合校外资源，受疫情影响，与市博物馆、市图书馆、遗爱湖风景区等单位联系较少，暂未开展研学游项目。

4. 学生满意度

对《初中课后服务满意度调查（学生卷）》分析可知，初中生中有 75 人对学校提供的课后服务感到"非常满意"，占被测学生总数的 65.79%；有 26 人感到"比较满意"，占被测学生总数的 22.81%；有 9 人感到"一般满意"，占被测学生总数的 7.89%；共有 110 名学生感到"满意"，满意率为 96.49%。被测初中生中有 3 人对学校提供的课后服务感到"不满意"，占被测学生总数的 2.63%；有 1 人感到"完全不满意"，占被测学生总数的 0.88%；共有 4 名学生感到"不满意"，不满率为 3.51%。总体而言，对于 M 学校提供的课后服务，学生的满意度较高。

5. 家长支持率

对《初中课后服务满意度调查（家长卷）》分析可知，被测初中生家长中有 8 人对学校提供的课后服务感到"非常满意"，占被测家长总数的 8.18%；有 29 人对学校提供的课后服务感到"满意"，占被测家长总数的 65。91%；有 6 人对学校提供的课后服务感到"一般满意"，占被测家长总数的 13.64%；有 1 人对学校提供的课后服务感到"不满意"，占被测家长总数的 2.27%。被测初中生家长中有 40 人"支持"学校课后服务工作，占被测家长总数的 90.91%；有 3 人"不确定是否支持"学校课后服务工作，占被测家长总数的 6.82%；有 1 人"不支持"学校课后服务工作，占被测家长总数的 2.27%。总体而言，家长对课后服务的满意度与支持率很高。

6. 教师配合度

对《初中课后服务满意度调查（教师卷）》分析可知，78.85% 的教师由"学校安排"参加课后服务工作，19.23% 的教师"自愿报名"参加课后服务工作。15.15% 的教师对参加课后服务工作感到"非常满意"，60.61% 的教师感到"比较满意"，21.21% 的教师"一般满意"。40.38% 的教师对课后服务持"比较支持，愿意参加"的态度，55.77% 的教师对课后服务持"一般支持，服从学校安排"的态度。总体而言，教师对课后服务的配合度很高，但是参与积极性有待提升。

（四）保障

课后服务的保障主要指课后服务组织领导和工作保障、经费保障。黄冈市人民政府印发《关于进一步做好义务教育学校课后服务工作的通知》，明确课后服务工作任务清单，M 学校积极落实"一校一案"制订了课后服务工作方案。其次，教育部门与发改部门积极调研论证，发布《关于黄冈市义务教育学校课后服务收费标准及有关事项的通知》，并建立和完善经费保障机制，要求各校"执行收费公示制度，未经公示不得收费"，M 学校严格遵守并落实该通知，无变相提高收费标准、借课后服务进行违规乱收费的行为，也无商业活动借课后服务之名违规进入校园的现象。

三、"双减"政策下初中课后服务的现实挑战

M 学校推行课后服务前期虽已做出详细规划，但从调查结果来看，课后服务在落地落实的过程中仍存在脱离预设的现象，主要面临以下挑战。

（一）落地实践方向偏倚

虽然 114 名调查对象同为 M 学校的学生，但在课后服务内容选择方面却存在较大差异，由此可推断出，部分教育实践曲解了开设课后服务的本意。

将课后服务误当作"课堂延伸"。"双减"规定"不得利用课后服务时间讲新课"[1]。但部分教师在这段时间给学生布置练习题、复习知识、组织考试等变相教授学科性知识，力图把这些琐碎的教学工作与学习环节放在课后两小时内完成，以便"空"出时间在白天学新课，这种"钻空子"现象在初三年级较为普遍。

将课后服务误当作"托管自习课"。首先，本校任课教师承担课后服务工作，没走专业指导、专业培训的路径，直接上岗，沿用了"晚托班"的服务模式。其次，教师提供较为单一的服务，主要是监督学生完成书面作业，作业完成后等待

---

[1] 中共中央办公厅、国务院办公厅：《进一步减轻义务教育阶段学生作业负担和校外培训负担》，载《人民日报》2021 年 7 月 25 日，第 01 版。

家长接走孩子的托管自习课服务模式。也就是说，课后服务仅为学生建设了一个安全有人监管的环境，补白学生放学后家长来不及接的"时间差"。

（二）校内外资源联动不实

课后服务资源以校内为主，未能整合校外资源，实现校内外资源的联动。

未能充分利用宝贵的校外师资。学校开设"逸趣"课程，如"创客、机器人""华容道""剪纸"等，力图培育学生的兴趣，发掘其不同方面的潜能。此类课程对专业要求较高，课后服务从教老师缺乏技能培训。且教师承担课内课外不同性质的工作，教学压力大，无法把控教学质量。但限于经费短缺、时间无法调配等原因，没能聘请相关课程领域的校外教师，缺少优质师资的补充与助力。

未能充分利用宝贵的校外教育设施。"市博物馆充分发挥博物馆的社会教育功能、爱国主义教育作用和科学普及作用，为未成年人提供学习知识、陶冶情操和社会实践的场所，成为未成年人思想道德教育建设的'校外课堂'。"[1] 在黄冈市人民政府"教育双减"新闻发布会的报告中可知，黄冈市具有优质的校外教育条件，但顾虑到师生安全、时间难以统一，学校对市博物馆、市图书馆的使用频率很低，课后服务渠道显得单一，与社会大课堂的联动效果差。

（三）学生家长理解偏差

家长对课后服务的满意度影响其开展的顺利程度，部分家长对课后服务缺乏必要认识，存在两种理解极端。

一类是持怀疑、不信任态度。90.91%的家长对课后服务持赞同意见，并支持孩子参加学校开办的课后服务。国务院作"双减"政策的报告指出"现在地下的课外辅导班并没有明显减少，（有的）连通过微信转账的都没有了，直接给现金，老师到家里去辅导，有的还采取'一对一'的方式进行辅导"[2]。地下辅导班数量没有减少原因的是家长的支持，不难猜测出部分家长形式上赞同课后服务的开设，"背地"还会将孩子送至课后辅导班，实际上这是"应试教育"背景

---

① 黄冈市人民政府新闻办公室：《我市举行"教育双减"新闻发布会》，载黄冈市人民政府网站，http://hg.gov.cn:20007/content/article/8466441。

② 王峰：《国务院"双减"报告："双减"工作长期、复杂、艰巨 应加快推动校外培训立法》，载《21世纪经济报道》2022年第1期。

下家长对课后服务能否提高孩子成绩、促进孩子全面发展的怀疑与不信任。

还有一类"过度信任",转嫁家庭教育。此类家长无条件信任学校开设的课后服务,对其满意度也远超校外培训机构,认为学校开设课后服务的好处有三:一是95.45%的家长觉得学校教师执教放心,可以保证孩子在校完成家庭作业;二是68.18%的家长认为课后服务专有管理人员,可以在放学后为孩子提供一个安全环境;三是54.55%的家长认为课后服务的费用合理,经济负担小。此类家长把教育、培养子女的权力,全部转嫁给学校和教师,导致课后服务的权力集中在学校,没有形成家校合力,造成家庭教育的缺失。

(四) 教师参与动力不足

"双减"政策规划下课后服务理想成果的实现有赖于教师素质的提升、服务理念的贯彻、作业设计的优化等较高的专业能力。M学校半数以上老师是年轻教师,有较高的专业能力,但在调研中发现存在教师动力不足的问题,认为学生减负实则是教师的增负。

工作时间超常。参加课后服务的教师以天为单位延长两小时在校工作时间,其中尚不包含专业提升、知识拓展所占用的业余时间,"教师的工作时间除上班时间外还需要在上班时间外完成其他教学相关的工作"①,甚至有教师反映,"每天平均工作时长高达10小时"。

工作量过大。学校任课教师承当课后服务工作,每班配备一个教师,要求教师既照顾学力薄弱的学生,又要给学有余力的学生拔高,教师于课后服务中的工作量是庞大的。除此之外还须备新课、授新课、改作业、处理班级琐事、备课后服务活动、主持开办课后活动等日常工作,调查中84.55%的教师反映工作压力大,精力不足。

四、"双减" 政策下初中课后服务的应对之策

"双减"背景下,课后服务是地方政府主导、学校作为教育主阵地、社会广

---

① 郑香花:《"双减"背景下中小学课后服务:价值取向、存在问题及优化路径》,载《教育科学论坛》2022年第29期。

泛参与、学生自愿参加和家长自愿选择的民生工程，同时也是贯彻国家立德树人目标，实行"五育"并举、优质均衡、富有特色的发展工程。义务教育课后服务具有准公共产品特性，要纾解其困境，需要坚持问题导向，因地制宜，因时制宜，因校制宜，因事制宜，以便实现课后服务效益最大化。

（一）因校制宜，丰富课后服务的形式、内容、资源

增设以减负为目的的课后服务很大程度上有利于回归教育育人本质，加速基础教育改革转型，促进基础教育高质量发展。学校是教育主阵地，作为课后服务的实施平台，须克服功利化、短视化的办学方法，将学校的办学理念与素质教育接轨，健全教学活动特色生成机制，拓展资源供给渠道，丰富课后服务内容、形式。一方面，可结合当地经济发展、教学文化、学校需求，灵活开发本校特色课程，采用内部挖潜的方式，保证国家对教育统一基本要求的前提下自主开设校本课后服务，关注学生在成长发展过程中的差异性，着眼学生的全面发展。

另一方面，学校可借助区域资源统筹，采用外部联动的方式，强化课后服务的资源供给、资金保障。如聘请优秀退休教师或有资质的校外培训机构扩充课后服务优质服务人员，整合少年宫、博物馆、图书馆、美术馆、天文馆等所当地教育资源丰富课后服务活动，"通过补充招投标、政府购买服务等方式"[1] 保障课后服务有资金可调度，"连通校内校外，丰富课后服务内容与形式"[2]。

（二）完善制度，增强教师的动力与能力

"教师是课后服务的执行主体，教师课后服务的动力与能力直接影响着课后服务的效果和水平。"[3] 课后服务与教师工作之间存在必然与应然的矛盾冲突，若不能妥善解决，势必会加剧教师职业负担，影响教师工作状态。可通过内部、

---

[1] 杨德军、黄晓玲、朱传世、范佳午、余发碧：《"双减"背景下学校课后服务课程实施现状及发展议——基于对 B 市 285 所学校 61326 名学校管理者及师生的调查分析》，载《中小学管理》2022 年第 7 期。

[2] 刘宇佳：《小学生课后服务实施现状及满意度探究——基于武汉市调研数据的分析》，载《基础教育》2022 年第 2 期。

[3] 赵强、王丽丽、何玉鸿：《"双减"背景下义务教育阶段课后服务实施困境与突破策略》，载《教育理论与实践》2022 年第 8 期。

外部两个方面入手完善制度，帮助教师摆脱困境，增强工作热情，提高工作能力。首先，关心关爱教师，激发教师内部动力。内部动机的诱发得力于心理需求的满足，学校人力资源管理者要多关注教师在课后服务中的内心诉求，秉持自愿参与课后服务工作的任聘原则，尊重教师的自由选择权；执教过程中，在不违反大原则的背景下，给教师可支配的自主权，相信教师的专业能力；业绩考核时，对工作表现突出者予以奖励，并优先推举提优拔干的名额；关心教师的家庭情况、生活状态，必要时给与人文关怀；教师这一职业，心理负担重、精神压力大，要定期为教师提供心理健康服务。

其次，改善教师所处工作环境，激发教师外部动力。优化工作环境主要体现为调整教师工作时间、减轻教师工作量，提高教师薪资待遇这三方面。关于调整教师工作时间，课后服务倡导教师"弹性上下班"制度，该制度一定程度上减少了教师在校工作时间，可以更好回归家庭，但制度落实存在问题。部分学校实行教师上下班打卡，如早八点前打卡，晚六点后打卡，超过这一时间范围无法打卡，打卡关联到教师的出勤率，卡不能不打，弹性上下班无法落到实处，还需进一步改进学校有关制度。关于减轻教师工作量，学校可将课后服务工作承包给有资质的培训机构，也可以聘请退休教师回校任课，减轻教师在课后服务工作量。关于提高教师薪资待遇，学校可以结合教师的工作量、工作质量，实行"按劳分配"的工资发放制度，合理及时恰当奖励教师，提高教师的工作地位，授予工作优秀突出者荣誉称号。

（三）责任分担，健全课后服务合作机制

学校是教育主阵地同为课后服务的最高决策者，教师在教学中起主导作用，是课后服务的基层承担者，但这不表示学校与教师应该完全承担课后服务工作。课后服务类属社会福利性公共服务事业，若要落地落实，需充分调动学校与家长、学校与社区等多方主体的参与性与能动性，建立健全课后服务合作机制。这主要包括：第一，加强家校合作机制。提高学生的幸福感是课后服务的目的之一，建立紧密的家校合作可全方面了解学生情况，利于学校与家长达成教育共识。学校可通过定期召开家长会、不定时随机访谈家委会成员、大规模抽样式家访等途径调查家长对课后服务全过程的反馈、评价、意见、建议，找到课后服务

的弊病，改进工作机制，更好提高服务水平。学校还需积极帮助家长转变课后服务教育理念，明确家庭教育责任。课后服务学校方非无实质责任，非全盘嫁接家长教育责任，要求家长端正心态平视课后服务，提高自身的参与性，积极主动与学校、教师沟通，关注孩子于课后服务中的表现，"走出'课后服务交给学校，自己撒手不管'的误区"。① 第二，促进学校与社区共享教育资源。学校和社区课后服务教育对接，可依托当地富有特色的教育场地、教育设备，开展优质课后服务。学校和社区合作，一方面社区靠近学生的居住地，方便学生就地、就近学习，课后服务结束后可自行回家，路途中安全便捷；设点靠近居民区，便于多方责任主体监督，有利于监测教育行为，帮助课后服务提质增效。另一方面，课后服务不唯一指向学业成绩，更关注学生个性化发展，这就要求课后服务要拓宽教育渠道。学校可和社区进行合作，突破教育资源局限，如组织学生参观本地博物馆，提升学生对当地文化认同感；带领学生去农场、试验基地等地方参加集体实践体验，开展劳动教育等。

---

① 付卫东、郭三伟：《"双减"格局下的中小学课后服务：主要形势与重点任务》，载《河北师范大学学报（教育科学版）》2022年第1期。

论高中语文学科核心素养
——思维发展与提升

张　曦*

"思维发展与提升"是高中语文学科核心素养重要组成部分之一，新课改提倡语文学习要"培养学生思维能力"，但仍有部分人对"思维能力"这一概念内涵理解不够透彻，或笼而统之地认为就是思维逻辑，抑或以偏概全地将之等同于思辨能力。对照语文核心素养的基本界定，要培养学生"思维发展与提升"能力，需要厘清在语文教学中发展学生的哪些思维能力及其具体内涵，"思维"的"发展"与"提升"两个层次之间的关系及如何过渡？为何以及如何培养学生"思维发展与提升"？

一、何谓"思维发展与提升"？

思维是人脑对客观事物进行分析、总结、概括等一系列反映过程，最终对事物本质及其规律达到理性认识。① 从语文学科"思维发展与提升"层面来看，语文教育的"思维"培养，显然应该根植于语文本土，通过借助语文课程和语文教学中的诸多元素，发展语文思维——对语文客体展开的概括和间接认识的过程。② 当然，在语文教学中培养学生思维能力不仅仅服务语文教学，还要促进学生解决现实问题能力的转化，为其走向社会奠基，使之达到人与自我、人与自然、人与社会的和谐统一。

《普通高中语文课程标准（2017 年版，2020 年修订）》（以下简称"新课

---

* 作者简介：张曦，女，黄冈师范学院文学院 2021 级硕士研究生。

① 辞海编辑委员会：《辞海》，中华书局 1965 年版，第 3219 页。

② 冉正宝：《语文思维论》，广西师范大学出版社 2003 年版，第 29 页。

标"）明确指出，在语文教学中需要"发展"的思维能力包含直觉思维、形象思维、逻辑思维、辩证思维、创造思维五种，要"提升"深刻性、敏捷性、灵活性、批判性、独创性等思维品质。①

欲"发展"思维能力须先弄清楚五种思维的具体内涵。直觉思维是指对一个问题不用经过分析的过程就能够做出合理的判断和设想②，或者在解答疑难问题的某一瞬间"灵光乍现"，对问题有灵感和顿悟。直觉思维在语文教学中实际上就是我们常说的语感和文感。学生在熟读的过程中积累素材，积极语用，提高语言表达效果。例如，在水边看到落日余晖时会下意识脱口而出"一道残阳铺水中，半江瑟瑟半江红"。所谓形象思维是指人们在认识世界时，通过对事物的外部表象认识的基础上，结合自身主观情感和意识进行识别、判断、分析、联想、想象等，其整个思维过程以直观形象和表象为支撑，但是这种形象和表象是从具体事物中抽取出的具有象征意义的形象，而不是原本事物的具体形象。③ 在文学作品教学中离不开形象思维的运用，尤其是古诗词教学，古诗词中有大量的文学形象。教师引导学生对"大漠孤烟直，长河落日圆"展开想象，浩瀚的沙漠之中一缕孤烟就直接飘向天空，一望无垠的黄河之上落日浑圆。"大漠""孤烟""长河""落日"等形象让学生仿佛身临其境，体会个中情感与意境。朱智贤认为，逻辑思维是在感性认识的基础上，通过概念、判断、推理来揭示事物的内在联系、本质联系的过程④，是一种静态的思维方式，追求逻辑的一致性。《以工匠精神雕琢时代品质》就其内在结构而言，逻辑思维加工过程较为清晰，第一部分引出话题，第二部分进行了深入、拓展的探讨，最后从个人与时代的关系总结，使论述全面、深化。辩证思维是反映和符合客观事物辩证发展过程及其规律性的思维方式，是一种动态思维方式，以变化发展的眼光看问题。⑤ 举例来说，《赤

① 中华人民共和国教育部：《普通高中语文课程标准（2020 年修订）》，人民教育出版社 2020 年版，第 6 页。

② 张朝昌：《发展与提升学生语文思维能力的策略研究》，载《语文建设》2018 年第 20 期。

③ 张朝昌：《发展与提升学生语文思维能力的策略研究》，载《语文建设》2018 年第 20 期。

④ 朱智贤：《儿童思维的发生与发展》，载《北京师范大学学报》1986 年第 1 期。

⑤ 中国大百科全书总编辑委员会：《中国大百科全书》（哲学卷 I），中国大百科全书出版社 1987 年版，第 54 页。

壁赋》中的"变"与"不变"、"取"与"不取"告诉我们，同一件事从不同的层面看可以得出不同的结论。创造思维表现为打破寻常解决问题的思维定式，将思维主体已有的感觉体验重新进行组合，探索规律，得出新思维成果的思维过程，具有变通性、跨越性、深刻性、广博性等特点。① 最重要的是要有自己的想法和观点。高考作文题要求学生根据给定的阅读材料进行写作，从立意、构思、草稿到成文，就是学生创造思维的过程。

这五种思维能力属性具有从低阶到高阶动态发展的过程。高中生处于迈向成人的最后阶段，为了使他们更好地应对因社会发展变化面临的各种境况，要求具备从直觉思维和形象思维等感性认识上升到逻辑思维和辩证思维等理性认识的能力，并且在理性认识基础上具有创新能力，从而达到教育"树人"的目的。

同时，在义务教育阶段语文课程对学生思维能力"发展"也提出要求：从感性角度出发，意在激发学生求知欲，养成积极思考的习惯。② 然而高中阶段要"发展"思维能力，就是要在义务教育阶段基础之上，从理性层面，持续地对学生开展思维训练教学，使学生直觉思维、形象思维、逻辑思维、辩证思维、创造思维等思维能力产生从低到高的一个进阶变化，且不断更新。

"新课标"要求提升学生思维品质。这里的思维品质是指个性思维活动中智力特征的表现，反映了每个个体智力或思维水平的差异。③ 思维品质的提升与思维能力的发展紧密相关，教师在教学中发展学生思维能力的同时，实现思维品质的提升。例如学生在发展直觉思维时，直觉思维能力水平越高，对事物作出的判断越迅速越准确，从而思维的敏捷性与深刻性得到有效提升。同时，思维品质也是衡量思维能力高低的重要标志。我们经常说内化于心、外化于行，如果学生思维能力水平不高，那么在认识事物的时候就很难形成自身独特的整体性、多元化的思维方式。"思维发展与提升"是"发展"中促"提升"，思维能力的自低向高发展的同时，思维品质由浅入深持续提升。

① 刘永康：《语文创新教育研究》，四川大学出版社 2000 年版，第 146~148 页。

② 中华人民共和国教育部：《义务教育语文课程标准（2022 年版）》，北京师范大学出版社 2022 年版，第 5 页。

③ 严华银：《论语文教学中思维能力的培养》，载《中学语文教学》2021 年第 5 期。

二、为何要"思维发展与提升"？

（一）落实课标要求，推进语文课程深层次改革

"新课标"从课程目标、课程实施以及课程评价三个层面对思维发展提出了要求。课程目标中明确要求"增强形象思维能力""发展逻辑思维能力""提升思维品质"。课程内容由 18 个学习任务群组成，每一个任务群在实际教学中都需要在不同方面、不同程度发展学生思维能力。在学业水平质量描述中 5 次提到"逻辑"，一个是要求对获得的信息及其表述逻辑作出评价，另外四个是要求在表达或阐明自己的观点时有逻辑。除此之外，还要求学生用不同的角度辩证地审视与评论文学作品。质言之，从目标的设定、实施再到评价，思维贯穿始终，形成了一个完整的闭环。

所以在语文教学中促进学生思维能力的发展与思维品质的提升，有利于全面落实"新课标"要求。学生成长除了专业知识的学习，还有思想境界的提升与实践能力形成。但无论是学习还是思想认识抑或是社会实践，都离不开"思维"的作用。从这一意义而言，强调"思维发展与提升"这一核心素养，不仅有利于推动学生不断进步与全面发展，而且对进一步改革语文课程内容和目标，推动语文课程深层次改革具有重要作用。

（二）引导学生走向深度学习，促进专业能力提升

随着语文教学改革的深入推进，为了改变实际教学中存在碎片化、模式化、浅层化等问题，语文教学中注重引导学生进行"深度学习"。深度学习是指学习者在自身原有的知识架构中批判地加入新的思想认识和事实，使其有机融合，产生新的联系，并且能够将其运用到其他的情景中解决实际问题。深度学习强调学习的理解与批判、联系与建构、迁移与运用的特点，① 这些特点的核心指向是思维能力。就是说发展学生的思维能力，有利于引导学生实现从浅层次学习向深层次转变，提升语文专业知识、专业素养和学习能力。

---

① 刘月霞：《深度学习：走向核心素养》，教育科学出版社 2018 年版，第 45~61 页。

比如统编本高中语文教材中《晋桓齐文之事》，课文篇幅较长，如何准确把握文章脉络，理清思路？课文围绕"行王道"这一中心思想，从"齐宣王是否可行王道""未行王道的原因""如何行王道"等方面行文。可以让学生借助思维导图，提炼概括文章内容，厘清文章结构，使脉络走向清晰（详见图1）。

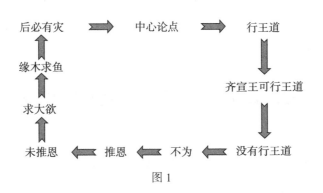

图 1

思维导图是让学生以文字化形式展示思维成果，有利于同学提高表达的准确性，清晰性、层次性，增强思维活跃度。① 学生在有效解读文本，了解孟子思想的基础上，深入学习孟子论辩中的深层思维。

（三）培养创新性人才，助推人才强国战略实施

语文课程还应当适应当代社会的发展需要，为培养创新人才发挥重要作用。② 在全球化背景下，各国之间的经济竞争实际上是人才资源和科技实力的竞争，培养高科技创新人才是在国际交往中立于不败之地的重要保障。习近平总书记在二十大报告中指出，教育、科技、人才是全面建设社会主义现代化国家的基础性、战略性支撑。必须坚持深入实施科教兴国、人才强国战略。人才强国战略的核心是"人才兴国"。具体来说，以人才为本，依靠人才兴邦、强国，大力提升国家核心竞争力和综合国力。由此看来，人才资源是人才强国战略实施的基础和前提。成就创新性人才需要具备良好的思维能力，尤其是创造思维。科学研究

---

① 黄艳：《提升学生语文思维能力之我见》，载《语文建设》2017 年第 32 期。
② 中华人民共和国教育部：《普通高中语文课程标准（2020 年修订）》，人民教育出版社 2020 年版，第 3 页。

的过程是一个不断探索未知的创造性活动，创造思维则是其不竭的活力源泉，取得进展和突破的首要条件，如果不具备创造思维能力，很可能自我设限。

叶圣陶先生曾指出语文是工具学科，是学习其他学科和科学的基础。① 在语文教学中，教师有意识引导并培养学生发展思维，尤其是创造思维能力，培养探究意识和发现问题的敏感性，与其他学科进行整合实践，将各专业知识融会贯通，实现"五育并举"，促进人才的持续成长，着力培养高层次创新人才，推动人才强国战略的全面实施。

三、如何实现"思维发展与提升"？

（一）以教材为凭借，实现思维发展的全面

语文是一门兼具科学性与非科学性的社会人文学科，存在许多非科学性的因素，其中之一是语文学习内容选取和逻辑顺序建构的不确定性。② 语文教材编排并非像数学、化学、物理等理科学科，拥有环环相扣的约束力，同一个文本可以从多种角度进行解读。解读的角度不同，思考方向也会不同，在这种情况下，学生对于知识的掌握处于一个混沌、模糊的状态，无法谈及思维的发展。统编本高中语文教材在选文编排上，采用单元组合的形式，每个单元有明确的人文主题和语文要素，试图在符合学生的认知规律的基础上，使语文教学内容逻辑化，系统化，充分体现了教材编排的科学性。

教材所有的单元都涉及思维发展发展与提升，但各有侧重，各思维类型之间并不是相互独立而是共同发展的。在此基础上，教学时可以同步发展学生的多种思维能力。例如必修上册第一单元《沁园春·长沙》归属于"文学阅读与写作"任务群，要求学生感受形象，品味语言的过程中提升文学欣赏能力。③ 教学时除了引导学生把握艺术形象，还可以通过"独立"一词，让学生发挥联想、想象作者独自一人站在橘子洲头、湘江之畔的场景，与曾经学过的李煜"无言独上西

---

① 叶圣陶：《叶圣陶语文教育论集》，教育科学出版社 1980 年版，第 1 页。
② 卫灿金、行恭宝：《谈谈语文学科的非科学性》，载《语文建设》2003 年第 1 期。
③ 中华人民共和国教育部：《普通高中语文课程标准（2020 年修订）》，人民教育出版社 2020 年版，第 17 页。

楼"，柳宗元"独钓寒江雪"相联系，李煜的"独"突出孤寂，柳宗元的"独"突出隐逸闲适，从而对比文中的"独"相较于"站"更突出诗人卓然而立的形象。使学生以个人视角感知，提出质疑，进行思辨，在发展形象思维与直觉思维的同时，发展辩证思维。

另外，必修教材集中编排了三个归属"思辨性阅读与表达"学习任务群的单元，分别是上册第六单元，下册第一、八单元，学习目标意在提高学生思维的逻辑性和深刻性。例如，第六单元意在以学习之道为核心，通过梳理、探究和反思，形成正确的学习观，改进学习方法，提高学习能力。在这一过程中，学生的逻辑思维、辩证思维以及创造思维得到了很好的融合与发展。这三个单元指向具体的思维目标任务，则更有利于学生思维集中发展。教材作为教学的重要依据，教师要认真分析和领会其"科学性"，充分发挥和运用好这种"科学性"，提升课堂教学效果，保证学生思维的发展和丰富。

（二）以语言为基础，铸牢思维发展的基石

"语言建构与运用"是整个语文学科核心素养的根基，既是思维发展与提升的途径，也是"审美鉴赏与创造""文化传承与理解"的基础。① 即在语文课程中，思维发展与提升是与其他核心素养交叉融合的，学生在语文学习这一过程中，可以通过语言的运用，助力思维的发展，促进思维品质的提升。语言的背后就是思维，语言是思维的直接反映，是思维的物质外壳与载体，是重要的思维工具。人在发展语言的同时，实际也是在发展人的思维。在语文教学中，通过对文章语言表象的分析理解，深入内容和形式，让文章思维浸润学生思想，实现从语言认识到思维发展的改变。

教师教学时应当将思维目标与语言的运用统一设计。比如魏征的《谏太宗十思疏》，在第一段的教学中，以品味语言，开发学生思维，可做如下教学设计：

作者开头以"木之长""流之远"两个生动形象的比喻表达了什么观

---

① 徐林祥、郑昀：《对语文核心素养四要素的再认识》，载《语文建设》2017 年第 31 期。

点？紧接着以同样的事物从反面进行申述有何意义？最后，明确指出君主位高权重，如果"不念居安思危，戒奢以俭"，后果将如何？与开头有怎样的关联？表现了作者怎样的担当精神，对现代社会有何意义？

此设计的主要目的在于让学生品味文章语言，理解文章内容。文章的语言表达方式和内容都与"思维"相关，作者运用比喻深入浅出阐明所证道理，排比句更是增强气势，条分缕析，"语言运用"与"思维"相互交织，让学生体会文章整体语言简洁但结构严谨，理足气盛，透过语言看到作者思虑周全，思维缜密。最后，进行拓展延伸，通过观点阐述，锻炼语言表达，实现语言的理解、运用与思维的统一。

（三）以教学为引领，凝练思维训练的抓手

教师作为教育活动的组织者和实施者，教学中可灵活运用多种思维能力，引领学生思维品质的提升。比如在学习郁达夫的《故都的秋》时，教师布置探究任务：作者如何表现故都的秋"清、静、悲凉"的特点？然后采用小组合作探究的学习方式，让学生以小组为单位，探讨作者描写了哪些景物，又是如何描写的，体会作者的心境，理解作者的创作意图。在交流互动过程中，学生由于思考角度不同，可能会产生分歧，教师利用分歧，引导学生集中讨论，提出问题，寻找支撑材料，最终证明或者推翻之前提出的问题进而提出新问题，得出合理的解释，做到逻辑自洽，一步步训练强化学生思维能力。还可以将其与单元内另一篇课文《荷塘月色》进行对比阅读，同样是借景抒情，但在景物的选取，语言风格以及作者情感表达皆有差异。这种对照性研读在培养学生整体逻辑思维基础上，进一步促进深刻性、灵活性思维品质的提升。

学生是学习的主体，教师除了运用一定的教学方法培养学生思维能力之外，引导学生自主进行反思总结也是必不可少的一环。学生在复现所学内容的过程中对自身的学习情况有一个清晰的认知，将所学知识在大脑中构建起知识框架，就是思维联合运用的过程。同时，利用思维将所学的新知识与已有知识进行重组，形成有机联系，不断丰富知识树的"枝干"。

概而言之，学生思维的培养与提升是高中语文教与学习重要目标。语文教师要在厘清"思维发展与提升"的内涵，认识"思维发展与提升"意义的基础上，围绕新课标、活用新教材，使学生思维品质实现"多元多产、向好向优"发展，真正将"思维发展与提升"这一核心素养落实到位。